TOD在中国

Transit Oriented Development in China

面向低碳城市的土地使用与交通规划设计指南

A Manual of Land-use and Transportation for Low Carbon Cities

[美] 彼得·卡尔索普　杨保军　张　泉　等著

中国建筑工业出版社

摘　要

　　本书为如何增强中国城市开发模式的可持续性、灵活性以及能耗效率提供了一套简明的导则和方法。它为城市开发构建了一个新的框架，使开发中的各个元素融合为混合度高、适于步行且以公共交通为导向的街坊和社区。它建议在居住区和重点商业区引入一种新的开发模式，为更多元的出行模式以及社会经济活动创建平台。我们把这种新的开发模式称为TOD公交引导开发。

　　TOD构筑了一套新的土地使用和交通设计标准来重新平衡公共交通、步行、自行车以及小汽车在中国城市中的角色。如今的中国，对小汽车的依赖越来越重，这一势头并非仅是市场选择的结果，而同时也是由于土地使用模式和道路设计的缘故，导致了除小汽车以外的出行模式的环境日益恶化。当步行与自行车出行越来越危险且不便捷，公交系统通达性下降，城市出行就会自然而然地依赖小汽车。而在中国，城市密度如此之高，对于小汽车的过度依赖使得城市的可持续性大大降低：交通拥堵、空气质量下降，基础设施的建设和维护费用剧增。

　　另一条途径则是为下一代的中国城市提供新的可能性，为城市提供安全、便捷和节约的替代小汽车的出行模式，从而自然而然地缩减小汽车的出行分担率。倘若每个城市都为其交通系统设立一个改善交通出行模式分担率的目标，那城市就有动力围绕这个目标来进行设计以及安排基础设施投资。

　　本书所述的TOD规划设计方法涉及两个层面：总体规划层面和控制性详细规划层面；牵涉两方面的内容：土地使用和交通系统。在总体规划层面，在重点公交站点、居住区以及商业中心区现有的土地使用规划上划分出"公交为导向片区"（Transit Oriented Districts）。这些区域将会成为更适于步行、自行车出行且以公交为导向进行开发的城市区域。在控制性详细规划层面，将会有详细的设计准则和土地使用模式，用以指导"公交为导向片区"的落实。

总规和控规层面都需要一套不同的土地使用与城市设计标准来合理地混合业态，通过步行交通来激活街道，并围绕公交站点来安排开发强度。在土地使用以及城市设计上的改变，必须要有一个新的交通系统来辅助。新的交通系统需要平衡非机动车出行需求与机动车效率，并同时强化公共交通。它应该能营造富有活力的交通网络、提供更丰富的街道类型和道路断面形式以支持各类出行模式。

降低小汽车出行以及交通能耗需要从改变城市入手，使其提供更多的出行选择，增强可达性，而不仅仅是提高流动性。这样的变革意味着一系列的策略：构建新的土地使用模式使日常出行距离缩短，并适当聚集重要城市功能，使一次出行即可抵达若干不同的目的地。它意味着提高步行的便利，只有这样才能提高公交的可达性和时效性。城市形态在三个基本方面影响着出行——交通模式分担率，平均出行距离以及每户每日出行次数。围绕公交站点开发，且适宜步行的混合使用地区在这三个方面都有优势：步行在交通分担率中的比例增加，更好的步行环境正面影响自行车与公交的使用，由于业态混合使得出行距离缩减，出行次数也因为不同的目的地的聚集而减少。

这本手册聚焦于城市设计的两个主要对象——交通系统和土地使用。虽然内容上分为两个部分，但是不能将两部分分开考虑——因为两者有着盘根错节的联系。事实上，如今我们在城市建设上犯下的错误之一就是土地使用规划和交通系统规划的分离。那些千篇一律的道路设计，把着眼点从城市环境的塑造转移到了车辆的行驶速度和流量上，从而破坏了城市街道与社会经济活动间错综复杂的联系。而脱离交通承载能力，特别是公交服务水平而布置的土地使用开发强度往往会给交通造成严重的问题。

街道的形式、交通网络必须根据城市环境的不同而改变，就好像土地使用强度与混合度必须根据交通系统的承载能力和技术的差异而调整一样。公交服务水平高的地区应该被设计成"公交为导向片区"，而高强度的混合使用地区应该配备有完善的公交服务。这简而言之就是本书的根本目的。

在总体规划层面，规划有高容量公交服务水平的重点片区将被指定为"公交为导向片区"（以下称"TOD片区"）。这些有着很高标准的公交基础设施投资的区域也理所当然应该提供便利的步行环境。那些没有公交服务，或者低开发强度、单一用途的片区（例如厂房、仓库、机关院校）不可作为TOD片区。因此，很多单一用途的用地会继续保留，而大多数新的居住区或者就业区将会被改造。

接着，根据公交服务水平的不同，TOD片区内部进一步加入三种不同级别的"中心"。公交服务水平越高，"中心"的开发强度与商业容积率就越高。例如，有两条地铁线交汇的区域会安排区域内最高强度的城市开发，并布置写字楼、住宅塔楼以及区域性的零售商业。而只有一条BRT服务的片区则主要面向居住区，配备有服务本地的商业功能。

在控规层面则会重新设计TOD片区——引入新的街道网络——使其更为适宜步行、自行车与公交。这一新的街道网络被称为"城市格网"，通常由小尺度而高密度的街道构成，在这种路网下，城市地块也会较小。此外，这些片区的城市设计和土地使用也会根据一套由"街区类型"构成的土地使用规划体系来修正。每一种街区类型都有一些特定的功能和强度，以及一套城市设计控制准则来确保街道空间可以成为活跃的公共空间。

概括起来，设计方法涉及以下步骤：

1. 在总体规划层面，根据土地使用类型以及公共交通服务水平来确定TOD片区。

2. 在TOD片区内部，根据公交服务水平来划分三种不同级别的"中心"。

3. 修改TOD片区内的交通网络以形成更为适宜步行、自行车和公交的"城市格网"。

4. 通过由若干街区类型构成的土地使用规划体系来营造更为适宜步行的城市环境。

序 一

随着中国经济的迅猛增长，史无前例的人潮涌入城市，来追寻更好的就业、收入与高质量的生活。这给我们带来了很大的挑战，也带来了更大的机遇去塑造新一代的城市，使他们成为在可持续性、市场竞争力以及宜居性上的全球典范。而本书尝试着把握这一机遇，为读者描绘了一幅蓝图并提供了一个实施的方法。中国有着自己独特的文化和城市历史，但同时也存在所有现代城市必须解决的问题。人本尺度、混合使用、公交引导开发等话题在全球不同的语境下会产生变化，然而其基本设计原则却是共通的。本书汇集了国内外的作者来共同寻找这些原则在中国这一独特环境下的运用策略。

人本尺度的缺失、交通堵塞、环境污染以及越来越长的通勤正在困扰着中国城市。建立在超大街区、小汽车为导向的宽大马路以及单一土地使用的发展模式正在失效，其颓势日趋明显。机动车保有量逐年上升，如今的中国已经超越美国成为全球最大的汽车市场。如同20世纪五六十年代的美国，中国正在马不停蹄地修建高速公路、环路和停车场来满足汽车的需要。然而，由于中国的人口密度很高，以私人汽车为导向的交通所呈现出的问题比起低密度的西方国家更为严重。在北京，尽管每年新建道路数量惊人，但其交通堵塞依然严重。而在上海，研究显示，必须通过限制小汽车的使用，同时增加非机动车以及公交的交通分担率才能将堵塞维持在可以控制的范围内。高密度的城市不能围绕汽车来设计，这是一个简单而直白的事实。

高速的城市建设，留给决策者们用于规划繁荣而宜居的低碳城市的空间和思考时间越来越少。这些城市必须将公交、步行以及自行车作为其首选。否则，这些快速发展的城市将无法将其潜能完全发挥出来。城市将被拥塞和污染充斥，几百万人上班下班将会成为每天重复的磨难，数不清的农田将被无情地耗费，高速的经济增长也将止步。这样恶化的城市环境下，中国的城市将会很难吸引高科技人才以维持其经济引擎的运转。

当然这不仅仅只是中国城市的问题，全世界的城市都面临着经济、生态和社会等方面深刻的危机，而这危机正是由产生过度碳排放的生活方式造成的。倘若我们任由现有的发展模式继续泛滥，我们对于环境的负面影响将会不可逆转，从而伤害地球上的每一个生物。因此，对于碳的依赖必须缩减，而城市设计能够从中起到核心作用。

城市化与交通对气候变化有着深远的影响。如今西方国家面临的很多环境危机很大程度上是由于过往的50年里无序的城市建设造成的，这样的建成模式过多地依靠私人汽车解决出行，并侵占农田以供城市无序蔓延。而中国，应当尽力避免步西方国家之后尘。

中国的城市增长模式将决定中国的环境需求和影响。如今，交通已经占据整个国家能源消耗的85%，并在不断增长中。而以高速公路为主的城市扩张模式正在不断地强化汽车的使用。另一方面，自行车、步行以及公共交通的使用率正在不断下降。在首都北京，汽车使用率从1986年至2010年翻了六番，而同时期自行车的使用率从60%降至17%。个中环境危害相当巨大。

此外，交通事故数量也在不断上升，从1992年到2004年，自行车相关的死亡率增加了99%。平均每天，中国都有300人死于交通事故，这一数字是全世界最高的——并且还在以每年10%的速度递增。这一现象的原因不言而喻。一项在济南进行的研究表明，单一土地使用类型的超大街区所产生的车公里数（VKT）比传统街区高出五倍。

尽管中国在公共交通上有大量的投入，然而现有的土地使用模式正在不断强化私人汽车的使用，并形成了不利于人行和自行车使用的城市空间。建设便于人行的社区，不仅仅是营造以人为本的城市空间的精髓，同时也是促进公共交通使用的关键，因为公共交通出行以步行开始也以步行结束。

中国现有的开发模式可以用"超大街区模式"来形容。这种模式是基于大容量宽马路的道路系统而建立的，地块尺度大，往往达到500米见方。这种模式的关注点往往在于如何能够有效地增加机动车流动性，同时牺牲了行人和自行车交通的舒适性和安全性。在这种模式下，为了减轻类似于噪音等交通产生的负面影响，人们不得不将建筑后退，这样进一步隔离了本身就已经很单一的土地使用。这一系列的影响因素破坏了步行环境以及非机动车交通的安全性，从而间接地影响了零售商业的活力以及公共交通的效率。富有生活气息的社区的营造，关键在于将设计重点从机动车转移到行人上来 —— 换句话说，采用小尺度的街区和窄的街道，并搭配以生动而实用的临街面。

此外，超大街区通常能够容纳 5000 户居民，这一尺度为社会问题埋下了种子。在西方，类似的开发模式导致场地缺乏个性，居民之间无法相互照料共同监护，同时社区没有人本尺度。西方国家的很多城市最终都选择将这一模式指导下建设的社会住房通通拆除——中国切不可重蹈覆辙。

减少碳足迹和对进口原油的依赖需要在三个方面提高效率：交通，建筑以及基础设施。虽然本手册主要关注于交通及其所形成的不同城市形态，并不表示建筑与基础设施就不重要，三者同等重要。针对不同气候设计的绿色智能建筑能够深远地影响能耗需求，而类似于废物重新利用的发电厂与热电联产系统等社区基础设施则能够进一步增加节能的效益。

从交通方面着手节能有着很多附带的效益；随着对机动车的依赖降低，原油需求降低，交通堵塞缓解，空气质量提升，公交系统更为快捷，同时家庭在出行上的开支降低了。更频繁的步行与自行车出行习惯将带来更健康的生活、安全的街道和富有活力的城市。这些变化需要全面贯通地改变城市规划里的土地使用、城市设计以及交通系统。

借助于本手册的设计标准和实践方法，中国的决策者们能避免其他国家城市建设过程中的种种误区从而建立未来城市的成功典范。

公交引导开发的效益：

- 增加出行便利性
- 降低碳排放
- 增加经济活力
- 提高空气质量
- 保护可耕农田
- 创建和谐、繁荣的社会

中国是当今世界舞台上涌现的最大的经济实体之一。这个大国正处在历史的十字路口上。其城市人口预计将在 2025 年增加

3亿，强大的经济增长使其城市人口以史无前例的速度激增。这一关键时刻做出的选择将影响到中国城市长远的能源效率和可行性。中国需要做出选择，是选择新的开发模式来创建宜居、高效和环境友好的城市，还是沿用旧的规划理念来继续强化私人机动车使用，降低步行的适宜度，破坏环境。

彼得·卡尔索普   2013年9月

序　二

　　中国的城镇化是全世界最快的国家之一，这一点从中国近些年来的水泥和钢材消耗量都占到全世界的一半以上可见一斑。那么，如此巨量的建设材料的堆积，塑造的是怎样的人间景象？是冷漠的钢筋混凝土丛林还是温馨的舒适家园？说起来，这大概是最好的时代，我们可以投身于大量的建设活动之中，能够亲眼目睹自己的宏大"理想"迅速成为现实而不必穷一生只能见一鳞半爪；但这也许更是最坏的时代，因为我们的无知、自大和短视，出现了大量乏味、无趣、劣质的建成环境，不仅我们自己要忍受这样的环境，后代们也要继续承受我们种下的苦果。

　　同时，我们似乎并不缺少塑造宜人建成环境的方法，我们既可以向传统学习，也可以向别的现代国家学习。西方国家率先提出的精明增长、新传统主义、新城市主义理论等等都是试图优化城市结构、重塑城市环境的工具，当然也包括TOD理论。可是，在拿来这些工具的同时，我们必须要了解这些工具产生的历史背景，比如美国新城市主义的兴起来自于对许多美国都市区不断蔓延景象的修正。显然，任何一种西方的理论或方法照搬到中国都是不尽合理的，但亦不能动辄以国情、文化背景不同为借口而轻率拒绝，借鉴其中普适性的经验教训和观念准则应当是正确的心态。这也是这本书起名为"TOD在中国"的重要原因。

　　去过国内外很多城市，总在思考一个问题：有一些城市为什么何其相似，而另一些城市却又如此不同？"不好"的城市其"不好"各不相同，但"好"的城市之"好"却是一致的，那就是"方便、舒适、美观"（尽管它们的文化背景、气候环境可能千差万别）。那么，既然我们知道"好"的标准，并且有无数可以借鉴的案例，为什么仍然会出现新的大量"不好"的城市环境？这根本的原因恐怕还在于制度，这个制度可以大到国体政体，小到标准规范，比如按我国现有规范，传统的那种紧凑、密集的城市肌理已很难实现。而类似设计规范这样的制度安排又是和社会的整体认识水平相适应的，先进的理念总是会超前于制度规范，而局部地区的探索和实践会促使社会整体认识的慢慢转变和提升，通过制度安排来影响城市环境的塑造也就成为水到渠成的事情。这本"TOD在中国"也许并不能立刻成为影响我国城市结构和形态的指南，但通过普及、探索、实践和适应，一定会产生深远的影响。

杨保军

2013年9月

序 三

经典的TOD围绕大容量公交站点开发模式起源于美国，主要目的是防止美国城市郊区的低密度蔓延式开发。实践证明，TOD模式对于促进公交出行，减少小汽车使用，抑制蔓延式土地开发具有非常好的效果。我国自2000年后广泛开始了对TOD模式的研究和实践，对TOD理念如何与我国当前阶段的城市特征相结合也作了大量的探索。在实践中，我们发现，中国TOD的实施背景有自身的特点，中国TOD开发范围内城市人口多、土地使用性质复杂，传统的TOD模式并不一定适用于如此大规模开发的城市发展。鉴于此，对于中国，不仅需要引入理念，还必须创新理念，同时强调中国城市开发的适应性，融入到中国现行的城市规划体系中，从规划编制实践和规划实施管理等方面全方位探讨TOD的做法，这些是本书"TOD在中国"与其他相关TOD书籍最大的不同之处。

本书倡导的TOD理念，将纠正一些TOD理念片面认识，如将TOD等同于围绕公交站点周边进行高强度建设、TOD只适用于小尺度的城市开发等，给读者带来新的思考。中国的传统城市街坊可以说与TOD的理念如出一辙，小尺度、混合发展、慢行尺度优先等做法比比皆是；目前问题最大的是中国的新城开发，机动车主导、速度优先、甚至片面追求气派的价值观念已经在城市开发建设中形成了宽马路、大街坊的固化格局，更在技术操作和政府决策过程中形成了一种思维惯性。本书对于宽马路、大街坊等问题从土地、交通等方面提出详细的设计应对技术和方法，可供读者进行规划设计实践探索。中国的城市规划管理系统已在逐步将各类较为先进的理念、措施和实施策略纳入其中，本书也作为尝试，阐述了TOD新方法的适应性和实施机制，以便读者进行深度思考和探索。目前，我国很多城市新区也在反思并开始贯彻落实TOD理念，本书提供的案例可以了解我国城市发展先进地区在这些方面的努力。

洪亮

2013年10月

1 中国城市可持续发展的挑战与目标

1.1 城镇化与机动化

1.1.1 城镇化

中国改革开放以来，伴随经济高速增长，人口不断向城市快速集聚，城镇化水平不断提高。自1978年至2011年，城镇化率已由17.92%增长至51.27%，2011年成为中国社会结构的一个历史性转折期（图1-1）。

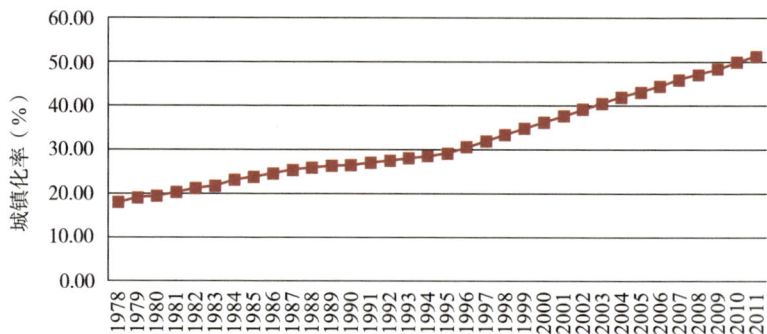

图 1-1　中国历年城镇化率变化曲线

数据来源：中国统计摘要，2012

纵观2010年第六次人口普查数据，沿海经济发达地区的许多大城市人口规模已提前十年突破2020年城市总体规划目标（表1-1）。

主要城市"十一五"人口规模突破2020年总体规划目标　　表1-1

	2020年总体规划目标（万人）	2010年"六普"人口（万人）
北京	1800	1961
长沙	688	704
杭州	850	870
厦门	330	353
温州	890	912
常州	430	459
义乌	95	123

数据来源：六普人口数据，中华人民共和国国家统计局

1.1.2 城市用地规模拓展

伴随着城镇化率的快速增长，城市建设用地也在不断增加，

3.6 "小街区" 的城市设计与土地使用标准   57

4 TOD 的交通系统   63

4.1 概述   64

4.2 土地使用与交通在济南的实证研究   65

4.3 城市格网: 一种新的交通范例   70

4.4 城市格网设计准则   75

4.5 开发城市格网   78

4.6 城市格网中对单向二分路的使用   80

4.7 交通运行分析   85

4.8 车辆行驶路径评估   88

4.9 二分路的实施   89

5 新方法的适应性和实施机制   93

5.1 新方法的适应性   94

5.2 低碳城市规划的实施机制   122

6 案例介绍   131

6.1 呈贡新城   132

6.2 悦来生态城   142

6.3 珠海北站 TOD 片区   150

6.4 重庆两江新区公交先导区规划   160

6.5 昆山市城市总体规划及中心城区核心区控制性详细规划   166

6.6 中瑞无锡生态城示范区   178

6.7 北川新县城规划设计与实施   185

6.8 中新天津生态城规划   197

6.9 苏州工业园区中央商务区   208

7 结语   219

目　录

1 中国城市可持续发展的挑战与目标　　　　　**1**

 1.1 城镇化与机动化　　　　　2

 1.2 快速机动化与城市出行结构的恶化　　　　　6

 1.3 油耗高企与环境污染　　　　　7

 1.4 机动化与城市（规划）发展面临的挑战　　　　　11

2 TOD八项原则以及土地使用/交通的关联　　　　　**25**

 2.1 原则一：设计适宜步行的街道和人行尺度的街区　　　　　29

 2.2 原则二：自行车网络优先　　　　　31

 2.3 原则三：提高道路网密度　　　　　32

 2.4 原则四：发展高质量的公共交通　　　　　33

 2.5 原则五：混合使用街区　　　　　34

 2.6 原则六：根据公共交通容量确定城市密度　　　　　35

 2.7 原则七：通过快捷通勤建立紧凑的城市区域　　　　　36

 2.8 原则八：通过调节停车和道路使用来增加机动性　　　　　37

3 TOD的土地使用策略　　　　　**39**

 3.1 概述　　　　　40

 3.2 划定TOD片区：定义和标准　　　　　41

 3.3 中心区域的三种类型　　　　　43

 3.4 基于"小街区"和混合使用的区划　　　　　46

 3.5 "小街区"设计标准　　　　　49

尤其"十一五"期间在扩内需、保增长的政策导向下，各地的固定资产投资高速增长，建设用地增长尤为迅猛。2010年全国城镇建设用地达到38727km²，与2005年相比增长31%，年均增长7%（图1-2）。

建设用地的增加带来了城市空间规模的不断拓展，城市连绵区和大都市区不断形成并增多。如图1-3所示，长三角城镇密集地区逐步形成连绵态势。苏州、长沙、德州等城市在20年间均呈现了跨越式发展。

随着改革开放的深入，长三角地区城市功能扩张，通过城市新区或者工业园区建设，城市在原有的城市中心外围形成新的中心地区或者城市的副中心地区，从而逐渐形成一个沿长江、沿杭州湾的"之"字形的城镇连绵带，增长极之一的上海—苏州—无锡率先成为三省一市中名副其实的大都市连绵区，原先比较单一的廊道发展已经打破，开始显现出多廊道网络化的城镇发展趋势。

在大都市连绵区中，中心城市的辐射和带动作用极大地促进了周边城市的发展，苏州成为这类城市的典型代表（图1-4）。进入20世纪90年代，受益于境外投资和上海的辐射，苏州城市建设步伐开始加快，苏州工业园区得以快速发展，苏州城市形态开始发生转变，一体两翼的空间格局初步形成；2000年以后外向型经济发展推动了高速公路网的建设，发达的高速公路网引导城市用地向更广阔的外围地区低密度蔓延，2004年城市建设用地较1996年增长了1.5倍，与此同时，苏州仍然保持单中心圈层扩展的发展模式。

除了中心城市的辐射和带动作用之外，大型交通基础设施的建设也在城市的空间拓展过程中发挥了重要作用。在长沙的城市空间拓展过程中，1978～1989年间，新火车站及其配套交通干路的建设，推动了长沙向东扩张，车站对城市发展的引导作用明显。1990～2003年，京珠高速通车后，长沙出现跳跃式发展，经济开

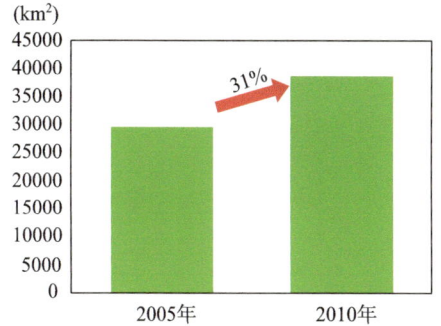

图1-2 "十一五"城市建设用地增长

数据来源：中国城市建设统计年鉴，2011

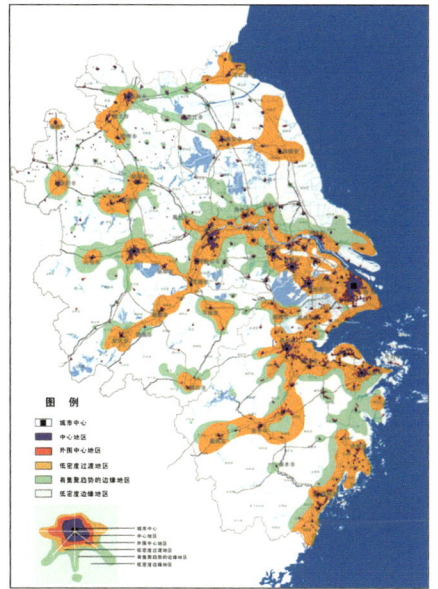

图1-3 长三角城市连绵发展态势图

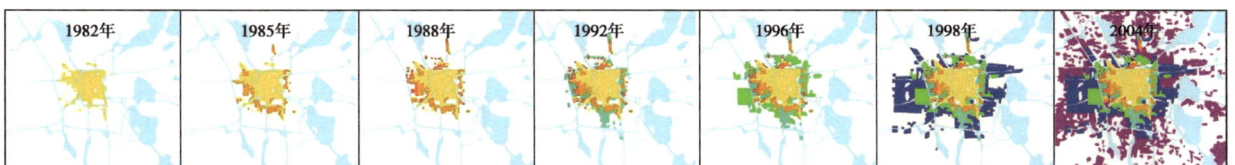

图1-4 苏州市城市空间形态演变图

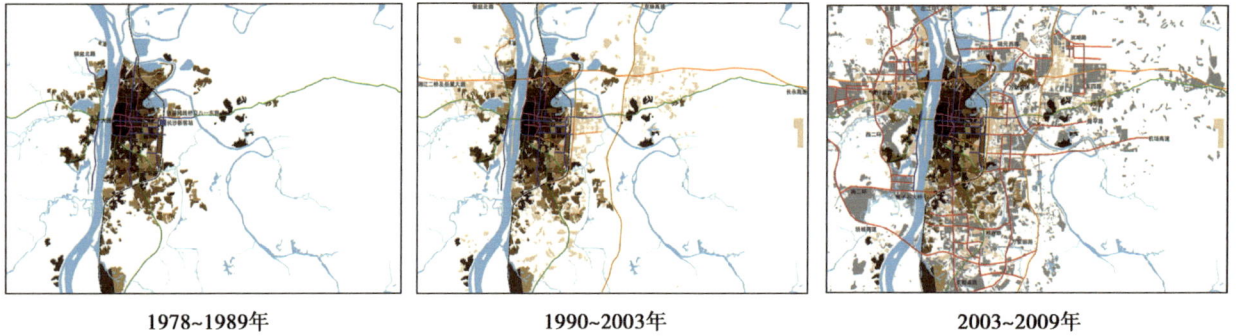

| 1978~1989年 | 1990~2003年 | 2003~2009年 |

图1-5 长沙市城市空间形态演变图

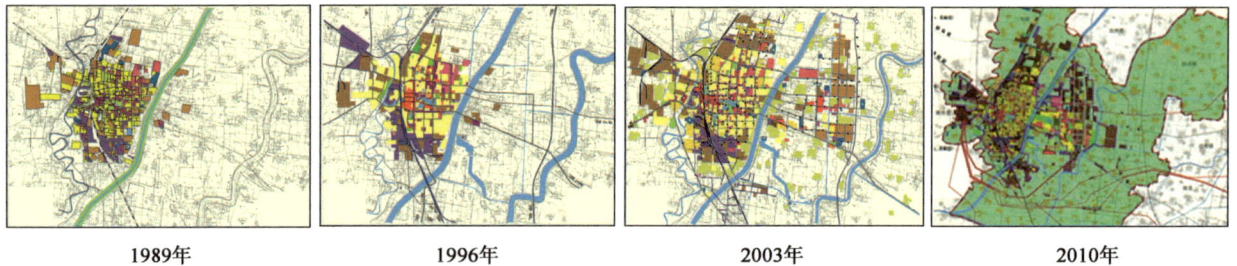

| 1989年 | 1996年 | 2003年 | 2010年 |

图1-6 德州市城市空间形态演变图

发区发展迅速。2003年以后，城市建设沿干路展开，城市形态体现为"沿路均质"发展的模式（图1-5）。2009年武广高铁通车，长沙高铁站与长沙黄花机场联动作用，将促进长沙城市新一轮的向东扩张。

德州作为京沪高铁线上的中等城市，其城市形态演变更充分体现了大型交通设施对城市跨越式发展的带动作用（图1-6）。1978~1989年，经济复苏加快了德州的建设发展，城市沿岔河以西向东北方向发展。1990~2000年，经济稳步发展，建设用地在铁路和岔河之间紧凑发展，并呈现初步跨岔河发展态势；2000年以后，城市向东发展迅速，河东中心逐渐形成。2010年以后，京沪高铁的引入带动了减河东岸地区的蓬勃兴起，促进了德州的区域融合。

1.1.3 城市尺度扩大，出行距离增加

城镇化的快速发展加剧了城市尺度扩张的速度，同时也拉大了城市居民的平均出行距离。工业革命前，城市发展受限于交通工具，以居民1h平均出行距离计算城市的半径，相应的城市半径很难突破4km，此阶段的城市活动大多局限于街坊与邻里

之间，道路以巷道为主。工业革命后，公共交通工具的引入使城市半径急剧增加，部分城市的半径达到25km左右，单中心放射的城市格局得到加强，分级道路系统出现。而后，随着个人机动化交通工具的普及，城市居民的出行特征与出行方式进一步发生改变，组团式的城市格局成为主流，远距离出行占城市居民整体出行的比例持续增加，在出行时效的约束下，大容量快速交通系统（城市快速路与城市轨道交通等）成为支撑城市尺度拓展的骨架（图1-7）。

城市规模的大幅度扩张，拉大了居民的出行距离，城市中心城区尺度的增大带来了居民平均出行距离的成倍增长（表1-2）。

中心城区尺度与平均出行距离　　　　　　　　　　　　表1-2

	交通分区—中心城区尺度（km×km）	现状中心城区出行距离（km）	现状外围出行距离（km）
北京	17×18（四环）	10	18
上海	7×7（浦西）	4	10
广州	4×8（内环）	5	—
西安	9×9（二环）	4	—
郑州	5×7（核心）	4	7

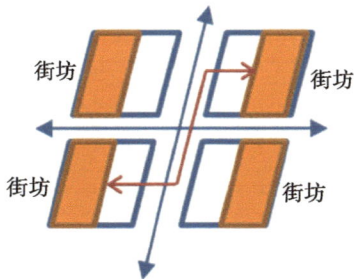
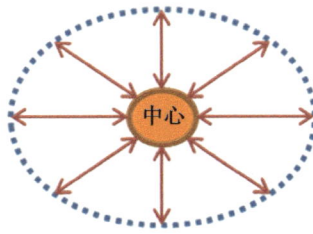
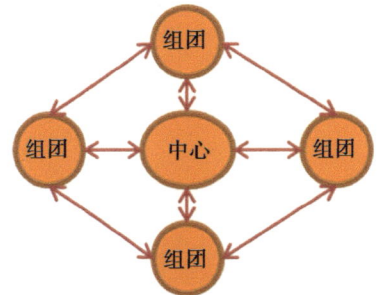

(a) 城市化前期　　　　　　　　(b) 城市化中期　　　　　　　　(c) 城市化后期

图1-7　不同城镇化阶段的城市空间与路网结构示意图

1.2 快速机动化与城市出行结构的恶化

1.2.1 汽车工业大发展

改革开放以来，中国经济取得了举世瞩目的持续高速增长。2010年国内生产总值达到397983亿元，已超过日本居于美国之后排在世界第二位，成为全球第二大经济体。同时，人均国内生产总值也随之快速提高，继2001年突破1000美元大关后，2010年已突破4000美元大关（图1-8）。

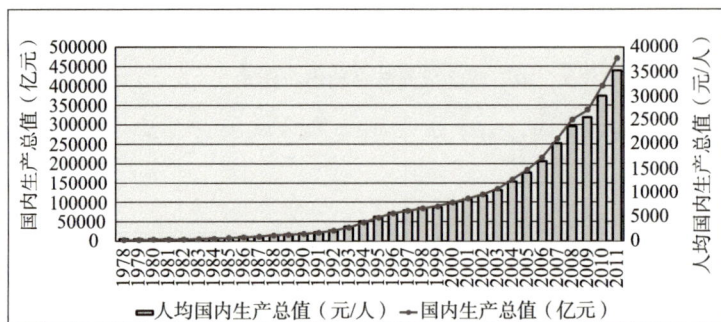

图1-8 中国国内生产总值和人均国内生产总值历年变化

数据来源：中国统计年鉴，2012

如此迅速的经济增长，不可避免地使得人民生活水平发生巨大变化，其中对城市影响最大的当属全国保有的现代化交通工具——汽车的快速增长。从各国经济发展规律看，人均GDP超过1000美元，汽车消费将跨过家庭的门槛；人均GDP处于3000～10000美元，将进入汽车消费快速发展期。2010年中国销售汽车1806万辆，继2009年之后继续保持全球第一大汽车市场的地位。中国民用汽车拥有量亦从1978年的135.84万辆，跃居到2011年的9356.32万辆，增长了67倍（图1-9）。

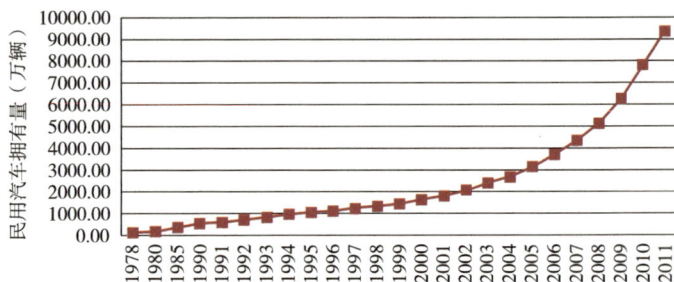

图1-9 中国民用汽车拥有量历年变化图

数据来源：中国统计年鉴，2012

作为特大城市的代表，北京的机动车增长速度更是令人瞠目结舌。1949年北京市只有机动车2300辆，到1997年2月份，北京市的机动车突破了100万辆，这一过程整整经历了48年。至2003年8月，仅用了6年半的时间北京市的机动车突破了200万辆，至2009年12月北京的机动车保有量突破400万辆，6年半的时间实现了翻番增长。为了遏制机动车快速增长，2010年底北京出台了小汽车摇号限购政策。在如此背景下，2012年2月北京的机动车保有量依然突破了500万大关，总数达到501.7万辆。其中，私人机动车的占比也越来越高，截至2011年底，私人车辆已占到机动车总量的7成以上。

1.2.2 城市出行的小汽车依赖

高速增长的个体机动化大大改变了人们的出行观念和习惯，小汽车成了被广泛接受的代步工具。同时，城市空间的拓展、居民出行距离的增加，导致步行、自行车等慢行方式逐渐减少。以北京为例，1986年自行车出行占58%，公交出行占32%，小汽车出行仅占5%；至2000年，自行车出行下降至38%，公交出行下降至23%，而小汽车出行增长至23%。随着机动车保有量的不断增加，至2010年底北京市小汽车出行比例已达到34.2%（图1-10）。

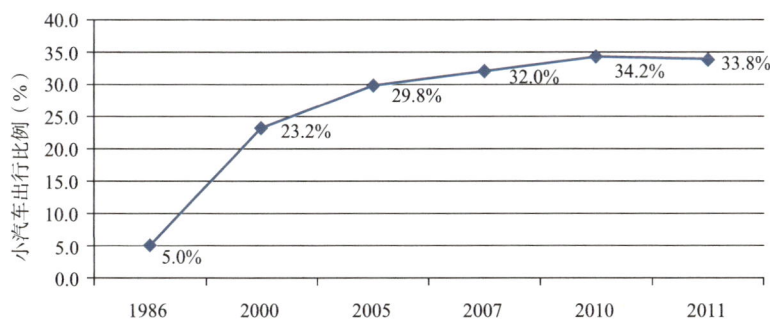

图1-10 北京市小汽车出行比例变化图

1.3 油耗高企与环境污染

1.3.1 车用油耗

汽车发展提高了人们的生活水平和质量，带动消费水平升级，促进了国民经济发展，但同时也消耗了大量的石油资源（图1-11）。

且中国高耗油车型比例过大，节能环保产品比例相对较小。乘用车单车平均油耗远高于工业发达国家的水平。

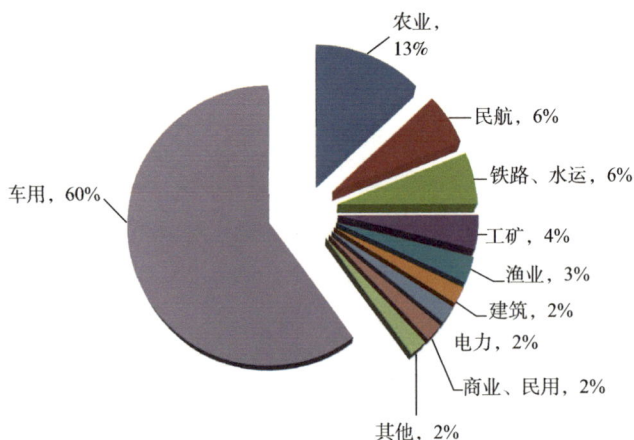

图1-11 中国机动车对石油燃油的消耗比重

2009年，中国汽车保有量达到6200万辆，消耗了13480万吨成品油，占全国汽柴油总产量的63.2%，比2008年消耗净增加1600万吨。其中：车用汽油消费量为6260万吨，占汽油产量7192万吨的87%，车用柴油消费量为7220万吨，占柴油产量14124万吨的51%。"十一五"规划新增的1亿吨左右炼油能力，几乎全部被新增汽车消耗。按照目前中国汽车市场的增长速度，每年新增汽车消耗的成品油相当于新建一个2000万吨级炼油厂（新建一个2000万吨炼油厂需要投资200多亿元，建设周期4～5年）①。

交通油耗份额高企带动了中国石油进口依存度的攀升。2009年中国生产原油1.89亿吨，与此同时，净进口原油却达到1.99亿吨，原油对外依存度也由此首次跨过许多国人心中50%的心理防线，达到了51.3%。这意味着，中国这个世界第二大石油消费国使用的石油有一多半需要从国外进口。自从1993年首度成为石油净进口国以来，中国的原油对外依存度由当年的6%一路攀升，到2006年突破45%，其后每年均以2个百分点左右的速度向上攀升，2007年为47%，2008年为49%，到2009年突破50%警戒线，仅仅用了16个年头。而且，中国未来对外部石油的需求丝毫没有延缓的趋势。2010年中国石油消耗4.28亿吨，其中55%

---

① 资料来源：http://news.sina.com.cn.

进口，提前达到预测的2020年水平（表1-3）。石油对外依存度
的攀升将成为未来中国经济发展的重要制约因素。

2010年石油消耗量居世界前60位的国家或地区　　　　　　　　表1-3

排序	国家或地区	2010年（百万吨）	2009年（百万吨）	2010年比2009年增长（%）	2010年占全球的份额（%）	排序	国家或地区	2010年（百万吨）	2009年（百万吨）	2010年比2009年增长（%）	2010年占全球的份额（%）
1	美国	850.0	833.2	2.0	21.1	31	马来西亚	25.3	24.5	3.3	0.6
2	中国	428.6	388.2	10.4	10.6	32	巴基斯坦	20.5	20.6	−0.6	0.5
3	日本	201.6	198.7	1.5	5.0	33	希腊	18.5	20.2	−8.7	0.5
4	印度	155.5	151.0	2.9	3.9	34	科威特	17.7	17.2	2.8	0.4
5	俄罗斯	147.6	135.2	9.2	3.7	35	中国香港	16.1	14.0	15.2	0.4
6	沙特阿拉伯	125.5	117.2	7.1	3.1	36	越南	15.6	14.1	10.4	0.4
7	巴西	116.9	107.0	9.3	2.9	37	阿尔及利亚	14.9	14.9	−0.1	0.4
8	德国	115.1	113.9	1.1	2.9	38	智利	14.7	15.6	−6.0	0.4
9	韩国	105.6	103.0	2.5	2.6	39	瑞典	14.5	14.6	−0.1	0.4
10	加拿大	102.3	97.1	5.4	2.5	40	菲律宾	13.1	13.1	0.1	0.3
11	墨西哥	87.4	88.5	−1.2	2.2	41	奥地利	13.0	13.0	0.2	0.3
12	伊朗	86.0	85.1	1.0	2.1	42	葡萄牙	12.6	12.8	−1.6	0.3
13	法国	83.4	87.5	−4.7	2.1	43	哈萨克斯坦	12.5	12.1	3.2	0.3
14	西班牙	74.5	75.7	−1.6	1.8	44	乌克兰	11.6	13.3	−13.2	0.3
15	英国	73.7	74.4	−1.0	1.8	45	瑞士	11.4	12.3	−7.1	0.3
16	意大利	73.1	75.1	−2.7	1.8	46	以色列	11.2	11.5	−2.2	0.3
17	新加坡	62.2	56.1	10.9	1.5	47	哥伦比亚	11.0	10.5	4.1	0.3
18	印度尼西亚	59.6	59.2	0.7	1.5	48	挪威	10.7	10.3	3.5	0.3
19	泰国	50.2	49.9	0.5	1.2	49	厄瓜多尔	10.6	10.1	5.0	0.3
20	荷兰	49.8	49.4	0.9	1.2	50	芬兰	10.4	9.7	4.9	0.3
21	中国台湾省	46.2	44.1	4.7	1.1	51	捷克	9.2	9.7	−5.0	0.2
22	澳大利亚	46.2	42.2	0.8	1.1	52	罗马尼亚	9.1	8.5	−1.4	0.2
23	埃及	36.3	34.4	5.4	0.9	53	丹麦	8.7	8.5	2.0	0.2
24	委内瑞拉	35.2	33.7	4.7	0.9	54	秘鲁	8.4	8.1	3.6	0.2
25	比利时和卢森堡	35.0	33.4	4.8	0.9	55	爱尔兰	7.6	8.0	−5.0	0.2
26	阿联酋	32.3	29.8	8.4	0.8	56	卡塔尔	7.4	6.8	18.1	0.2
27	土耳其	28.7	28.2	1.7	0.7	57	新西兰	6.9	6.8	0.1	0.2
28	波兰	26.3	25.3	3.9	0.7	58	匈牙利	6.7	7.1	−5.2	0.2
29	阿根廷	25.7	23.7	8.5	0.6	59	白俄罗斯	6.6	9.3	−29.3	0.2
30	南非	25.3	24.7	2.7	0.6	60	土库曼斯坦	5.6	5.4	3.6	0.1

数据来源：BP世界能源统计，2011

为加快建立以低碳为特征的交通运输体系，交通部于2011年发布了首批《道路运输车辆燃料消耗量达标车型表》，达标车型共37种，44个配置，并明示了达标车型车辆参数与配置以及燃料消耗量。这标志着中国道路运输行业正式建立并实施能耗准入制度。

1.3.2 尾气排放与城市空气污染

交通拥堵增加了油耗，更加剧了汽车尾气的排放，污染了空气。2010年2月9日发布的《第一次全国污染源普查公报》显示，机动车尾气排放情况为：总颗粒物59.06万吨，氮氧化物549.65万吨，一氧化碳3947.46万吨，碳氢化合物478.62万吨。其中，机动车氮氧化物排放量占全国排放总量的30%，对城市空气污染影响很大。

对北京空气质量所做的调查显示，在非采暖期，汽车排放的一氧化碳、碳氢化合物和氮氧化物分别占所有污染源排放总量的60%、86.8%和54.7%；同时对上海空气质量所做的监测表明，汽车有害排放的分担率，一氧化碳、碳氢化合物和氮氧化物分别为86%、90%和56%；广州大气中大约80%的一氧化碳和40%的氮氧化物来自于汽车尾气的排放。这些结果说明，机动车辆的尾气排放已成为城市空气的主要污染源。

另外，在中国城市大气环境污染中，汽车排放的颗粒物是构成城市可吸入颗粒物污染的主要来源，尤其是空气动力学直径小于2.5μm的颗粒物（PM2.5）污染问题十分严重。据中国环境质量报告书和世界资源报告提供的数据，在中国环境质量超标的城市中，有68%存在着可吸入颗粒物污染问题。

2009年环境监测显示，目前全国约1/5的城市大气污染严重，113个环保重点城市中1/3的城市空气质量仍达不到国家二级标准，很多城市尤其是大中城市空气污染已经呈现出煤烟型和汽车尾气复合型污染的特点。同时，中国一些地区酸雨、灰霾和光化学烟雾等区域性大气污染问题频繁发生，部分地区甚至出现了每年200多天的灰霾天气。而灰霾现象与机动车排放的氮氧化物、碳氢化合物等颗粒物存在明显的关系。

此外，据世界资源研究所和中国环境检测总站测算，全球10个大气污染最严重的城市中，中国就占了7个。因此，中国政府对治理汽车尾气排放造成的城市环境污染非常重视，国家环保部门和汽车企业目前正在加速推进国Ⅲ、国Ⅵ的达标工作，控制汽车尾气污染的排放已是环保部门、汽车生产厂家及社会各界的一项迫在眉睫、刻不容缓的责任。

1.4 机动化与城市（规划）发展面临的挑战

1.4.1 无节制机动化的出行环境恶化

城镇化和机动化的快速发展是不可阻挡的，但肆意蔓延式发展加之无节制的机动化进一步加剧了人们对小汽车出行的依赖，城市交通拥堵问题不断恶化。

交通拥堵问题率先在北京、上海、天津、重庆、广州等几个特大城市出现，且在短短几年时间内，迅速波及至百万人口以上的所有大城市，甚至一些中小城市也出现了难以治愈的拥堵顽症（图1-12）。

交通拥挤造成机动车行驶速度缓慢，2009年北京路网早高峰平均车速为24km/h，晚高峰为22km/h。路网整体运行效率低下，使得公共汽车平均行驶速度更低。公共汽车平均行驶车速20世纪70年代为30km/h，80年代降为20km/h，90年代更降到10～13km/h。近年来，公交车平均车速只有10 km/h左右，已低于自行车的12km/h和小汽车20km/h。设置公交专用道，提高公

图1-12　大城市交通拥堵现状

交服务水平成为各大城市缓解交通拥堵的重要措施。

交通拥堵导致城市运行效率下降，也造成了巨大的经济损失。2010年《中国居民生活机动性指数研究报告》表明，北京居民上下班或上下学拥堵经济成本为每人335.6元/月，月均拥堵成本高达60亿元。

交通拥堵增加了小汽车的在途时间，进一步加剧了汽车尾气排放，相关研究表明：拥堵级别越高，污染物排放量越大。

小汽车过度依赖，车用油耗高企，尾气排放加剧是不可持续的。如何消除小汽车依赖，实现"绿色机动化"，提升城市运行效率和人们出行品质，这个问题值得我们深思。

1.4.2　出行结构迫切需要做出调整

交通网络构建、需求管理、行为特性等所有交通相关因素最终将体现在交通出行结构上。很不幸的是，中国以往以道路建设为主导的粗放式交通发展策略正在越来越显著地表现出来。中国现状北京、上海、广州等特大城市公交与小汽车出行比例均维持在20%~30%，而省会及其他二线城市小汽车出行比例通常维持在15%~20%，公交出行比例通常在10%~15%。交通出行结构中小汽车比例增加趋势强烈，更加凸显城市交通资源的不足，表现为越来越多的城市加入拥堵大军。

中国人口众多、资源紧张的国情及国外城市发展经验均表明，提高公交出行比例，构建以公交为导向的城市交通体系是解决城市交通问题的根本对策。表现在交通出行结构上就是降低小汽车出行比例，提升公交及慢行交通出行比例，尤其是通勤时段公共交通的出行比例。一方面要彻底转变当前以道路为主导的交通发展模式，大幅提升公共交通建设力度，交通资源配置向公交、慢行倾斜；另一方面，研究制定更为科学合理的交通需求管理措施，采用税费等经济手段引导小汽车合理使用，必要情况下可考虑限制高峰时段使用，促使更多的居民选择公共交通出行。

1.4.3　尽力缩短全日出行距离

出行距离包括以上下班为目的的通勤出行距离和以购物、娱乐及社会交往等为目的的弹性出行。随着城市规模及空间尺度不断扩大，人们将在更大范围内选择工作与就业地点，通勤距离将不可避免地被拉长。当然，这其中有一些问题是可以抑制或向后推迟的，比如外围组团的过早开发带来与中心区的长距离通勤交通。

相比较不可避免的通勤出行距离增加来说，更有效的办法是降低无效的弹性出行强度及距离。当前中国城市正处于快速扩张建设时期，大量新城如雨后春笋般矗立起来，人口大规模向外疏散，但最致命的问题是新城除居住以外其他城市功能极为欠缺，教育、医疗等配套服务设施建设严重滞后，导致新城职住平衡能力显著降低。这引发两方面交通问题：不平衡的潮汐式交通导致交通资源运行效率低下，与中心城间的弹性出行进一步加大交通压力（已经有大城市周末表现出新城与中心城间的拥堵强度甚至强于工作日通勤时段）。

正确的策略是优化城市空间布局，引导城市产业功能向外疏散，提高新城产业培育能力和配套设施服务水平，在一定程度上抑制通勤出行距离增加，最大程度降低弹性出行距离。

1.4.4 引导居民形成良好出行习惯

目前中国传统文化的"官本位"正逐步演变为"车本位"，这在一定程度上导致中国家庭超前购买小汽车并且高强度使用。但这并不是中国特有的现象。全球化形势下亚洲国家工业化进程得以大幅缩短，城镇化进程跳跃式发展，在小汽车浪潮前城市并未做好准备。

小汽车依赖症除了导致城市交通拥堵加剧之外，还带来能源、环境、土地、健康等多种负面影响。无论是基于缓解交通拥堵还是消除小汽车过度使用的各种外部性，改变出行习惯都是非常必要的。

我们建议采用"推拉"的策略以达到更快地改变出行习惯或不至于继续恶化的目的。"推"即指采用交通需求管理手段，提高小汽车使用费用，实行限制型资源配给措施，以求降低小汽车交通需求。"拉"即指大幅提升公交服务水平，保障公交绝对优先通行，提供与非机动车网络的便利衔接，以求吸引更多的小汽车使用者转向公交及慢行。

1.4.5 机动车主导下的人文关怀缺失

（1）尺度失控

尺度顾名思义是以尺为度，以客观要素的存在去把握主观感受的分寸。城市的尺度需要借助城市空间要素的客观的尺寸来认识和评价周围环境，通过空间、心理与行为的相互作用，建立起人与环境，整体与局部的关系。而纵观人类城市的发展历程，行为方式的变化带来了速度和距离的提升，从步行、马车、电车到汽车，交通方式的演进成为城市空间尺度发生变化的根本性动力。工业革命以后，交通方式的变化、建造技术的进步与20世纪20年代末新建筑运动的出现，直接催生了大尺度的城市空间要素的出现。利昂·克里尔笔下的半径400m，面积32hm^{2}左右，去哪都步行可达的传统城市已经成为文字记载的美好回忆。应该说"尺"的变化需求是客观存在的，但问题是国内城市建设一度追求"尺"的跨越而忽略了"度"的问题。

1）价值观念的偏颇

长安街（红线宽度120m）及沿线地区一直是中国的城建标杆，而法国香榭丽舍大街（红线宽度100m）也是中国人魂牵梦萦的时尚浪漫之所。1994年深圳深南大道25.6km全线贯通，红线宽度达135m，中心区（水晶岛区域）更是达到了350m。1999年深受香榭丽舍大街启发的上海浦东世纪大道建成通车，斜贯浦东，红线宽度100m。2000年后国内城市规划建设随着经济实力的长足进步，城市规划建设进入前所未有的"黄金"期。长期以来移植自苏联的"宽即是美，大即是强"的城市建设价值观念深入人心，甚至形成一种在占地面积、红线宽度、建设规模上"去功能化"的纯粹攀比之风。应该说在盲目复制、不求甚解的错误

图1-13 某地级市十车道百米新城大道

价值观念误导下形成的"权力美学"已经形成了一种"以大为美"的唯一美学标准。这一美学标准之下打造出来的城市空间要素已经离民生、人文越来越远，而沦为炫耀权力和资本的存在。正如美国著名城市研究专家詹姆斯·特赖菲尔（James Trefil）所言："科技改变城市面貌，欲望铸造城市品格。"缺乏权力制约与监督机制的国内城市建设只是一味地在所谓现代化道路上不断地贪大求洋，相互抄袭，而在塑造自身城市特色和品格的道路上越走越窄。而这种价值观念已经在从技术方案到实施决策的全过程形成一种思维上的惯性。从各地层出不穷的百米大道、万人广场、地标建筑来看，这种价值观念短期内难以改变（图1-13、图1-14）。

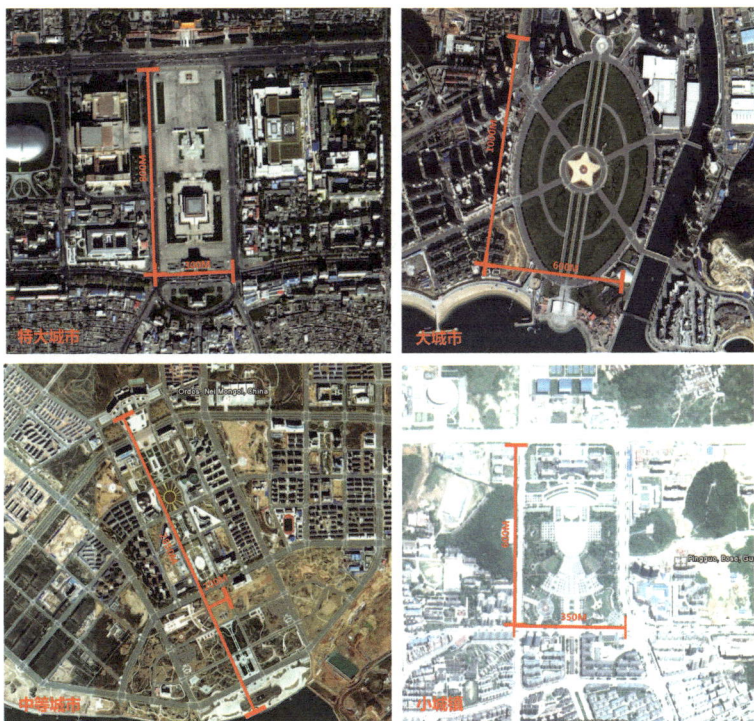

图1-14　城市广场与轴线200m起步，动辄以千米计

2）政绩冲动的裹挟

在中国城市政府权力决策与政绩考核的框架下，裹挟了政绩冲动的城市规划建设行为往往容易走上英雄主义规划的极端，成为规划浪费的典型。形象即是政绩，政绩冲动催化下的形象工程异化了城市尺度，长轴线、宽马路、大广场等众多巨型设施的规划建设已经远离人本，以车为尊，追求豪华气派、雄伟壮观的单

纯视觉效果，造成了城市财政的透支与滥用。大城市满足一时之需尚存争议，中小城市好大喜功则显得可笑，甚至出现了县城广场比肩天安门广场的滑稽现象。2004年由建设部等四部联合发出的《关于清理和控制城市建设中脱离实际的宽马路、大广场建设的通知》（建规〔2004〕29号）不得不明确提出"各地城市一律暂停批准红线宽度超过80米（含80米）城市道路项目和超过2公顷（含2公顷）的游憩集会广场项目"，重申"城市主要干路包括绿化带的红线宽度，小城市和镇不得超过40米，中等城市不得超过55米，大城市不得超过70米；城市人口在200万以上的特大城市，城市主要干路确需超过70米的，应当在城市总体规划中专项说明"，并特别提出"合理规划路网布局，加大路网密度，改善交通组织管理"而不是一味谋求更宽更大。这一规定其实是一种面对现实的无奈折中之举，比较《城市道路交通规划设计规范》（GB 50220—95），大城市主干路宽度应介于40～55m，中等城市35～45m，小城市25～35m，2004年规定已经作了适度宽松处理。

3）技术理性的助力

在城市发展史中科学技术始终是重要的推动力，但是历史、宗教、文化等人文因素一直起着重要的平衡作用。然而现代工业文明的发展打破了这种平衡，信奉机械理性与均衡的现代主义成为现代城市规划设计的圭臬，一如汽车成为人们出行的主要方式的同时也成为规划设计人员思考城市组织的主体，而人只是附件。飞机对勒·柯布西耶那个时代的规划师来说"已成为了解、分析、构思和设计的核心手段"，从高空俯瞰的景象过滤了那些在地面上、以日常视角观察城市时不可回避的杂乱无章，甚至如地狱般的景象（A. vidler，2003）。这种现代主义建筑理论主导的城市规划设计标榜功能分离，人车分行，追求带有潜在田园意识的空旷格局，其高层化、标准化的设计思路迎合中国快速城镇化下大发展大建设需求（应注意到国外的类似建设也是在二战后城市复兴运动中大行其道）。在中国经济形势向上，地方发展目标高企，政治精英雄心壮志的感染下，作为"帮凶"的规划建设工程从业人员也渐渐热衷这种"宏大叙事"的表达方式。精英主导的强势与居民参与的缺失造就了城市规划设计定案的先天不足。尤其需要指出的是，一些行业规范也在无形中助长了这种技术与人文的失衡，如1993年和1994年，建设部相继发布《城市居住区规划设计规范》和《城市道路交通规划设计规范》，将20世纪上半叶西方人士为适应汽车发展而提出的扩大街坊和道路分等级学说，上升至国家强制性标准。当城市建设仅存机械的技术理性，而基本的价值判断扭曲，历史人文关怀缺位，我们所见的大中心、大轴线、大广场、大马路、大公园等英雄主义作品大多"中看不中用"也就见怪不怪了。

4）功利主义的作祟

当然政治精英与技术精英联手打造的英雄主义形态，可以理解为一种政绩渴望和业绩诉求的功利行为。经济学家也尝试从经济学角度给出形象工程的解释，认为之所以出现尺度夸张的马路、广场，之所以出现严重的土地浪费现象，是因为土地成本的低廉。政府对一级土地市场的垄断以及征地成本过于低廉导致了土地在使用过程中的低效与挥霍。

但更为赤裸的功利主义是对开发利润的直接追逐。有别于前者对公共资源的滥用，这种功利主义表现为对公共资源的侵占与掠夺的无度，对原有城市生活的清除与排斥，对城市文脉的冷漠与无视。如上海苏州河沿线部分区段的房地产开发，严重挤压了公众沿河的活动空间，林立的高楼也改变了空间尺度，形成压迫感而使人不愿逗留；又如澳门大三巴牌坊地区与西望洋山主教堂地区周边的房地产开发严重影响了大三巴牌坊与主教堂的观景视线，松山灯塔也只能在高楼罅隙中忽隐忽现。无序的城市开发已经对澳门历史城区的历史文化氛围造成了无可挽回的破坏，并已引起了联合国教科文组织世界遗产委员会的关注。功利主义的尺度失控与英雄主义的尺度失控不同，前者表现为大而无当，追求纯粹的视觉表现而对人的活动不予支持，后者则表现为对人的视觉、心理的不良干预，对人的活动产生排斥（图1-15）。

图1-15 城市更新，尺度异化

（2）活力欠缺

人的活动是创造活力的最直接来源，只有善待城市居民和他们的生活，关注人们的日常活动，吸引人们自主地参与活动，才能形成人与空间的良性互动，激发城市的活力。综合国内大中小城市的城市空间的种种问题，可以从选择、可达、适宜以及细节四个维度反思目前国内大中小城市在城市活力方面的得失。

1）选择

现代主义理念下机械的功能分区使城市丧失各种活动交织重叠可能带来的活力已经成为共识。通过分区控制负面外部性没有错，重要的是建立一种具有包容性的选择机制，而非单纯的"一刀切"。随着城镇化与机动化进程的深入，城市的尺度变化一日千里，但受困于既有格局的功能固化与市场化的房地产开发，宏观尺度上建立就业与居住的多样化选择仍是困难重重。人们的就业选择仍多集中于中心城区，而居住选择随着内城容量的有限与房价的高企而不得不转到外围，新城新区的功能极化与人口疏散策略都不甚理想。《北京城市总体规划（2004—2010）实施评估报告》显示大量新增就业岗位仍然集中于旧城及三、四环区域内，而新建居住区向五、六环扩散，造成中心城区通勤压力巨大，而新城的综合实力与城市品质均有待提高。

中观尺度上功能的多样性与空间的多样性的认识虽然在逐步强化，譬如混合了商务、酒店、商业、公寓、居住等多业态的商业综合体正在大中城市开发中越来越受各方的青睐，但大部分城市地区功能相对单一仍是目前的现实。城市政府出于政府业绩、形象展示等方面考虑仍热衷于打造集中式、孤岛式的中央商务区、大学园区、文化展示区等巨型设施集群。居住区白日的冷清、商务中心区夜间的空荡与商业集中区假日才有的喧闹仍是大多数城市的真实写照，空间使用时效的延长仍是不可回避的问题。当然也应当认识到功能混合开发带来对规划设计、开发团队、管理能力以及建设资金的更高要求，需要市场作用之外的政府行为的鼓励与引导。

微观尺度上巨型化的道路与街区减少了街区沿街面的长度，也自然相应减少沿街设置服务设施的机会，减少了功能多样化选择的机会。过宽的道路也带来了穿行的不便，也不利于商业氛围的形成。另外受传统居住观念的影响，服务设施与居住功能的混合容易被认为"品质不高，干扰居住"，这种观念左右着购买行为，迫使开发商慎重考虑。其实，功能混合意味着对城市管理的更高要求，由于管理的滞后或者不力，直接的反馈就是需求上的排斥。

2）可达

活力的基础首先是城市空间的可达性。从城市设计的角度而言，可达意味着尺度适宜与空间平等。尺度失控首先导致的就是城市交通网络的异化以及由此带来的可达性的弱化。巨型化、分级化的道路交通网络强调的是点对点交通的高效与便捷，而忽视了这其中的过程。城市空间被机动交通主导的理性至上、效率优先的分级道路系统切割、退化，以至于最后的彻底毁坏。被切割的破碎地块间的移动成为一种纯粹的交通体验，社会体验被彻底剥离。我们不难发现城市交通网络作为交通空间与社会空间的角色之间存在的张力与冲突，人车分置体系在效率与安全上固然有其优势，但适度地交叠互动，更有助于带来富有活力的"街道"，而不仅仅是通过性的"道路"。鸟瞰视角造就的超级公共空间严重超出了人们步行活动的范围，自然也无人问津。而动辄数公里的商业街、几十公里的轴线就更是无从体验。巨型的单位大院、商业地块与居住社区等"超大街区"形成的封闭区块，弱化了城市的渗透性，行人无法穿越，内部活力自然也无法谈起，如果内部监控不足反而会增加入室盗窃的风险。

从另外一个角度来看，可达意味着平等进入城市空间的权利，任何门槛的设置都是对这种权利的侵蚀与破坏。譬如公共交通可达性问题，只是依靠私人汽车才能抵达的城市设施与城市空间的可达性无疑是有缺陷的，与公共交通距离过远或者步行不便的城市设施与城市空间也是不完美的。公共设施与公共交通之间应当存在良性的互动，以公共交通为依托发展公共设施，以便形成设施的稳定客流与便捷疏散。又如无障碍设施的考虑，对于残疾人、老人、孕妇和轮椅、婴儿车使用者而言，各种物理障碍会限制他们进入城市活动空间的选择。一般城市建设受"无障碍设计规范"的约束，在盲道与坡道设计方面均有所要求，但具体实施过程却不尽如人意，偷工减料有之，滑稽设计有之（图1-16）；日常管理更是千疮百孔，或者建而不用，或者残破不全。再如普遍存在的城市公共空间的商业化问题，越来越多的空间处于公司、商场与房地产集团的直接或者间接控制之下，通过设置消费门槛与安监力量剔除任何被视为具有威胁性的人群。而一些原本受政府财政扶持、应向公众开放的城市公共设施与公共空间也通过门票的形式或者提前预约的手段实现一种声称为保障服务品质的自我隔离。当然近年来越来越多的城市的部分图书馆、博物馆、文化馆以及公园等开始免费开放，是非常值得肯定的发展趋势。

图1-16 盲道不是游戏道

3）安适

无论是膨胀还是压抑，尺度异化到让人感到敬畏或者压抑而产生退却的念头，这样的空间自然是与活力无缘的。安全是第一位的。首先是社会治安问题，缺乏"监视"往往是诱发犯罪的最为重要的原因。国内城市治安整体较好，个别城市角落空间容易因为日常管理和设施配套的欠缺引发犯罪问题，如缺乏照明的城市公园和城市道路，视线封闭的城市角落与地下通道，人流巨大的城市铁路、公路门户站点地区等等。而社会治安问题多属个案问题，困扰空间活力的主要因素无疑是机动车辆，无论是行车的交通安全问题，还是停车的空间蚕食问题，都对很多城市的空间活力侵蚀严重。国内机动车驾驶员普遍对于行人优先意识不足，人车矛盾突出。停车受停车费用的利益驱使，更是见缝插针，杂乱无章，完全不顾及人行活动。行人包围在铁皮、尾气和噪声中，安全缺乏保证，舒适更无从谈起。

安全之下的舒适首先要从城市空间的微气候谈起。国内很多空间设计的出发点往往是交通组织、功能形象，微气候往往容易被忽略，只有在一些极寒或者酷热多雨的地方会稍加考虑，如南方地区的路口等待棚。大部分设计中温度、湿度、风环境等要素都难以被周全考虑。或者最多在总图分区有所考虑，而具体到细部规划就难以周全。所以我们经常会遇到赤日炎炎的旷地广场、大风倒灌的地下通道等等。

舒适宜人的场所同样是一个美学质量问题。场所感的缺失是其中的核心问题。国内城市的公共空间普遍缺乏清晰的界定，流行以路为边而非建筑。这种界定形式导致边界冷漠且难以穿越，空间本身也缺乏与设施的有效沟通。众多公共建筑孤立于地块中心，仅仅提供简单的进出，四周以停车场地围绕，甚至以围墙孤立于公共空间之外。城市活动空间和接触界面在车本位主导的空间体系中逐渐碎化，系统的破碎让空间体验安全舒适度差，自然就无法激发人们进入的欲望。

4）细节

细节决定成败。城市空间细节最能影响人对场所的直接感受。建筑细节或者空间小品的设计，可以增强场所的特色，丰富空间的内涵，可以增强人与环境的互动，比如趣味性、互动性的小品会丰富游人感官体验，加强人对场所的印象，增强人对城市公共空间的意象。这样可能会使不同人群获得相似的空间体验，从而共同分享环境的乐趣，增进人的交流。而由步行到车行，行进的速度改变了人们对环境的需求，细节往往被忽略。如今建筑形态多是着眼于鸟瞰视角或者是行车速度，高层建筑的流行将人们的注意力引向了天空和远处，而人们具体行走活动的视平层空间的设计细节关注往往严重不足。

人行界面设计简单单调，缺乏与行人的交流与互动，哪怕是最基本的视线沟通也被以保护隐私为名剥夺；建筑的制冷通风排气设施直对人行空间，油烟热浪毫不遮掩地滚滚而来；临街商家的叫卖宣传使得环境嘈杂，开门摆设挤占人行空间；植物绿化随意设置或者疏于修剪，妨碍通行，迫使人们不得不踩踏穿越；平时垃圾往城市雨污管道中一塞了事，真正下雨时造成管道堵塞，雨污横流；街道设施更是处于传统的弱势地位，能保证路灯、电话、垃圾箱、座椅等设施的齐备已是不错。街道设施的设计往往缺乏系统化和特色化考虑，各个设施管理系统往往各自为政，各行其是，难以考虑到设施的特色设计以及设施与环境的协调。街道设施破坏、破损、偷窃、更换不及时或者被贴满小广告更是司空见惯。具体的缺憾种种，不一而足（图1-17）。

图1-17 细节面面观：斑马线、人行道、小广告、井盖

图片来源：因特网

　　随着中国城市经济的快速增长、市场的快速发育、城市规模的迅速扩大、流动人口的大幅度转移，城市的粗放式管理无疑已经不可持续。粗放式的城市管理对于城市细节的忽视，或者说对于人行尺度设计的忽视造成的细节缺失，已经严重损害了承载日常生活活力的场所性与归属感。而借鉴自企业管理，借助数字科技，中国越来越多城市开始重视精细化管理，树立起"重视细节"的管理理念，在城市规划建设、环境卫生、市容市貌、市政维护等完整体系内寻求新的作为。应当认识到，浮躁和粗糙在相当长的一段时间内仍将继续，但"转型"的信号已经亮起，对细节的关注将逐渐成为主流。

　　问题的表象五花八门，我们在日常生活中也体会颇深。问题的根源也来自方方面面，可能来自政策的失配、规范的滞后、管理的不足，或是价值的偏离、行为的惯性、市场的追捧等等，而我们认为低碳导向的城市规划设计是一个涉及价值博弈与技术集成的综合性的工具平台，我们选择"改变（汽车）依赖，重构出行"作为理论方法的切入点，需要在"通过鼓励公交与慢行调整出行结构"，"通过提倡紧凑与混合缩短出行时耗"，"通过完善政策与管理改善出行习惯"等三个方面有所考虑与作为。

2 TOD 八项原则以及土地使用 / 交通的关联

下文的八条城市设计原则总结了中国建设低碳、环保、经济活跃城市的核心策略。这些原则是在国际成功实践的基础上结合中国实情研究出来的。若将其加以应用，我们相信中国能够营造出美丽而繁荣的城市，并将成为世界城市开发的典范。这八条原则相互依存并相互强化。不同的城市在实施中可以有所侧重，调整这些原则的优先顺序和程度，但这八个原则是作为一个完整体系而作用的。它们定义了本设计指南中设计准则与实践方法的原则、目的以及目标。

众多规划业界的研究为这些原则提供了实证基础，研究中采用了一系列对于出行行为起着关键作用的度量值，它们被广泛用于交通模拟模型之中。这些度量值结合中国的实际便形成了八项设计原则的基础，并随之进一步演化为本设计指南的设计方法和准则。接下来将在引入八条设计原则前，简单介绍这些度量值。

这里引入的设计原则总结了世界各地的成功案例，这些案例得到了城市设计领域专家的认可。积极借鉴和采纳这些设计原则的城市恰恰也是最为宜居、经济稳步发展的城市。这些设计原则相互依存，相互强化。混合使用的街区鼓励步行，而适宜步行的城市能为当地的商业增加活力。小尺度的街区有利于自行车和步行，从而减少机动车需求，继而使得公交车与私人小汽车都能更为高效地运行——类似的益处还有很多。落实这八项设计原则是创建可持续且宜居城市的核心。

本书中列出的实践和标准为八项原则的实施提供了工具。"城市格网"系统为创建小汽车、商业车辆、行人、自行车和公共交通出行需求相平衡的道路系统提供了方法。以公共交通为导向的街区设计提供了一种土地使用方法以设计混合使用程度更好、步行友好和公交易达的土地使用类型。三种"TOD公交中心"类别的应用有助于在城市总体规划中将岗位和高密度住宅设置在最有效、最合理的位置。

尽管这些原则是当今世界成功案例的集合，但中国有其自身的特点，各城市所面临的挑战与机遇也各有差异。本文提出的原则中很多建议与中国现有规划系统和规章制度并不一致。我们需要从前沿科学的角度思考怎样营造成功的城市，并对现有的城市进行反思。中国具有独一无二的资源和机遇来引领全世界创建未来的城市，因此要从当下出发，把握机遇为未来奠定坚实基础。

这些度量值是：

1）**密度**：高密度的住宅与就业岗位要与少量的私人机动车、更多的非机动车出行以及公共交通联系起来。这一方面在现今的中国做得非常好，城市开发密度普遍很高。

2）**多样性**：一个地区的业态混合程度越高，人们步行出门的可能性就越高，出行的距离就越有可能缩短。传统的中国城市业态丰富多样，而近期的城市建设开始偏移这一方向，走向了国外普遍存在的独立单一的土地使用模式。

3）**设计**：仅凭混合的业态以及高密度的开发并不能支持便捷的步行环境，街道的设计与建筑临街面的设计从中起到了很关键的作用。适宜步行的地区必须拥有活跃而实用的边界，以及安全且跨度小的街道。中国的社区建设正变得越来越不适宜步行和自行车，楼房与商铺在宽阔的建筑后退红线要求下距离街道与公共空间越来越远，而这些地方原先都是承载街道生活与社会活动的场所。

4）**目的地的可达性**：将区域性的目的地，例如就业中心、机关院校，安排在公交服务水平匹配的地方，这样可以在通勤的交通分担模式、交通高峰期拥堵以及总体机动车使用上产生深远影响。如今中国的上班通勤正逐渐成为城市的危机，因为商业区不断聚集扩张，超越了公交以及私人小汽车的支撑能力。

5）**公交距离**：公交服务水平、发车频率、容量、多种模式间的换乘以及总体的便捷程度都影响到交通分担模式。如果公交站点离居民区过远，如果班车不够频繁，如果运行速度过慢，公交的使用率就会降低。中国很多的大城市都在大规模地推进公共交通体系的建设，而很多中小城市则缺乏公交服务。与交通流混合的公交车往往运行速度慢，常常导致拥堵。

6）**需求管理**：各类出行模式的成本直接影响人们的出行决策。停车费、路桥费、分区收费等管理策略都会对出行行为产生很大的作用。目前，很少有中国的城市制定了此类出行策略，然而随着汽车拥有量的不断攀升，这些策略将会变得非常重要。

7）**人口**：家庭类型、平均年龄以及家庭收入对于小汽车拥有量以及户均出行距离都有非常重要的影响。在公共交通与公共服务好的地区安排廉租房和经济适用房将为市民提供低廉的出行选择。随着中国人民的收入增加，中产阶级队伍壮大，其人口结构将对交通系统产生很大的影响。

接下来介绍的八项原则是将中国城市迅速发展的背景以及上

述度量值结合考虑而得出的。后面章节将介绍的公交为导向的发展（TOD）则涵盖了书中提出的所有目标和设计标准。

八项设计原则是：

1）设计适宜步行的街道和人性尺度的街区；

2）自行车网络优先；

3）提高道路网密度；

4）发展高质量公共交通；

5）混合使用街区；

6）根据公共交通容量确定城市密度；

7）通过快捷通勤建立紧凑的城市区域；

8）通过调节停车和道路使用来增加机动性。

2.1 原则一：设计适宜步行的街道和人行尺度的街区

适宜步行的街道和街区是所有伟大城市的基石（图2-1～图2-4）。步行减小对小汽车交通的依赖性，支持公共交通，促进身体健康，凝聚社区活力。简单的手段，比如限制道路宽度、街区的长度、建筑退红线的距离，都可以鼓励步行。宜人的步行道设施比如遮荫、长椅和街道照明也同样有利于步行。

为鼓励设计易于步行安全穿过的街道，设计舒适有趣味的场所空间是低碳宜居城市的最重要环节。

2.1.1 缩短过街距离，强调步行安全和舒适

1）有过境交通的道路宽度应控制在40m以下，支路20m

图2-1 底层商业鼓励了步行

图2-2 纽约市的行人友好街道

图2-3 重庆的行人活动，创造了交流机会
并支持了商业活动进行

图2-4 香港的街区设计降低了交通速度，
同时保证了行人的安全

以下。

2）创造易于步行穿行的街区，新建地段街区长度控制在150m以下，在已建成的超大街区建立能穿行的公共路径。

3）所有主要街道两侧保证至少3m的步行道，步行道连续，保证安全，界定明确。

2.1.2 鼓励底层建筑活动，方便行人可达

1）为了保证步行道活动的安全可见，公共建筑和商业应当面向步行道开设出入口，居住街区需要有多个出入口。

2）根据建筑功能控制建筑退红线的最大距离如下：零售商业1m，办公3m，居住5m。

2.2 原则二：自行车网络优先

20世纪80年代，中国成千上万的人都以自行车为主要交通工具。而现在中国很多城市骑自行车已经不再是安全舒适的选择了。近些年来，世界范围内的城市都致力于将自行车交通再次引入城市生活，因为它代表一种简单、经济、低碳的出行方式，在各种目的地（包括公交车站）之间穿行。为了缓解交通拥堵，中国城市必须通过提供良好的环境鼓励自行车交通，比如提供自行车道以及安全的自行车停车设施（图2-5～图2-7）。

图2-5　自行车道应与机动车道隔离

2.2.1 街道设计要考虑自行车的安全和舒适

1）除了设计速度较低的支路以外，所有街道要提供有机非隔离的自行车专用道，每侧宽度至少3m。

2）在建筑入口、街道、公交车站提供安全的自行车停车设施。

2.2.2 创造非机动车专用道路和景观绿道，鼓励自行车出行

1）非机动车专用车道在城市内间距不超过800m。

2）当与公交车道、步行道结合设置时，需要对自行车道做隔离措施。

图2-6　条件允许应在每个公交车站设置自行车停车场

图2-7　杭州拥有世界最大的公共自行车系统

2.3 原则三：提高道路网密度

一种常见的误解是：宽大的马路是高效的，有利于优化交通流。实际上，被宽大的马路限定的超大街区加剧了交通拥堵状况。案例研究表明，细而密的路网不但有利于优化交通流，它还为步行提供了更直接的线路选择，且提高了步行过街的安全性。道路设计应该是以人的机动性为本，而不是以车的机动性为本。窄小的单向街道包含步行、自行车设施，由于缩短了交叉口信号灯延误，可以大大缓解交通拥堵并减少汽油的消耗（图2-8）。

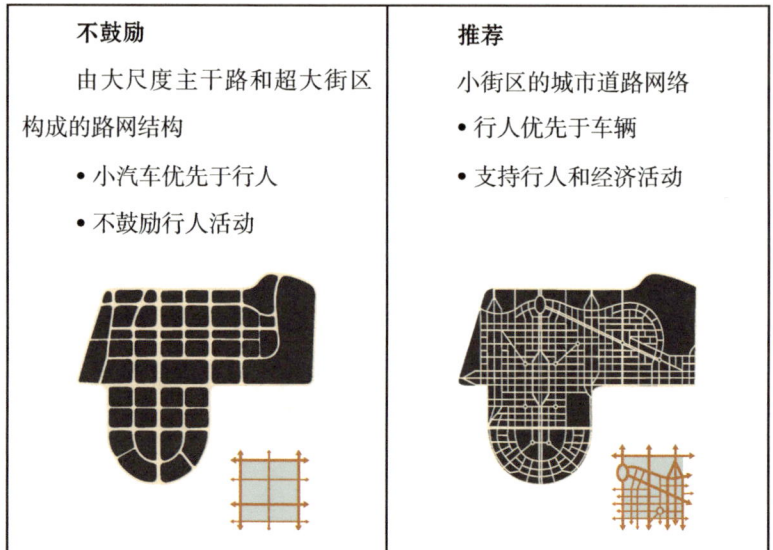

图2-8　典型的超大街区大尺度主干路城市格局与
推荐的小街区密路网城市格局对比

2.3.1 提高道路网密度，鼓励步行、自行车出行并优化交通流

1）规划每平方公里交叉口至少为50个。

2）支路的限速为40km/h。

3）支路需要采用宁静化交通措施来降低车速。

2.3.2 利用多条窄小的道路疏解交通流，避免集中到少量干路上

1）创造多种断面的道路网络系统，为不同性质交通流提供选择。

2）穿越性道路联系相邻的社区，道路间距不大于300m。

3）将超过45m宽的道路分解为两条单向道路（两条单向路代替一条过境干路）。

2.4 原则四：发展高质量的公共交通

香港、纽约、新加坡等经济发达的城市都有着世界上最密集的公共交通网络。有的城市大力发展地铁，也有越来越多的城市采用了更为经济且易于实施的BRT公交捷运系统（图2-9～图2-11）。每一个中国城市应当确定自己的公共交通发展策略，城市可以在可达性良好的位置通过提供高频率的、快捷便利的服务保证公共交通的成功。

图2-9　中国济南的现代BRT系统，具有地铁系统的所有便捷特征

2.4.1 保证高频率的、直达式快捷便利的服务

1）间隔1km内保证高流量、高速的公共交通走廊。

2）提供综合交通换乘系统，保证多样的选择和方便的换乘，尽量减小换乘量。

2.4.2 公交节点设置在居住、就业、服务中心的步行范围内

1）所有的居住、就业中心要设置在公交节点的400m服务半径内，以及区域公共交通节点的1km服务半径内。

2）在公交节点周边提高开发强度和服务水平。

图2-10　广州BRT开通前（左图）与2010年12月BRT系统开通后（右图）

图2-11　广州BRT系统（2011年2月）。在通勤早高峰时段BRT系统单向每小时运送27000乘客，并与自行车专用道、自行车停靠站点、地铁和公交接驳线完全整合

2.5 原则五：混合使用街区

传统的中国城市街道里包含了儿童嬉戏和老人打麻将等多种功能，这些社区街道可能有自身的问题，但这些临近居住与就业布局的各类混合业态为社区带来了活力和认同感。当中国的大众走进现代的公寓式住区，离开传统街道社区的时候，他们失去了原有社区的场所感和高效紧凑的传统社区。中国未来的社区建设应该吸取现代住区和传统社区各自的优点（图2-12、图2-13）。

2.5.1 鼓励居住和服务功能的混合

1）居住功能要考虑不同社会、收入阶层、年龄的混合。

2）商业和服务应该布置在街道建筑底层，并且在居住和就业的步行可达范围内。

3）居住、商业和服务的混合保证街区24小时的活力。

2.5.2 提供可达的公园、社区中心和公共空间

1）社区公园应该在居住功能400m服务半径内，区域性的公园在1km的范围内。

2）学校和公共服务设施在居住功能400m服务半径内，这些包括不同年龄阶层的服务，比如托儿所。

3）独特的自然、历史文化环境应该得到保护和重新利用。

图2-12 每个城市都应当拥有众多公园

图2-13 上海静安地铁站是以公共交通为导向混合开发的一个很好的范例

2.6 原则六：根据公共交通容量确定城市密度

高密度是低碳城市的关键，但仅仅高密度是不够的。为了避免城市拥堵，居住功能应当靠近公交站点和就业中心布局（图2-14、图2-15）。密度的确定还应当与不同交通方式的容量相关。如果道路按照本原则进行设计，包含自行车、步行化的通廊以及公交专用道的主干走廊，活动相对集中，使得步行、自行车和公共交通比开车更方便。这样可以减小出行距离，节省出行时间。

2.6.1 根据公共交通服务能力来按比例分配开发密度

1）根据高峰小时的公共交通、步行、自行车交通容量来按比例分配居住密度和商业密度。

2）主要就业中心附近必须有大运量公共交通提供服务。

2.6.2 在就业中心设置包含日常功能需求的混合街区

在就业中心设置就业人口步行可达的娱乐、服务和商业的混合功能。用不同级别的"公交引导土地开发"中心在公共交通站点区域设置就业人口、人口密度下限，用来保证对服务、公共交通和混合功能环境的需求。

图2-14 在广州高密度开发集中在BRT走廊周围，该系统的运载能力能够满足通勤高峰时的公共交通出行需求

图2-15 在巴西库里蒂巴，高层建筑集中在公交系统200m范围内

2.7 原则七：通过快捷通勤建立紧凑的城市区域

社区的布局从长期来看对可持续发展影响深远。远离旧城区的新区通常不方便，且不容易繁荣起来。规划师可以通过在老城周边布局紧凑的新区来避免这种情况。除了保护耕地，这种策略可以大大减少市政、交通和服务设施的成本，也大大减少了居民的日常通勤。分散就业中心的做法可以鼓励反向的交通流，缓解"钟摆式"高峰交通拥堵（图2-16）。

2.7.1 将新区开发尽量靠近现有建成区布局新区，避免城市无序蔓延

1）区域的发展应该通过自然保护、旧区再开发、旧城更新等实现紧凑的城市发展布局。

2）新区建设应该避免侵占耕地和破坏自然资源。

2.7.2 在短程通勤距离内达到职住平衡

1）为所有新建区建立多种大运量公共交通的联系。

2）确保就业中心与居住区的通勤距离在10km或者15min的公共交通范围内。创造分散的就业中心，鼓励反向的交通流。

图2-16 昆明城市规划，目的在于降低无序扩张并创建职住平衡

2.8 原则八：通过调节停车和道路使用来增加机动性

避免拥堵就要求将车辆的使用水平限制在道路承载能力范围以内（图2-17）。早晚高峰时的小汽车通勤通常是不必要的，因此不应当予以鼓励。限制开车出行的方法有很多，例如在伦敦、汉堡和苏黎世，在配备公交服务的主要出行吸引点是限制停车的。新加坡和斯德哥尔摩则是实施道路使用收费，中国的城市应该考虑以下这些策略（它们是对上述原则的补充），来缓解交通拥堵问题。

2.8.1 通过在主要就业区域限制停车来约束早晚高峰开车出行

1）在主要就业区域将停车位比例限制在0.2个/岗位。

2）取消路面长期停车以缓解拥堵，同时减小道路宽度。

3）对居民楼取消最小停车位指标限制，同时在城市范围内建立起与私人汽车使用目标相一致的停车位指标上限。

2.8.2 根据一天内出行时间和出行目的地的不同来调整小汽车收费

1）建立拥堵收费系统，以限制高峰小时在核心城区和主要就业区域的机动车辆使用。

2）对超过负荷的道路和桥梁收取过路费，并用这些费用来支持公共交通。

3）根据一天内停车时间与地点的不同来调整停车费用，以保证停车场较高的周转率。

图2-17　城市可以尝试对过度拥挤街道收取相应的通行费。新加坡的电子道路计费系统降低了拥挤并为公共交通和其他用途筹集到了资金

3 TOD的土地使用策略

3.1 概述

为了能够从以公交为导向的片区中提取并开发出一个更具有持续性的城市模式，我们不仅需要一种新的土地使用和城市设计方法，还需要全新的交通网络，而不能再照搬超大街区加单一土地使用的模式。新的规划方法涉及以下四个步骤（图3-1）：

A. 在城市总体规划层面，根据土地使用类型和公共交通服务水平来指定潜在的公交先导区（Transit Oriented Districts）；

B. 在公交先导区内部，划分出三种不同类型的混合使用中心，这些中心的开发强度与其公交服务水平相匹配；

C. 修改道路系统来构筑更适宜于步行、自行车和公交的"城市格网"；

D. 采取新的小街区控规方法及其详细的土地使用和城市设计标准来营造适宜步行的建成环境。

首先，在总体规划层面上，要划分适合步行和混合使用的TOD片区。这些TOD片区拥有适宜步行、自行车和公交使用的街道系统（我们称之为"城市格网"），同时还设置了人口和岗位密度的最小值。在TOD片区中，靠近大型公交站点的区域，具有更高的开发强度和土地使用标准，以强化公交基础设施的投资。在一个TOD片区中，共有三种潜在的"中心"，每个中心的土地使用强度和混合度都取决于公交服务的水平。

在控规层面上，TOD片区将会被重新设计，采用更适宜步行的街道网络和由"小街区"组成的土地使用系统。城市设计指标的设定则以小街块为单位，而不是以大地块或超大街区为单位。在总规层面上，TOD规划将指定片区内人口和岗位的毛密度最小值。其具体的岗位种类、建筑类型和住宅类型则是在控规层面的"小街区"规划中确定。本书中介绍的"小街区"规划除了所有常规指标（例如容积率、建筑密度等），同时也包括一些额外的设计标准以确保更适宜步行、更具活力的建成环境。

这一新的规划方法是基于城市总体规划的定位、基础设施策略以及分析之上的。举例来说，各个就业中心和主要的公交投资之间的关联性是总规以及新的规划方法都会强调的。但对于TOD的重新区划则会对就业中心的尺度和分布进行调整，从而形成更为均衡的土地使用模式，以减少对道路系统以及公交系统的负

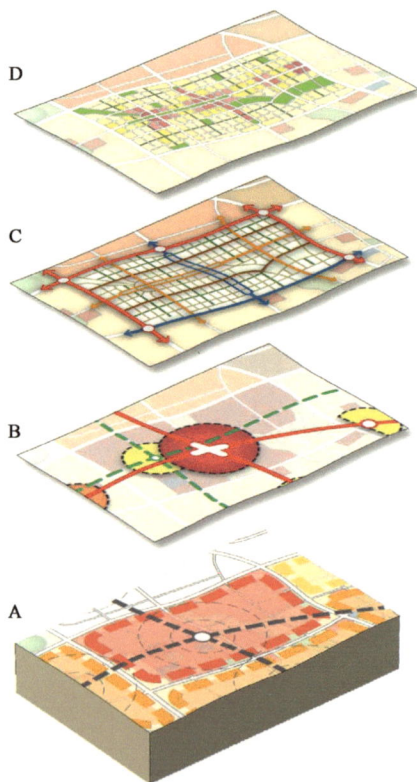

图3-1 城市总体规划的转化过程

荷。总规中对于工业、仓储以及主要机关院校的布局也将保持不变，因为新的规划方法不包含这些元素。同时，环境保护区、主要的农业生产用地以及开放空间系统也将按照总规的布局保持不变，因为新的规划方法与总规在这方面所使用的标准是一致的。

接下来的章节将一步一步的阐述如何修改总体规划以及控规。这两个层面的调整是相互关联的，而且必须按照既定的秩序进行。首先必须调整总规，划定出TOD片区，而TOD片区内的控规则可以分期实施计划来逐步开展。

新的规划方法一共有四个步骤，其中三个步骤——划定TOD片区、在站点地区汇集开发强度以及"小街区"开发准则——将在这一章节中阐述。最后一步，创建城市格网则将在第四章中介绍。

3.2 划定TOD片区：定义和标准

在任何城市总体规划中，TOD片区是指那些达到一定标准，应重新进行规划和设计成为更适宜步行，以公交为导向的关键性区域。大多数总体规划都已具备了一个专门用于新兴增长区域的土地使用和交通网络。土地使用以全国通用的标准土地使用类型为基础，这些类型在2012年1月1日起实施的《城市用地分类与规划建设用地标准》中有具体说明。总体规划中的主要街道网络以高速公路、快速路、主干路和次干路等道路等级为基础。此外，通常情况下还包括一个地区性公交系统。

在城市总体规划中明确关键性区域并重新设计，同时要与总体规划的前提和政策导向相一致。这一过程包含两个步骤：首先，划定TOD片区，并编制地图；第二，对这些区域进行土地使用规划，设定基于公交服务水平的混合使用类型（共三种类型），然后再添加一个更适宜步行的街道网络。

没有再开发计划的城市建成区，不适合划分为TOD片区。这些地区现状街道和建筑物特征可能背离TOD片区所要求的城市环境，若没有大规模整治的计划，将很难对它们做任何改变。

计划进行再开发的区域，只要达到下面列出的标准，就可以建设为TOD片区。与新开发区域不同，这些再开发型TOD片区将受额外因素制约，出于历史原因、社会原因或置换的成本效益，可能必须对部分现状元素予以保留。因此，建设再开发型TOD片区是可能的，但会在复杂性、时序和经济性方面存在较大挑战。但是，结果可能会非常成功——成功来自于其设计质量上的可识别性、多样性和独一无二。尽管这样做比较困难，但最终这会是本设计指南中相关准则和做法的一类重要的应用对象。

以住宅和高密度商业为主的旧区改造区域、新城部分区域和新兴增长区域，可被划定为潜在的TOD片区。如果这些区域还具备高容量的地区性公交网络，并且满足以下土地使用标准，则应被进一步划定为TOD片区。

1）**TOD土地使用标准**：一般来说，具有中高密度的住宅、商业、办公、服务和零售业。其中包括所有的R类、C类用途和相似用途，通常不包括M、W、T、U、G、D和E类用途。

2）**TOD公交标准**：至少有BRT区域干线公交服务或至少一个地铁站。典型情况下，一个TOD片区将包含一个区域性公交线路和几条次级地区性接驳公交线网。

3）**TOD距离标准**：主要公交站点周边600m范围内的土地。800m之外的土地可以有选择性的纳入，以利于整合同类用途且无宽马路或开阔区域分隔的土地。

4）**TOD边界标准**：在已经满足其他标准的情况下，一个新TOD片区的范围，将延伸至下述对象的边界：有清晰边缘的开阔地和自然景观，非步行导向型用途的地块，高速公路或主干路。

5）**密度要求**：每公顷土地上平均包含200个居住人口和就业岗位。

6）**交通系统要求**：达成"城市格网"的要求或同等水平（参见3.3节）。

7）**面积要求**：最少120hm²。

由于边界标准较为灵活，因此TOD片区在面积和区位方面的差别很大。可利用开敞空间元素来作为TOD片区的边界，也可利用它穿越TOD片区的中心。典型情况下，由于开阔地面积较大或较难使人步行穿越，所以一般作为TOD片区边缘，但这条规则并不绝对。同样，大型干路也许适合作为TOD片区的边缘，但如果将其改造为步行友好的街道形式（如二分路），则可把大型干路纳入到TOD片区内部。

此外，TOD片区可以具有许多公交站点，每个站点周边的密度和混合度都不同。个别情况下，TOD片区只基于一个公交站点，前提是片区的边界条件要求将这个站点与其他站点分割开来。最后，还可通过基础设施和开发时序设置，来确定TOD片区的边界。

比如，两个相邻的TOD片区，可通过开发时间来区分。图3-1、图3-2显示怎样逐步把一个典型的城市总体规划划定为几个TOD片区，这样每个TOD片区都可专门制定控制性详细规划。

TOD片区一旦划定，片区设计必须满足两个基本的标准：第一，就业岗位和住宅建筑的最低密度，应高于城市平均标准；第二，具备一个鼓励步行、自行车出行和公交的交通网络。这里的逻辑非常简单：公交服务水平较高和混合使用型区域，应增加密度，以加强本地服务和公交水平。此外，还应该具备一个促进步行的街道网络。高密度的就业中心，应位于TOD片区内部，与公交站点相邻，以便促进通勤人员采取公交出行。

3.3 中心区域的三种类型

在这些新划分的TOD片区内，区域性公交设施的地点和类型对于下一个层面的土地使用规划至关重要。这里的核心概念是：与大型公交站点最近的区域，应增加密度，而且在多条区域性公交线路汇合的地方，则应规划为次区域就业中心。重要站点周边400至600米的区域，应根据公交系统的运量进行规划；运量越高，则密度和服务混合度越高。在TOD片区内部直接临近站点的区域，存在三种有着不同的密度、混合度的"中心"类型，按照公交服务水平定义为：主中心、次中心和组团中心。

1）主中心，特点是混合用途和高密度，作为区域就业中心和商业中心。一般是两条或更多区域公交线路的交会点。

2）次中心，特点是更为均衡的高密度商业和住宅。次中心应在一个区域性公交站点的步行范围，并且该站点有多条接驳公交线路相连。

3）组团中心，主要包含中等密度的住宅和完备的配套服务。组团中心一般位于一个区域性公交站点附近。

主中心位于公交服务水平最高的区域（例如，两条地铁线路的交会处或多条BRT线路的枢纽）。主中心内主要是高密度的办公建筑和商业建筑，但是仍然采用混合使用形式，因为在店铺、公园和其他服务沿线安排了高密度的住宅建筑。由于主中心沿着一条公交线路的多个地点分布，因此避免了单一集中型就业中心的高峰期通勤问题。主中心的通勤情况良好，因为出行方向不

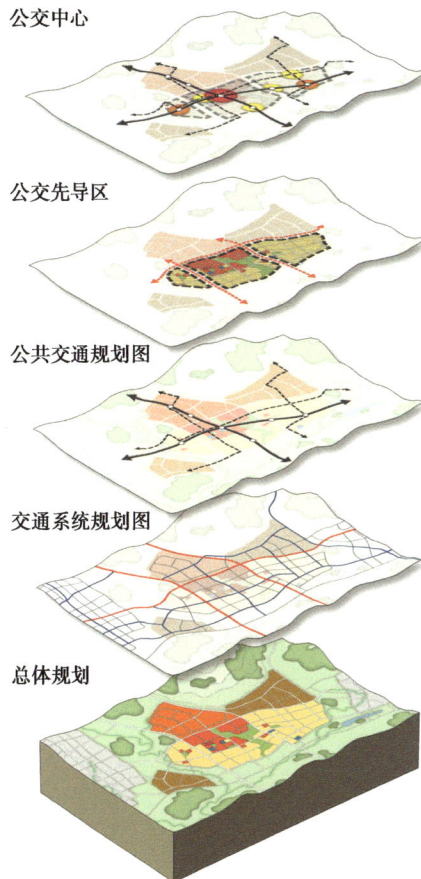

图3-2　城市总体规划到公交先导区规划的转变

一，而且通过几个临近的站点在工作地点和住房之间达成平衡。平均来说，把工作地点分散在公交线路周围，可降低通勤长度，还有助于增加公交和步行的比例。

次中心与主中心类似，但开发强度稍低。次中心的总体密度稍低，而且办公建筑的比例低于住宅建筑。零售和商业服务的规模，大于当地住宅人口的需求，常常服务于一个面积大于本地区的次区域市场。次中心位于区域性公交站点周围，但线路较少，公交运量也较低。典型情况下，次中心一般临近于一个地铁站点，同时包括几条大巴支线、电车线路或轻轨线路。

最后，组团中心的密度最低，而且没有大型办公建筑和就业中心——不是一个通勤目的地。组团中心采用混合使用形式，具有适宜步行的住宅社区和聚焦于本地的商业零售服务，只针对本地住宅人口的需求。只有配置了公园、学校和其他民事服务，社区才具有完整性，使人们可以步行或骑自行车前往大多数与工作无关的目的地。组团中心的公交通达性不错，但可能只需通过本地大巴就可以快速抵达区域性公交服务站点。

3.3.1 主中心

（1）定义

主中心是密度最高的商业区域，采用混合使用形式，作为区域性就业、零售和民事文化中心。具有种类丰富的高密度住房。

（2）选址标准

位于两条（或以上）地铁线的换乘站点或大型BRT枢纽方圆600m范围内。

（3）最低密度标准[①]

就业密度（岗位/hm²）=200；居住人口密度（人/hm²）=400

（4）最低土地配额（比例）

公园：10%；市政：5%。

3.3.2 次中心

（1）定义

次中心是高密度的混合使用片区，作为次区域就业、零售和市政/文化中心。具有种类丰富的中高密度住房。

---

① 所有的密度标准都是以整个公交中心的面积为基数来计算的，包含道路、公园等等，而不是单个的居住或者商业地块。

（2）选址标准

位于区域性公交站点方圆400m以内的区域，这里的区域性公交站点应是几条本地公交线路的枢纽。

（3）最低密度标准

就业密度（岗位/hm²）=150；居住人口密度（人/hm²）=300。

（4）最低土地配额（比例）

公园：10%；市政：5%。

3.3.3 组团中心

（1）定义

组团中心是高密度的住房区域，具有零售、市政和开阔地服务设施。具有中高层建筑物。

（2）选址标准

位于一个区域性公交站点附近。

（3）最低密度标准

就业密度（岗位/hm²）=50；居住人口密度（人/hm²）=150。

（4）最低土地配额（比例）

公园：10%；市政：5%。

在TOD片区内除了这些"中心"之外的区域，主要由中等密度的住宅建筑及其配套服务构成，例如店铺、学校、公园和市政活动中心。完整的TOD片区，必须达到最低总体密度要求，即最低总体密度高于城市整体平均水平。中心区域的最低密度和商业开发混合度更高，因此"中心"之外的区域可能会低于总体目标。"中心"区域内的开发强度以及TOD片区内其余区域的开发强度，必须满足人口和就业岗位的密度下限。

对一个处于增长阶段的大都市来说，制定总体规划时再叠加新的TOD片区，能带来几个益处。首先，这样有助于形成适宜公交、步行和自行车出行的片区，使人们可以方便安全地用这些方式来代替汽车的使用。不仅能降低拥堵和能耗，还能减少家庭开支和碳排放。此外，还有助于形成工作地点符合逻辑的平衡分配，使工作地点沿着公交走廊适当地分布。TOD片区开发模式的主要功能和环境优势之一，就是不会产生大型CBD单向式通勤模式的拥堵和空气质量影响。每个TOD片区内的工作地点和住房都较为平衡，使人们可以越来越多地步行和骑自行车上班。通勤公交出行的距离缩短，而且出行方向不一，因为工作地点和住房分散在

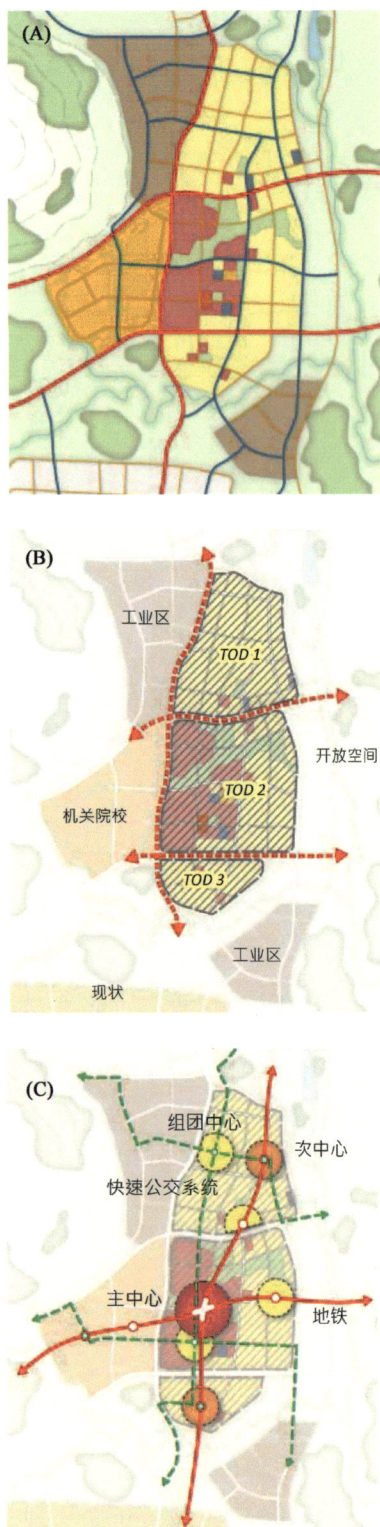

几个TOD片区内。高峰期出行数量处于中等水平，总体公交系统的效率更高。由于出行距离缩短，出行方向为双向，而且高峰期出行数量减少，因此车辆交通流得到缓解，同时步行、自行车和公交出行的竞争力提高。

TOD片区的另一个优点是能够形成有活力的城市环境，常常可以撬动社会资本。位置上的临近，再加上混合使用型区域中形成的社会网络，可促使城市中产生经济活动。大量研究和证据表明，工业集群和混合使用的城市环境可产生正面影响。最后，适宜步行的TOD居住性区域，具有更高的宜居程度，家庭承担的成本也更低。不仅在汽车方面花费的时间和开支得到缓解，而且还受益于活泼的街道和强有力的本地社区，这一点是在全世界许多地区的研究中取得的共识。

图3-3和图3-4显示了典型的城市总体规划转化为一系列具有不同等级中心的TOD片区的过程。图3-4为一张昆明呈贡新城的规划图，该地区人口为150万（详细信息请参见第6章：案例研究）。

3.4 基于"小街区"和混合使用的区划

在优化了城市总体规划，确定和划分了TOD片区及其中心区域之后，就要对每个TOD片区制定控制性详细规划。首先，要更为细致地规划一个新的街道网络，具体情况如第4章所述。在确定了这个"城市格网"交通模式之后，就要在"小街区"层面上，而不是典型的超大街区层面上进行土地使用规划。新的土地使用规划，必须满足TOD片区内各种中心区域的最低密度要求，总体密度至少要达到每公顷200个居住人口和就业岗位。图3-5分步骤对这一程序进行介绍。

对TOD区域进行优化设计时，街道网络更加像网格，街区面积也大幅度降低。在这种情况下，大量混合业态的"小街区"取代了目前在中国较为普遍的标准单一用途区域。每个"小街区"都具备多种用途，既符合相关土地使用规则，也满足了城市设计标准。这一新的土地使用区划系统，采用了一个多样化程度和混合度更高的土地使用模式，人性化程度也更高。

"小街区"的土地区划，使人们可以在更小的区域内实现更高的土地使用混合度。这套标准还包括较为独特的城市设计标准，聚焦于创造活泼和适宜步行的街面，这在中国大多数规

图3-3　现有城市总体规划（A）转化成公交先导区规划（B），并根据公交服务水平与运动划分出不同的公交中心（C）

a：布局有超大街区和单一土地使
用的城市总体规划

b：从土地使用和公交服务两个方
面出发在总体规划中分出公交导向
型片区

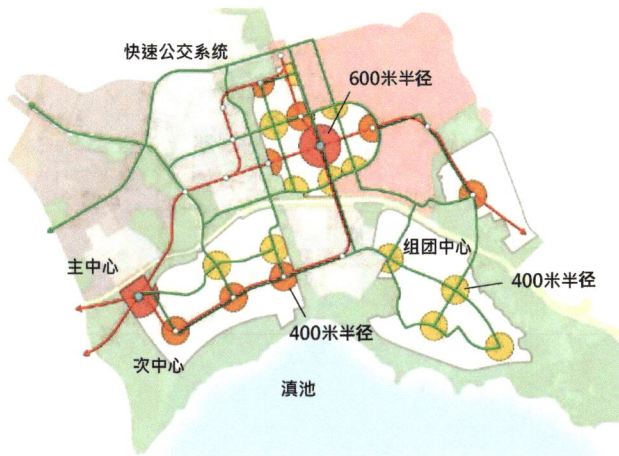

c：在公交导向型片区内部布局主
中心、次中心、组团中心三类中心

图3-4　典型城市总体规划转化为具有不同等级中心的TOD片区步骤示意

划指标体系中都是欠缺的一环。对建筑体块的布置标准遵守中国的日照要求，同时可以形成一个更加多样化的天际线。在小街区内，建筑高度随方向和位置而变化得更为频繁。城市系统中每个街区都有一个中心庭院，住宅性街区非常安全，商业性街区的公共性则更强。这种庭院模式让人想起中国的传统城市形态，比如胡同和宫殿。虽然规模不同，但是城市面貌相同，从公共街道到半公共庭院，再到私人家庭，都是如此。

在居住区，小街区比超大街区具有若干优势。首先，小街区的社交尺度更适宜，一般小街区占地1~1.5公顷约300~500个住宅单元，能容纳大约1500个居民。这一尺度能让所有居民相互认识从而形成很强的社会纽带。而相比起来，超大街区能够轻易的容纳5000居民，这一数量使得居民都变得很陌生，小孩子接触到陌生人的机率也大。

小街区的第二个优势在于其所有的住宅单元都可以看到街区内的开放空间。基本上所有的小街区住宅单元都是一面能够看到街景，另一面则面对着内部的庭院。这样的设置使得小街区更为安全，凝聚力更强。而在超大街区中，建筑都平行的布局，视觉以及通达性与开放空间的联系都不强。

最后，小街区还能够增加临街商铺和公共服务的空间。由于大部分的建筑都围绕着街区边缘布局，建筑首层就自然而然为商铺和公共服务提供了空间，商铺和公共服务的存在能够活跃街道的氛围，营造有活力的社区。居住单元则从二层开始布局，避免了在首层居住的不理想居住环境。多个小的街区可以合并在一起出让给大的开发商，但街区之间的支路必须保持其开放性。

在这一土地使用区划系统中，有一系列的住宅性"小街区"和商业性"小街区"，每个街区的密度和混合度都不相同。街区内的大多数建筑物，除了简单的住宅性板楼和塔楼，要么是在店铺和商业用途上方安排住宅单元，要么是在店铺和多层零售办公用途上方安排办公单元。一些街区允许混合更多的建筑物类型，例如，有些高层建筑物的底层用作商业性用途，高层则用作住宅或酒店。但典型情况下，第一层都是店铺和商业用途，而且常常位于人行道的旁边，但高层则要么是住宅单元，要么是办公单元。

把不同的小型社区混合在一起，可保证社区或片区在混合使用方面的质量。街边店铺可实现行人环境的统一，上面的楼层则有助于为该片区实现住房与工作地点的平衡。虽然可以在一个街区内把不同建筑类型（商业和住房）混合在一起，但是这不仅会影响安全，还会影响街区内部庭院的身份特征。"小街区"不需要进行这样的混合，可以在一个合理的步行范围内形成平衡。

通过下面的"小街区"标准，TOD片区可很容易地进行土地使用区划，从而可实现工作、住房的混合，满足中心区域的总体密度和TOD总体要求。每个片区的配置可能完全不同，因为每个地方都会制定一个适合自己场地和计划的设计思路。例如，商业性街区可形成集群，形成一个大型公共空间，聚焦于城市公园、文化设施或特殊的购物片区。住宅性街区可安排在娱乐公园、学校或民事机构周围。如果具有特色和特殊的身份特征，则街道也会有所发展。"小街区"系统能在一个非常简单清晰的框架内，实现无限的多样性和复杂度。

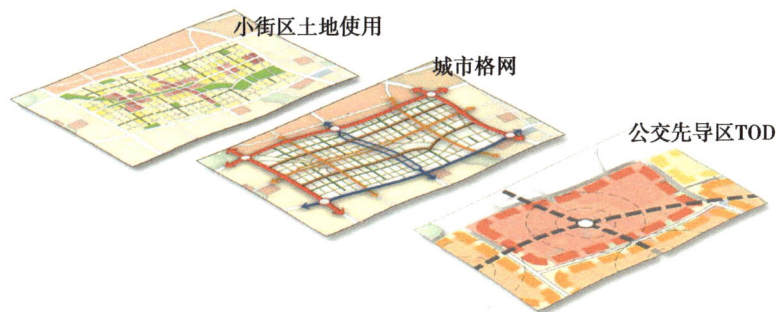

图3-5　城市总体规划的转化过程

3.5 "小街区"设计标准

"小街区"不同于以往划定超大街区并在其中安排单一土地使用和建筑的模式，这种新的模式将展示小型的街区如何创造建筑形式多样、土地混合使用的城市。

一些核心的设计目标包括：

（1）土地混合使用，并在街道两侧尽可能的增添零售商铺

此举将通过简单易达的设施和商铺来巩固步行交通。将活跃的土地使用类型沿街安排，将有利于营造生活气息并增强人行道的安全性。

（2）在每个街区内部都混合搭配不同尺度、外形和高度的建筑

避免在一个超大街区中重复单一的建筑模式，而通过布局一系

列不同的建筑形式增加街区的个性并为居民提供更多的住房选择。

（3）遵从建筑朝南布局以及对于日照的规定

即使在小的街区内，大部分的建筑也可以且应该朝南布局，建筑的高度会根据日照的要求而做出相应的调整。

（4）提供街区内部庭院

每个街区的四周都基本会被零售商铺或其他建筑所围合，从而形成一个半私密的庭院，这些庭院为街区提供了实用而特殊的个性化空间。可以允许使用通透但安全的栅栏来将街区完全围合起来。

（5）细致巧妙地混合布置高层和低层建筑可以提高开发强度

通过混合不同的建筑类型，并将高层建筑布置在街区南

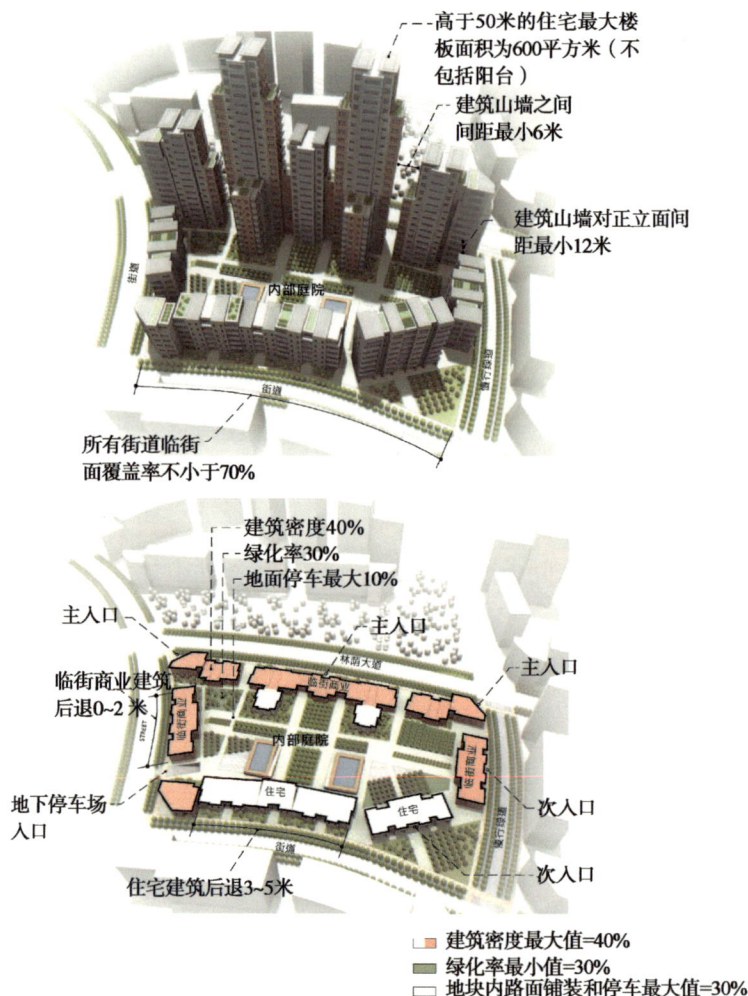

图3-6（a） 开发准则在典型住宅街区的使用情况

图3-6（b） 开发准则在典型商业街区的使用情况

端，整体的开发强度将超过典型的住宅容积率（2.0或3.0）达到4.0。同时低层楼房的使用也有利于营造城市的人本尺度。

简单的一组街区类型即可成为任何一个社区的基本组成元素。首先，各种类型的住宅性街区，部分建筑物底层用作零售服务；其次，各种类型的商业街区，主要用于办公用途。此外，还可通过同样的设计思路，开发各种具体的"小街区"，例如，区域性零售地点、学校和独特的民事用途。把这些"小街区"混合在一起，就可以很容易地建立各种各样的TOD片区，从而在各种总体密度上实现工作、住房、零售的平衡。

本文列举了几个最典型的"小街区"（图3-7），大多数城市开发活动都可参考这些示例。当然，在形成一个具有本地特色的

低层住宅

总容积率	2.0
临街商业容积率	最大10%
绿化率	30%
建筑密度	40%
建筑限高	10 层

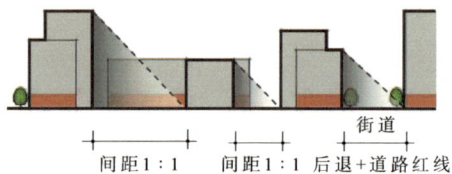

中高层住宅

总容积率	3.0
临街商业容积率	最大10%
绿化率	30%
建筑密度	40%
建筑限高	20 层

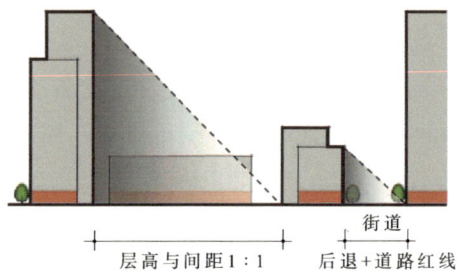

图3-7（a）"小街区"应用示意图

高层住宅

总容积率	4.0
临街商业容积率	最大10%
绿化率	30%
建筑密度	40%
建筑限高	30层

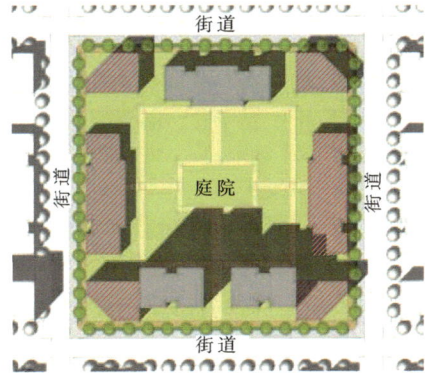

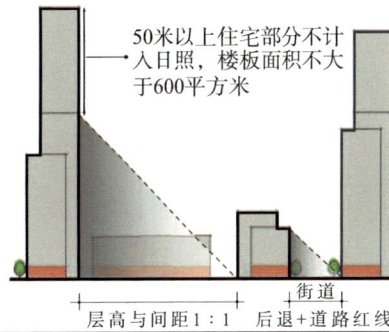

50米以上住宅部分不计入日照，楼板面积不大于600平方米

层高与间距1 : 1　　后退+道路红线

低层商业（研发）

总容积率	1.5
临街商业容积率	最小10%
绿化率	20%
建筑密度	65%
建筑限高	4层

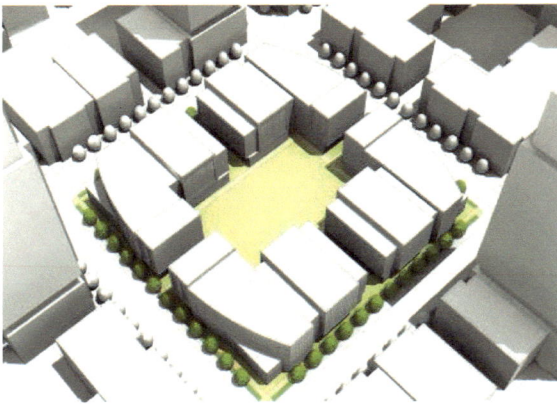

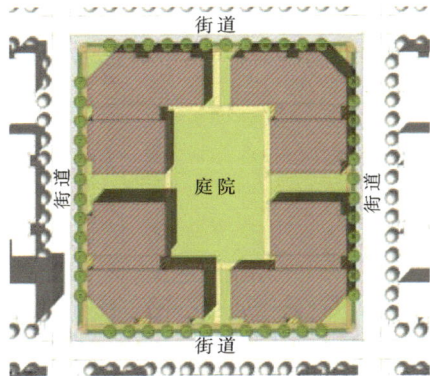

图3-7（b） "小街区"应用示意图

商住混合

总容积率	3.5
临街商业容积率	最小20%
绿化率	10%
建筑密度	80%
建筑限高	15层

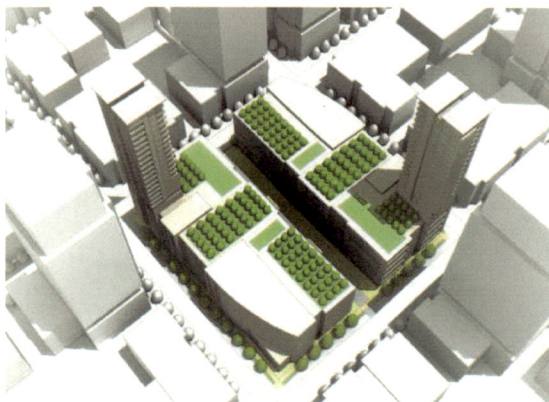

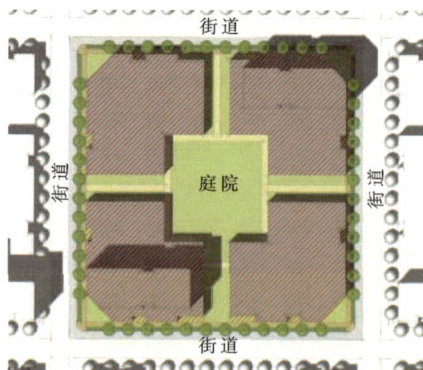

中高层商业

总容积率	3.0
临街商业容积率	最小10%
绿化率	20%
建筑密度	65%
建筑限高	15层

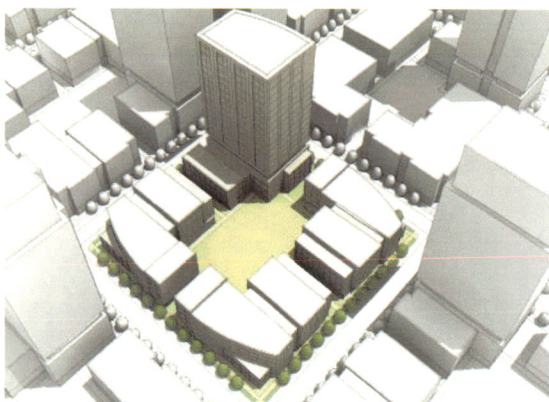

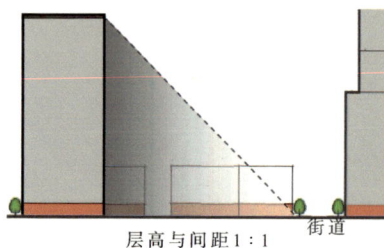

层高与间距1:1

图3-7（c）"小街区"应用示意图

高层商业

总容积率	6.0
临街商业容积率	最小10%
绿化率	20%
建筑密度	65%
建筑限高	30层

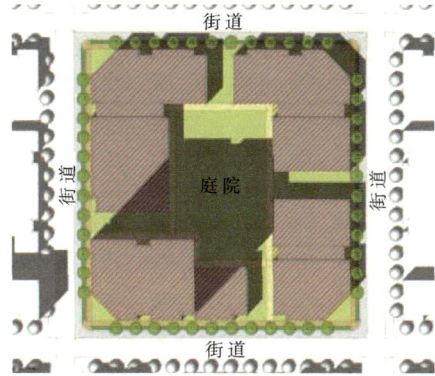

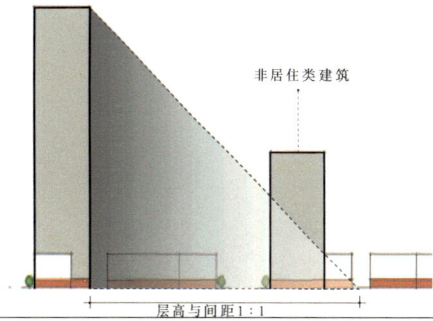

非居住类建筑

层高与间距1:1

行政机关

总容积率	2.4
临街商业容积率	无
建筑密度	25%
建筑限高	10层

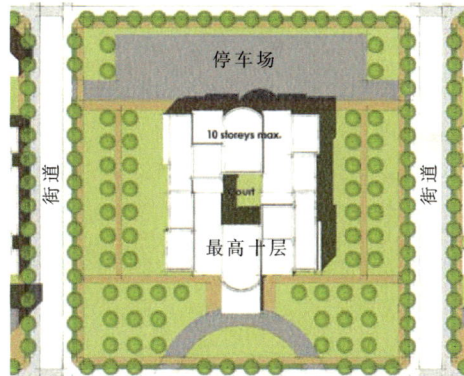

图3-7（d）"小街区"应用示意图

公园绿地	
总容积率	0.2
临街商业容积率	无
建筑密度	10%
建筑限高	2 层

图3-7（e）"小街区"应用示意图

控制性详细规划时，可以而且也应该包含更多的类型。这里有三种密度，既针对住宅性"小街区"，也针对商业性"小街区"；以及两种特殊用途的"小街区"。每个基本的商业性"小街区"和住宅性"小街区"，都可包括各种配套服务。此外，还有"混合使用型小街区"，可在一个建筑内实现从住宅用途到商业用途的垂直过渡。而且，还有两种特殊用途的"小街区"，显示了潜在的民事、机关院校和公园街区，这些在城市片区中也是非常典型的。

任何一个控制性详细规划内的街区面积和形状都有差异，但这并不影响土地使用和城市设计标准的普适性。接下来的几个示意图仅供参考，实际中可以有更多的变化。实际上，这一系统的优势就在于街区面积和形状会随着场地设计的变化而变化，这样就可以形成更加有趣和独特的城市景观。在容积率、建筑密度、建筑后退、临街面覆盖率以及日照间距的标准控制范围内，街区布局和建筑设计有较大的自由发挥空间。例如，较高的建筑物在典型情况下会安排在街区南面，较矮的建筑物则安排在北面，以避免挡住临近街区内的建筑物。南北向街道沿线的建筑物，不会有很好的采光，因此要设计为低层建筑并划作商业空间。

3.6 "小街区"的城市设计与土地使用标准

本章中纳入了城市形态方面的开发要求，作为设计标准的实施手段，这些设计标准主要包含在之前已经讨论过的设计准则之内，目的是为了确保较高的生活质量，减小对社区功能的负面影响。下面对矩阵列表（表3-1）中每个指标的目的和释义进行介绍。

3.6.1 建筑限高

目的：为城市形态和天际线提供多样性。同时可恰当布置高层建筑，从而避免视线和日照遮挡。

释义：规范中的建筑高度以层数计算，非绝对数值。此举旨在提供建筑高度上的变化，设计师可在不牺牲总容积率的基础上根据实际需求改变各楼层高度。同时，此举可以让形态相似的建筑在高度上有变化。住宅建筑最小楼层高度为3m，最大高度4.5m；商业建筑最低楼层高度为4m，最大不超过6m；酒店宾馆楼层高度最小值为3m，最大值不超过4.5m；底层零售商铺高度最小值为5m。"小街区"内建筑高度不能低于两层，最高建筑高度由建筑限高和日照间距两者决定。

3.6.2 总容积率

目的：创造开发强度上的多样性。一般而言，高容积率配备有高强度的公交服务。

释义：最大总建筑面积不包括停车场结构、地下结构、阳台以及顶层机械设施。用容积率乘以地块总面积即可以得到最大建筑面积。建筑面积包括建筑外墙以及内部所有公共服务区域面积和电梯间面积。对于混合使用的楼房，总面积不能超过容积率的规定。

3.6.3 沿街商业容积率范围

目的：确保街道以及人行道两侧建筑底层配备实用而有生趣的功能。

释义：在一个居住街区或者商业街区中允许的沿街商业容积率。这些零售和商业功能将被安排在沿重要公共空间的建筑底层（包括广场、公园、公交站以及大部分街道）。其他被允许的底层功能包括市政服务（例如诊所、社区中心、托儿所等）以及建筑大厅。开发商可以选择不使用沿街商业容积率的最大值，这并不会减少总体的容积率，但是开发商必须满足沿街商业容积率的最小值。

3.6.4 建筑密度与绿化率

目的：确保每个街区拥有足够的开放空间。

释义：地上建筑首层总面积与地块总面积的比值。地下建筑面积不算在内。地下建筑的地上部分必须作为社区开放空间、景观、娱乐休闲或交通之用，不可主要作为停车场用途。地面停车场只能占总用地面积的10%，其他停车需求通过地下停车场解决。

3.6.5 临街面覆盖率

目的：确保每一条街道两侧都有建筑来界定步行空间，同时为行人提供便捷可达的服务设施以及活跃的生活氛围。

释义：每一条沿街的地块红线，都规定有一个比例范围，并要求沿着这个比例范围内的地块红线要布局位于建筑后退区的建筑。这些建筑的面宽总和与临街面地块红线长度的比值即为临街面覆盖率。这些建筑底层不能是停车库，除非在临街一面配备有零售商业。

3.6.6 沿街建筑后退

目的：为了确保连续而活跃的街道边界，沿街建筑必须根据邻近人行道布置，其具体后退值可由底层功能确定。

释义：为了满足临街面覆盖率的要求，对应的建筑必须布局于一个划定的建筑后退区。建筑后退区的宽度为5m，临街建筑可以在这个5m宽的范围内自由布局，同时本书对不同功能的建筑提出了建议值：底层为居住功能的是3~5m，办公为1~3m，零售商业为0~2m。建筑可以跃出建筑后退区布局，但是这些建筑将不被计入临街面覆盖率之中。这样的后退自由度能够产生丰富多变的临街界面，同时鼓励建筑在步行活动频繁的街角布局，进一步强化步行空间。建筑后退区从紧邻街道、公园等公共空间的地块红线开始计算。紧邻其他用地的地块红线则按照当地建筑间距的要求确定后退距离。

3.6.7 日照间距

目的：为绝大多数的住宅单元提供日照。

释义：建筑间距将根据建筑高度的不同而变化，每一个建筑北立面垂直方向距离北部相邻建筑（或北部地块的红线）的距离与此建筑高度的比值保持1∶1（45°角）。因此位于地块北部的建筑高度将不大于北部街道道路红线的宽度和建筑后退的总和。其他建筑的高度将受限于其与地块内北侧建筑的垂直距离，位于地块东西两侧临南北向街道的建筑不在此规定范围内，但其与邻近建筑距离至少为10m。对于商业街区，超过7层以上的建筑高度不能超过其与邻近北侧居住街区地块红线的距离。建筑超过50m以上的塔楼部分，因其楼板面积太小，可不纳入日照间距的计算内。

3.6.8 塔楼建筑最大楼板面积

目的：减少高层建筑体量及其阴影。

释义：对于住宅塔楼，50米以上的最大平均楼层面积应该不大于600m²（阳台面积不计入）。对于商业建筑，超过50米以上的最大平均楼层面积应该小于2000m²。塔楼可以布局于地块的任何位置，不受日照间距标准约束。街角是本规范推荐的塔楼及其大堂的布局点。

3.6.9 主要步行出入口

目的：活跃人行道并为沿街建筑提供街道的个性。

释义：尽管一座建筑可以拥有若干个出入口，但是主要的人行出入口必须位于或通向地块所临的重要公共空间或者街道。在某些情况下，地块不与任何重要街道或者公共空间相邻，则其建筑的主要人行出入口不受限制。位于地块内部的建筑可以通过步行路径与外部人行道相连。

3.6.10 最大停车比例

目的：提供位于地面的开放空间和庭院。

释义：本规范推荐普遍设置地下停车场，从而减少地面结构高度。所有地面停车结构必须计入地块建筑密度和容积率中。标准中规定的停车场地比例一方面是为了满足地块内的停车需求，另一方面是鼓励人们使用公共交通。停车场的入口尽量设置在辅路或者单行道上，并距离交叉口20m以上，宽度在50m以上的街道上禁止设置停车场出入口。所有邻近公共广场、公园等公共空间的停车场必须在临公共空间一面的首层设置最小进深为6m的商业空间。

每个"小街区"都可以包含各种配套服务。这些配套服务土地类别遵循全国通用的典型用地分类标准。此外，对每种用途有四种潜在的要求形式：基本用途、允许使用、不允许使用、仅第一层允许使用和有条件使用（表3-2）。允许使用的用P表示，有条件使用则用C来表示，必须经过当地城市规划行政主管部门的审批。仅第一层允许使用用G来表示，一层以上更高层允许使用需数字指定。这是为了加强街边空间的使用情况，以增加人行道的活跃度、安全度、便捷度和生命力。不允许使用则用N来表示，不可在具体的"小街区"内使用。

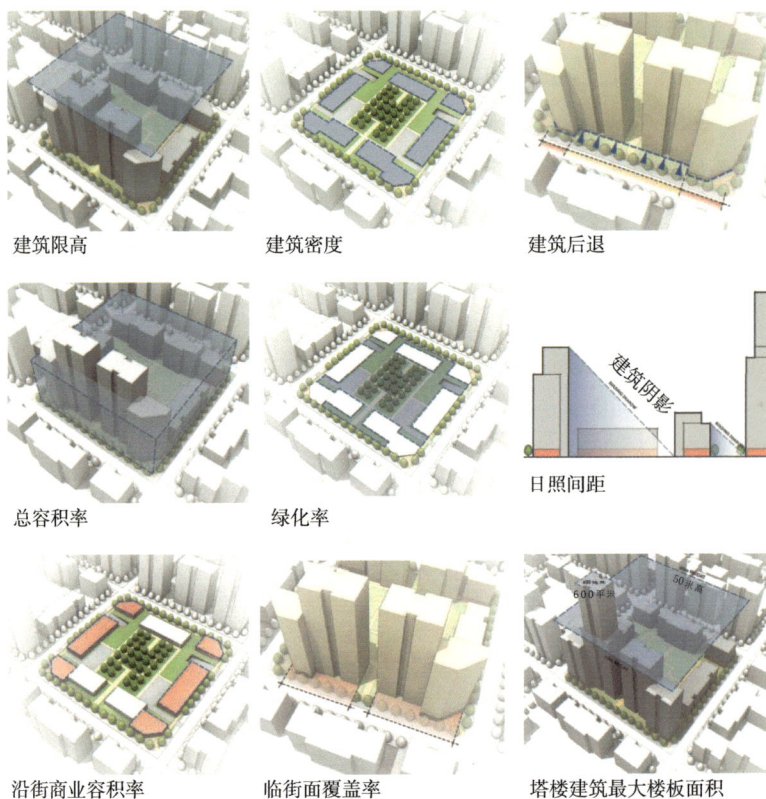

建筑限高　　　　建筑密度　　　　建筑后退

总容积率　　　　绿化率　　　　日照间距

沿街商业容积率　　临街面覆盖率　　塔楼建筑最大楼板面积

图3-8 "小街区"开发标准指标一览

开发矩阵表

表3-1

"小街区"	低层住宅	中高层住宅	高层住宅	低层研发	居住商业混合	中高层商业	高层商业
建筑限高（层）	3~10	3~20	3~30	2~4	3~15	3~15	5~30
总容积率	2.0	3.0	4.0	1.5	3.5	3.0	6.0
临街商业容积率	最大10%	10%~20%	10%~20%	最小10%	最小20%	最小10%	最小10%
塔楼建筑最大楼板面积	–	50m以上不超过600m²	50m以上不超过600m²	–	50m以上不超过600m²	50m以上不超过2000m²	50m以上不超过2000m²
最大建筑密度	40%	40%	40%	65%	80%	65%	65%
绿化率	30%	30%	30%	20%	10%	20%	20%
最大停车比例	每户1个停车位。其他停车需求按照现行要求解决	每户1个停车位。其他停车需求按照现行要求解决	每户1个停车位。其他停车需求按照现行要求解决	每100平方米建筑面积0.7个停车位。其他停车需求按照现行要求解决	每100平方米建筑面积0.7个停车位。其他停车需求按照现行要求解决	每100平方米建筑面积0.7个停车位。其他停车需求按照现行要求解决	每100平方米建筑面积0.7个停车位。其他停车需求按照现行要求解决
沿街面覆盖率	最低70%	最低70%	最低70%	最低70%	最低70%	最低70%	最低70%

"小街区"土地使用兼容表

表3-2

"小街区"	低层住宅	中高层住宅	高层住宅	低层研发	居住商业混合	中高层商业	高层商业
R	居住						
R2	P	P	P	N	P	N	N
C	公共设施						
C1行政办公	G	G	G+1	P	P	P	P
C2商业金融业	G	G	G+1	P	P	P	P
C3文化娱乐	G+1	G+1	G+1	P	P	P	P
C4体育	G+1	G+1	G+1	P	P	P	P
C5医疗卫生	G+1	G+1	G+1	P	P	P	P
C6教育科研设计	G+1	G+1	G+1	P	P	P	P
C9其他公共设施	G	G	G	P	P	P	P
M	工业						
	N	N	N	N	N	N	N
W	仓储						
	N	N	N	N	N	N	N
S	道路广场						
S2广场	P	P	P	P	P	P	P
S3社会停车场库 *仅限地下停车场	P*	P*	P*	P	P	P	P
U	市政设施						
U3邮电设施	G	G	G	G	G	G	G
U9其他市政公用设施	N	N	N	G	G	G	G
G	绿地						
G1公共绿地	P	P	P	P	P	P	P
G2生产防护绿地	N	N	N	N	N	N	N

4 TOD 的交通系统

4.1 概述

在中国的很多城市，私人机动车保有量的迅猛增长已经成为交通拥堵的主要根源。北京和昆明两地均有较高的人均机动车保有量。在北京，私人汽车保有量在2010年达到了450万，平均每4个居民即拥有1辆私人汽车，这一数值在年底将达到500万。在2003年，北京的私人汽车数量为200万，平均每7.3个居民拥有1辆汽车。而在1998年，私人汽车总量仅为110万，平均11.3个居民才拥有1辆汽车。汽车的增长速率明显高于城市人口的增长速率。在昆明，私人机动车总量为120万，平均每5.2个居民拥有1辆汽车。

对比美国主要城市平均每2个居民1辆汽车的比例，中国的私人汽车保有量还不算大，然而，中国的道路基础设施建设，特别是交通需求管理并未能跟上其私人汽车增长的速度，从而造成了过于拥堵的街道和过长的交通延误时间。根据2009年北京交通报告，下班高峰期中拥堵的街道数量从2009年6月的581条增加到同年12月的1081条。五环之内的平均车辆行驶速度为24.7km/h，而在高峰期则降为22.3km/h。这些拥堵现象对于城市开发、经济发展、公众健康以及居民生活质量都有负面的影响。防止国内其他城市重蹈覆辙是至关重要的。

缓解交通拥堵的主要措施包括：最大化路网效率，提供具有吸引力的替代私人机动车的出行选择，将互补的土地使用类型安排在一起以鼓励步行和自行车出行。这不仅仅是增加公共交通运力的问题，还涉及整个城市设计的方方面面。

中国大多数的城市道路格局都是多圈环路加宽大主干路和支路形式。传统的主干路特点是：大间距（300～500m）的由交通信号灯控制的交叉路口，标高不连续的行人/自行车道，以及设置有很长人行横道的大型十字路口（图4-1）。

这些传统主干路设计有如下几个劣势：

1）一系列峡谷般（宽阔）的主干路影响了行人和自行车的安全以及便捷程度，过于宽阔的街道导致了行人过街时间增加，车辆过度集中，并且在交叉口上造成了多种车辆行驶方向混杂冲突的局面，使得非机动车交通恶化。

2）由于部分街口转向的限制，司机必须绕行，造成不便。

3）由于缺乏平行道路作为备选路线，交通疏散的难度增大，司机经常需要通过私人出入口穿插。同理，由于备选路线的缺失，对于交通事故的处理能力也大大下降。

4）不断增加的交通堵塞现象严重影响了公交线路的效率，继而降低了人们通过步行和自行车来换乘公共交通的积极性。

5）交通堵塞，信号灯延误以及交通复杂性不断增加，直接降低了道路的使用效率。同时，双向通行道路以及间隔很远的路口使得交通信号灯的管理效率下降。

另一种选择是更传统的城市格网街道，路口更密集、街道类型的范围更广。大量的穿越性交通将会分布在平行的或较小的道路上或者分布在单向二分路上。所有街道上的人行道和自行车道都会得以保护和改善。公交路线和BRT系统会有专用车道，非机动车街道将会鼓励更多交通方式选择。

将这种城市形态与出行行为联系起来的研究证明，出行结构调整和车辆出行距离的重大转变是可能的。下一部分概括了这种研究的结果之一，并确定这种交通替代的关键设计要素。

图4-1 北京长安街的干路路口场景

4.2 土地使用与交通在济南的实证研究[①]

在美国和欧洲，很多人认为城市空间增长管理是塑造人们出行行为、营造低能耗出行模式的有力方式。另一方面，持怀疑态度的人则认为城市的发展对于出行需求以及能耗的影响是有限的，因为本地政府政治力量很薄弱，无法改变土地使用模式，并且发达国家的城市大都已经按照小汽车为导向的模式建成（Pickrell，1999）。因此，相比重塑建成区或者大规模投资公共交通而言，增加燃油税是一种更为简单、快捷、廉价且性价比高的方法（Gordon & Richardson，1989）。

然而，中国的情况却不一样。中国正在经历快速的城镇化，而这一趋势仍将持续相当长一段时间。在接下来的15年里，预计有3亿中国人将迁入城市，城镇化率将从2010年的46%增加到2025年的60%。届时，中国将有221个城市的人口超百万（McKinsey & Company，2009）。如果能够通过改善建成环境的设计来降低出行需求，那么中国将比西方国家更有潜力来改变出行行为和城市环境。

---

① 本节内容节选自：姜洋. 城市形态是否影响出行能耗？来自济南9个社区的实证 [D]. 硕士论文. 美国麻省理工学院，2010. 实证研究的部分成果发表于：姜洋，何东全，ZEGRAS Christopher. 城市街区形态对居民出行能耗的影响研究 [J] 城市交通，2011（4）：21-29。

此外，比起其他发达国家，由于机构设置以及土地国有化等原因，中国的城市政府对于城市开发模式有着很强的控制力。最近几年为振兴经济而进行的大规模城市基础设施投资（地铁线、BRT等）使得很多西方专家所鼓励的城市发展模式成为了可能。

然而，这一独特的机会未能被中国意识到。相反，以小汽车为导向的开发模式（俗称超大街区模式）占据了主导地位。造成这一现象的一个原因在于现在缺乏从能源角度来阐述替代性城市开发模式的好处。中国的地方政府认为，将西方的政策与设计标准不加思考地直接照搬中国是有风险的，毕竟中国在社会、文化以及政治环境等方面具有自身独特的背景。例如，中国城市现有的开发密度已经远远超过了任何美国的开发标准。即便TOD的理念在中国能够得到广泛认可，哪种类型的TOD适合中国城市仍然是亟待回答的一个问题。没有基于中国实情的实证研究就无法回答这个问题。

上面提到的设计原则，在中国并不是一个全新的概念，实际上，它们在"前超大街区时代"的中国城市形态中有着广泛的体现，有些甚至可以追溯到古代传统城市规划手法。很多历史上的城市形态在中国很多城市得以保留至今，不仅增加了城市景观的多样性，还使得人们可以探索不同城市形态对家庭出行行为和交通能耗的影响。

一项自2009年夏天开始的实证研究在济南开展，主要研究分别代表4种典型城市形态类型的9个社区（表4-1、图4-2）。这4种

济南4种城市街区形态特征比较　　　　　　　　　　　　　　表4-1

街区类型	建设年代	建筑/街道/功能	交通可达性/内部停车位	小区名称
传统胡同式	20世纪20年代以前	低层四合院为主，鱼骨状胡同网络，商住混合	对外开放，内部无机动车空间	1.张家村
密方格网式	20世纪20~30年代	小网格地块，地块内建筑形态多样，沿街底商丰富	可达性较好，对外开放，有部分停车位	2.旧商埠区
单位邻里式	20世纪80~90年代	多层板楼为主，社区内布置公共服务设施（幼儿园、诊所、饭馆、小卖部、健身设施等）	有一定的封闭性，内部停车位不足	3.无影潭 4.燕子山 5.东仓 6.佛山苑
超大街块式	2000年以后	单一居住功能，高塔，绿化率较高	完全封闭式管理，内部停车位相对充足（包括地下停车位）	7.上海花园 8.阳光100 9.绿景嘉园

城市形态类型在中国城市较为普遍，分别为："传统胡同式"、"密方格网式"、"单位邻里式"和"超大街区式"（Massachusetts Institute of Technology & Tsinghua University，2010）。它们反映了济南在不同历史发展阶段的各个城市形态特点。

基于入户问卷调查获取每个家庭的出行记录周志，进一步推算出单个家庭的年交通出行能耗。描述性分析的结果表明，"超大街区式"家庭的年交通出行能耗最高，是其他街区形态下家庭能耗的2~5倍（图4-3）。"超大街区式"和其他街区类型之间出现差距的原因在于较高的小汽车出行能耗。收入水平对能耗也有一定影响，但是并未抵消城市形态的影响；不论在高、中、低任何一个收入水平样本组内部，都可以观察到"超大街区式"的家庭交通出行能耗与其他城市形态的显著差别（图4-4）。

与此同时，一周出行距离在城市形态间也显现出较大差别。"超大街区式"家庭，每周平均出行250km，但其他三个城市形态类型的家庭周出行距离则远远低于这一水平（150~170km）。

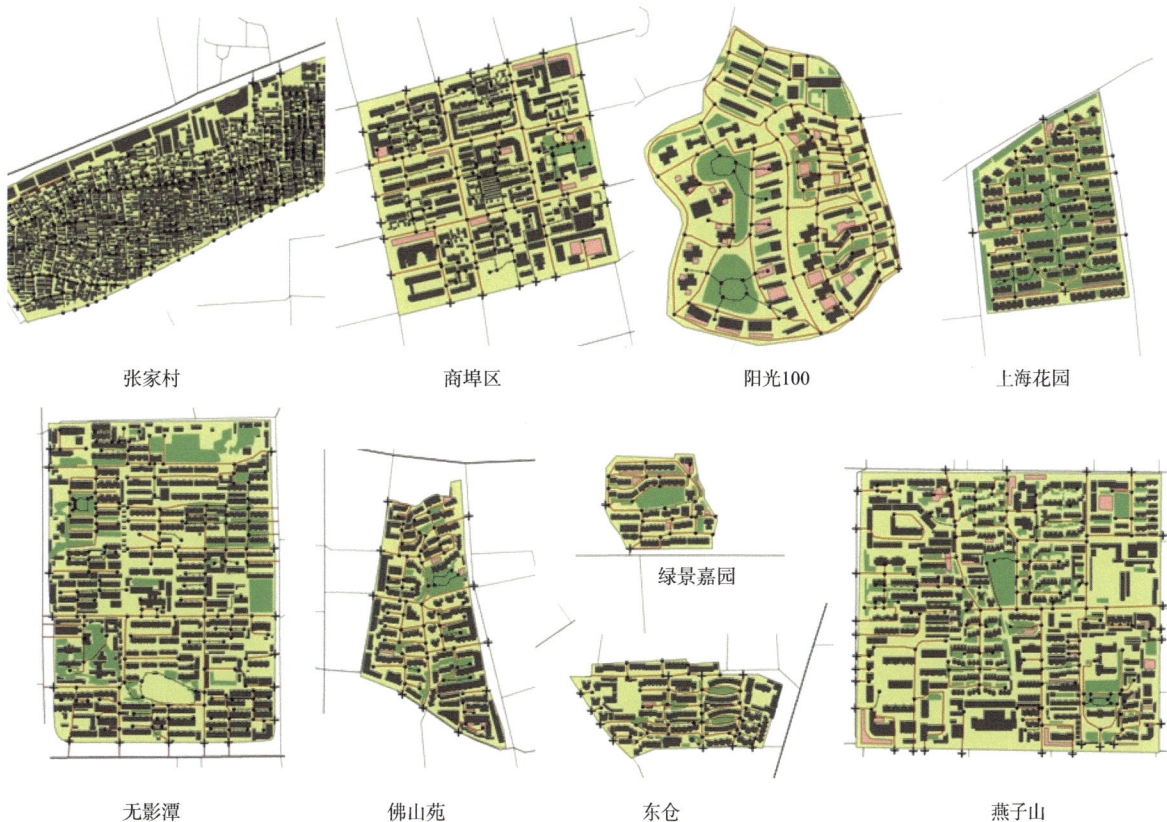

张家村　　　　　商埠区　　　　　阳光100　　　　　上海花园

无影潭　　　　　佛山苑　　　绿景嘉园　东仓　　　　　燕子山

图4-2　调研的九个社区平面图

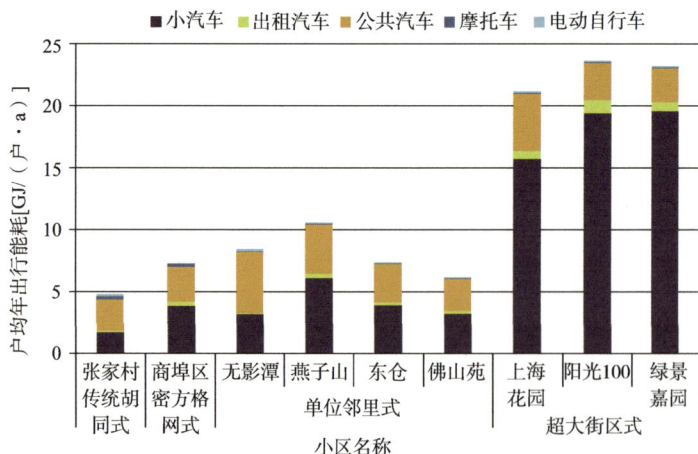

图4-3　各小区户均年出行能耗比较

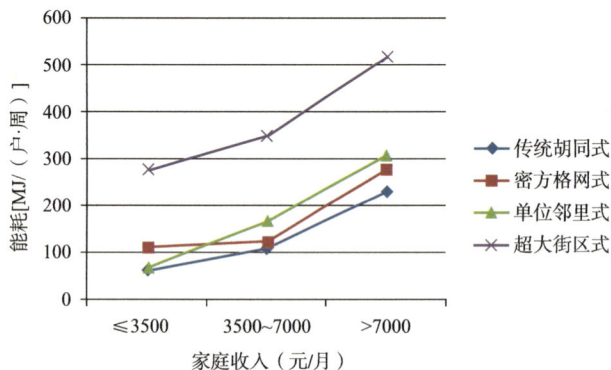

图4-4　家庭每周出行能耗和家庭收入的关系

如图4-5所示，这一差别主要来自于小汽车出行距离，而不是其他交通方式的出行距离。此外，"传统胡同"类型的社区，具有较为独特的出行距离模式构成。具体来说，与其他类型相比，"传统胡同式"家庭乘坐公交更少，使用小汽车的强度也很少；这些家庭更多时候选择了骑电动自行车出行，总出行距离也更短。

通过对出行分担率进行比较，发现"超大街区"和其他类型之间在小汽车使用方面存在较大差别。"超大街区"家庭在一周内的所有出行次数中，大约33%的出行使用小汽车，而其他街区类型的这一比例则低于8%（图4-6）。在步行出行分担率方面，"传统胡同式"和"单位邻里式"家庭的步行比例超过40%，远远高于"密方格网式"和"超大街区式"的步行比例（25%～27%）。但是，虽然两者的步行比例都较低，但原因各有不同。在"密方格网式"社区，较低的步行比例被更多的自行车

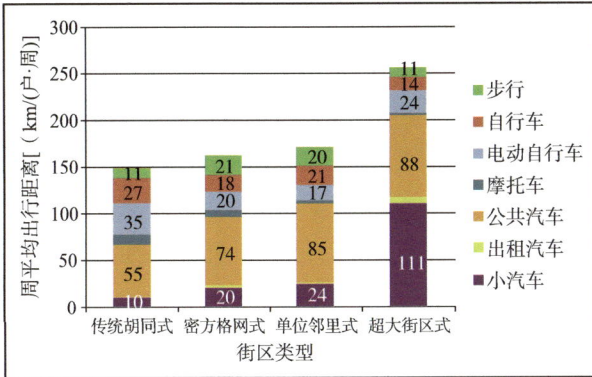

图4-5　各类型街区家庭周平均出行距离比较

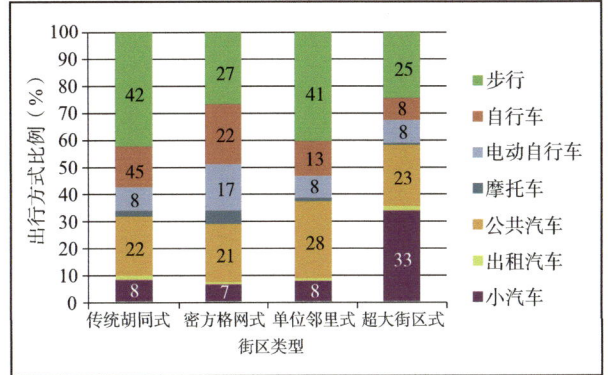

图4-6　各类型街区家庭周平均出行分担率比较

或电动自行车出行所取代；但在"超大街区"，所补充的出行几乎全部来自于小汽车。

应该承认，由于城市中公共服务设施和就业岗位分布并不是均质的，社区的区位同样能够影响居民出行能耗。图4-7显示，社区到城市中心的距离与居民出行能耗呈正相关关系，然而在相近区位下"超大街区"家庭的出行能耗仍然显著偏高。

综上所述，济南实证研究的结果表明，"超大街区"里居住的家庭比其他街区类型里的家庭具有更大的交通出行能耗，不仅因为他们的出行距离更长，也由于他们更倾向小汽车出行。上述分析表明，为了让中国城市未来的能源效率更高，中国要在城市形态方面更加体现低碳设计原则，其中包括小街区、混合用途、更适宜行人和自行车出行、便利公交和停车限制。在城市层面上来说，建议通过塑造一个多中心城市结构，并搭配以活跃的公交网络，使城市的任何地点都具有良好的可达性。

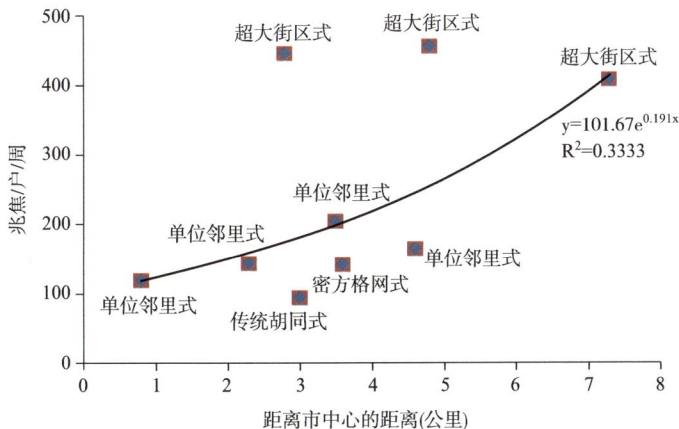

图4-7　家庭每周出行能耗和快速公交走廊区位的关系

4.3 城市格网：一种新的交通范例

为了开发更可持续的、低碳的城市，我们需要一套新的能够与混合使用相匹配的交通系统策略。它能够在道路系统中平衡行人、自行车、公交、小汽车以及货车等多种需求。系统的关键是增加过境道路的数量从而建立能够分散交通流的交通格网。首先，交通系统必须鼓励和支持步行和自行车出行，使目的地更靠近家和公交站，从而取代小汽车出行。当通过土地使用和设计策略让小汽车出行达到合理的比例后，细密的路网就会形成一个更强大的交通系统，比普通的大路网系统更有效地承担交通流。我们把这种高密度交通系统称为"城市格网"，当前的干路系统则称为"超大街区系统"（图4-8、图4-9）。值得注意的是，一个城市的总体规划应当灵活使用这两种系统。城市格网适用于混合使用和密集的住宅区、商业区，即TOD片区；而超大街区系统适用于制造、工业、仓储或机关院校。这两种系统必须有充足的快速路、高速公路和地铁级的公交系统予以支持。从一种系统到另一种的转化将会在本章第五小节进一步阐述。

在城市总体规划中被划分为TOD片区的所有区域的控规都会采用城市格网系统。这个网络将在交通系统中为各种出行方式分配空间，并能够强化步行。它将会为自行车提供充分的空间，使其在片区中可以安全出行，同时也会为公交分配专用车道，无论是有轨电车、BRT还是轻轨。这个网络必须将交通分散至更小的街道和一些单向路上，从而使行人过街更通畅安全。

城市格网是通过一系列街道类型构成的，产生了相对较小的街区模式。主要的过境交通由许多不超过15m的次干路分担，或者由被称为单向二分路的成对的单向街道分担。公交走廊会为专用车道公交系统，如BRT线路提供空间。容纳自行车道、步行

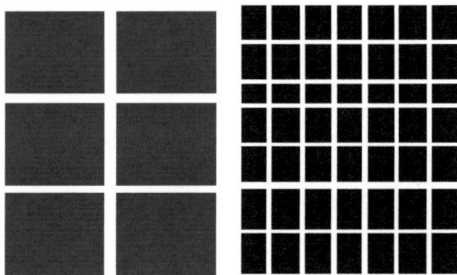

图4-8 宽马路大路网"超大街区系统"和窄马路密路网"城市格网"的肌理对比

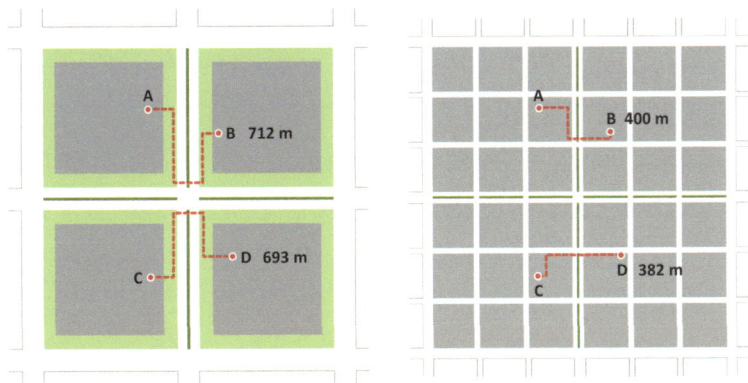

图4-9 在超大街区（左）里，人们任意两个点之间通勤所需要穿越的距离远远大于密格网街区（右）。因为超大街区的封闭性以及过大的街道宽度都直接增加了步行距离。对比中可以发现，密格网街区中，任意两点间的距离大大减小，从而缩减了步行时间

购物区的非机动车道以及专用公交车道则是过境道路的补充。最后，含有宽敞人行道和自行车道的支路网为各个地块提供了可达性，进一步完善了整个道路网。

城市格网的优点如下：

1）这个网络分散交通流至许多路线，减小了大多数街道的交通流量和人行横穿的距离。

2）它允许在支路上左转弯进入地块，短程出行更直接便捷。

3）万一发生堵塞或者紧急情况，交通能轻易转换至替代路线。

4）具有更频繁的十字路口和更短的过街人行横道，行人拥有更短、更安全的路线。

5）道路断面尺度较小，使公交通达性得到改善。

6）小的街区划分使得城市形态更具有适应性、功能布局更为灵活，并且为小的开发商降低了进入市场的门槛。

7）紧急车辆拥有多条路径选择。

8）单向二分路消除了左转弯相位，允许信号同步来构筑"绿波"。

城市格网的关键点是边长大约100～200m的小街区。这种规模的开发优点有很多。对于住宅开发，每个建筑物将面对一个安全的内部庭院和开放空间以及公共街道。每个街区的住户数量大约为200～700不等，形成社交尺度合适的社区。底层临街商店更接近并且能支持街道生活及社区的个性。每个街区可包含基于朝向和临街面的多种建筑形式。比如，东西街道上的建筑物可以更高，高度与和邻近建筑的间隔成比例。南北街道上的建筑物没有很好的朝向，因此可以低一点，并适当设置非

住宅功能。整体而言，开发是多样化的，根据人的尺度，同时允许较小的开发商参与城市建设。当然，可以合并多个街区，以满足更大的开发需求（图4-10）。

城市格网采用了小尺度的道路断面来改善行人的使用状况。可以通过设置多条过境道路，或者单向二分路的方法来营造小尺度的路网。4.6节有对单向二分路的更详尽的说明和分析。狭窄的街道不一定会减小网络的交通容量。保持过境交通承载力的策略很简单：可将六车道主干路变成两条三车道单向街道，这实际上具有更大的交通容量，因为没有左转弯信号灯相位造成的延迟。或者，六车道干路可变为两条四车道次干路。在城市格网系统中，主干路和次干路被较窄的"二分路"和"大街"代替。这些街道及其十字路口配置的详细标准见后文。

相比较而言，超大街区系统是相对简单的，它包含间距为300～500m的主干路和次干路，车道容量和设计速度依需求变化而有所变化。在许多情况下已经证明，如果不鼓励使用替代方式，这个系统已经不能支撑中国高密度城市产生的交通量。虽然

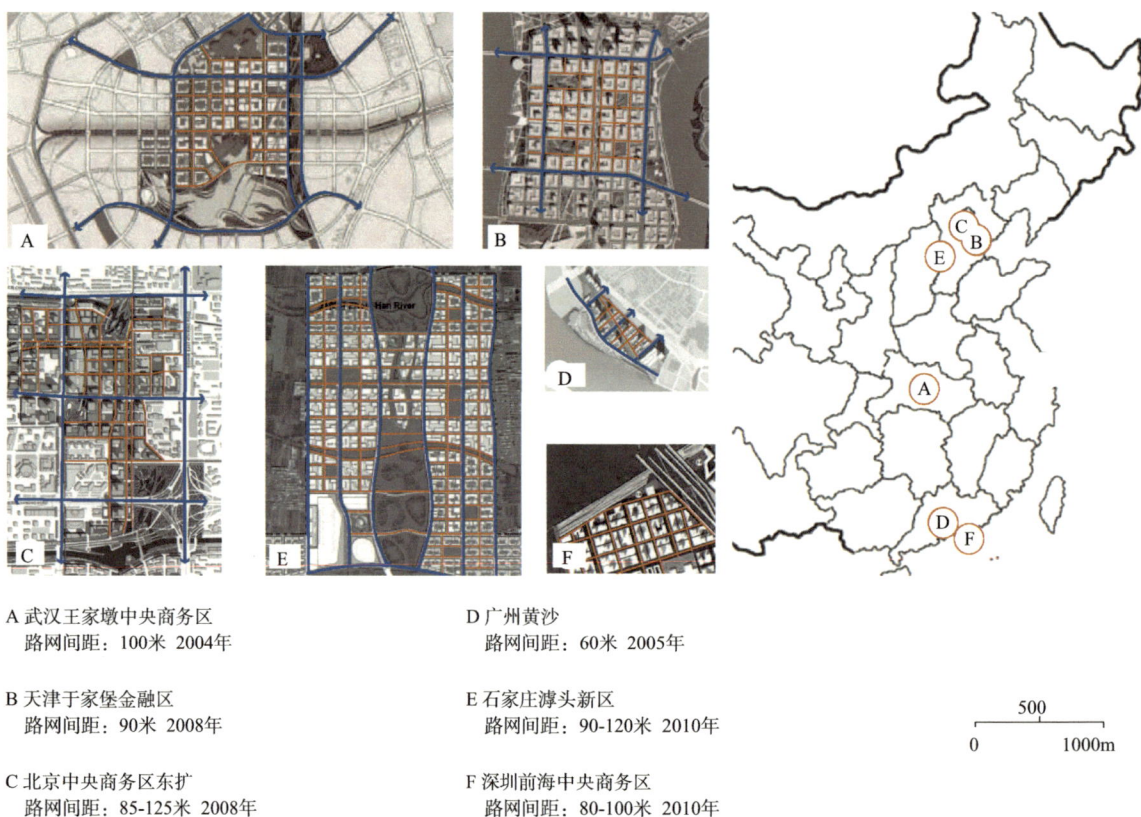

A 武汉王家墩中央商务区
　路网间距：100米 2004年

B 天津于家堡金融区
　路网间距：90米 2008年

C 北京中央商务区东扩
　路网间距：85-125米 2008年

D 广州黄沙
　路网间距：60米 2005年

E 石家庄滹头新区
　路网间距：90-120米 2010年

F 深圳前海中央商务区
　路网间距：80-100米 2010年

图4-10　近年来中国一些城市也在探索城市格网的规划设计

具有8车道和10车道的干路，但存在着缺少替代路线，事故、慢速和复杂十字路口这样的问题。事实上，这个系统会造成自身的恶性循环：较大街道断面抑制了行人、自行车和公交车的机动性，这导致更多的机动车交通和更宽的街道。从而使替代出行方式的环境更为恶劣。另外，这个系统有其他缺点。随着车道增加，为了处理集中的过境出行以及境内出行，需要配置超大尺度的十字路口。十字路口的信号一般有四个相位或更多，将会导致出行时间变慢，行人过街困难，同步性差。这些大型十字路口和长周期的信号相位造成的环境不利于行人和自行车，同时使乘坐公交更为困难。为了弥补，便增建高成本的（和更迂回的）过街天桥。

此外，十字路口间距的限制意味着城市支路只允许右转弯进出，经常迫使短距离车辆出行也必须集中到过境道路上，同时迫使行人走更远才能找到一个十字路口过街。

超大街区系统虽然有其优点，但是也有很多弊端：

1）为了以汽车为中心，穿越性交通被集中起来。

2）支路和社区级道路的交通量减少，这些街道通常被封闭在超大街区之内。

3）社区安全仅仅局限在超大街区范围内。

4）政府为了降低建设和维护成本，将大量的支路私有化，成为小区内部道路。

5）仅仅存在大块土地出让的方式。

6）更适合于有严格地形限制的区域。

根据场地背景和城市设计目标，这两种系统都有其存在的必要性。既然超大街区系统目前已被理解和标准化，本章将集中讨论实现城市格网的标准和关键事项。实现城市格网设计有三套标准：在不同尺度内适应各类出行需求的新的道路断面；网络标准，描绘了这些新的街道类型的混合方式和间距；以及道路交叉口设计，在行人优先的前提下提升了通行能力。

当前快速路、主干路和次干路的超大系统一般在总体规划阶段已经到位。根据公交容量、密度和工作集中地，新的混合使用TOD片区将会添加到城市总体规划中。只有在这些新片区中（见第三章的详细说明），道路网才被调整成更密集的街道网格，即"城市格网"。然后，作为控制性规划修改的一部分，街道网络的修改将会引入详细设计，以反映片区的具体开发密度、出行生成预算和周边影响。在设计的TOD片区中，随着更密集、

渥太华

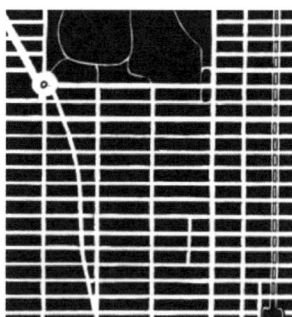
纽约

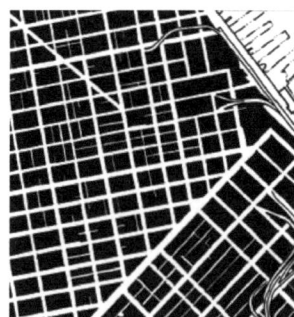
三藩市

费城

波特兰

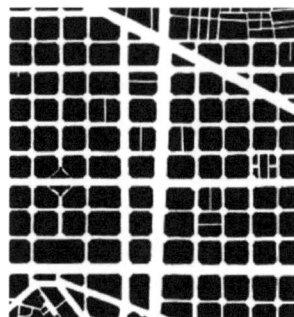
巴塞罗那

北京

上海

东京

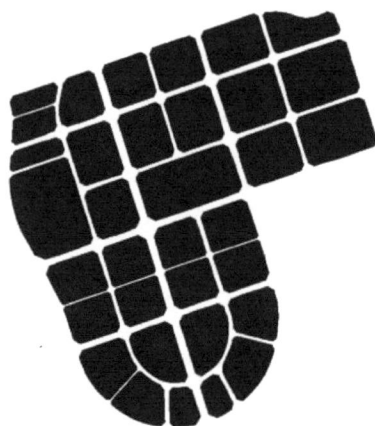
呈贡（前版超大街区规划）

呈贡（现版城市格网规划）

图4-11　中外城市的图底关系对比以及改造前后的昆明呈贡新城图底关系对比

更多的街道网络的铺设，街区尺度将会减小。接下来的部分将介绍这种新的道路系统所需要的道路断面、设计标准和方法。

4.4 城市格网设计准则

一些区域鼓励人和自行车的高强度活动，更为人性化的城市格网街道系统仅仅针对这些区域。TOD片区和第三章描述的TOD片区指定这样的区域为密集、混合使用和以公交为导向的商业区和住宅区。快速路、高速公路、主干路或开放空间一般会成为TOD片区的边界。

由于街道网络转变为TOD片区，街区尺度会减小，通过性街道频率会降低。通常道路红线（ROW）也会缩短，街道为有限的尺寸和有限的车道容量，以缓和机动和行人的冲突，将交通分散至平行方向的其他线路。

通常，这个网络会按照单向二分路、公交走廊、大街、支路和非机动车街道的层级设计（表4-2）。公交走廊和单向二分路承担着典型主干路的交通流量，而大街承担着次干路的交通流量。所有用于TOD片区的街道断面都包括优化的人行道、自行车道和公交车道。

下文描述和列举了城市格网的五种主要街道类型（图4-12）。每种街道类型都含有两个部分：临街部分（非机动车）供行人和自行车使用（通常每侧10m），以及供小汽车、货车和公交车辆使用的部分。每种车道及其用途都有最低标准，并且每种类型都有关于速度和容量的总体设计标准（表4-2）。

> **路网设计标准：**
>
> **街区尺度：** 边长100~200米
> **过境道路间隔：** 中心区至少250米
> **道路红线宽度：** 公交走廊最大40米、干路不超过40米、二分路30米、支路最大20米
> **街道容量：** 单向或双向混行道路最多6条机动车道
> **街道密度：** 每平方公里最少50个路口

> **道路各元素的设计标准：**
>
> **人行道：** 3~5米
> **自行车道：** 2~4米
> **可调整区：**（可调整区布置在机动车道旁边，可用作转向车道、临时停车带、公交车站停靠点、出租车停靠区或者绿化带）最低2.5米
> **外侧车行道：** 3.5米
> **内侧车行道：** 3米

街道标准 表4-2

	城市人口	现有标准				推荐标准				
		快速路	主干路	次干路	支路	公交走廊	单向二分路	干路	支路	非机动车专用路
设计时速 (km/h)	>2,000,000	80	60	40	30	60	60	40	30	–
	≤ 2,000,000	60 ~ 80	40 ~ 60	40	30	40 ~ 60	40 ~ 60	40	30	–
道路密度 (km/sq km)	>2,000,000	0.4 ~ 0.5	0.8 ~ 1.2	1.2 ~ 1.4	3 ~ 4	1（下限）	3 ~ 4	3 ~ 4	3 ~ 4	2（下限）
	≤ 2,000,000	0.3 ~ 0.4	0.8 ~ 1.2	1.2 ~ 1.4	3 ~ 4	1（下限）	3 ~ 4	3 ~ 4	3 ~ 4	2（下限）
机动车道数	>2,000,000	6 ~ 8	6 ~ 8	4 ~ 6	3 ~ 4	4	3	4	3	–
	≤ 2,000,000	4 ~ 6	4 ~ 6	4 ~ 6	2	4	3	4	2	–
红线宽度(m)	>2,000,000	40 ~ 45	45 ~ 55	40 ~ 50	15 ~ 30	40	30	33 ~ 40	15 ~ 20	–
	≤ 2,000,000	35 ~ 40	40 ~ 50	30 ~ 45	15 ~ 20	40	30	40	15 ~ 20	–

*现有国家道路标准　　　城市格网道路标准

* 现有国家道路标准是基于1991年颁布的《城市设计道路设计规范》以及1995年颁布的《城市道路交通规划设计规范》

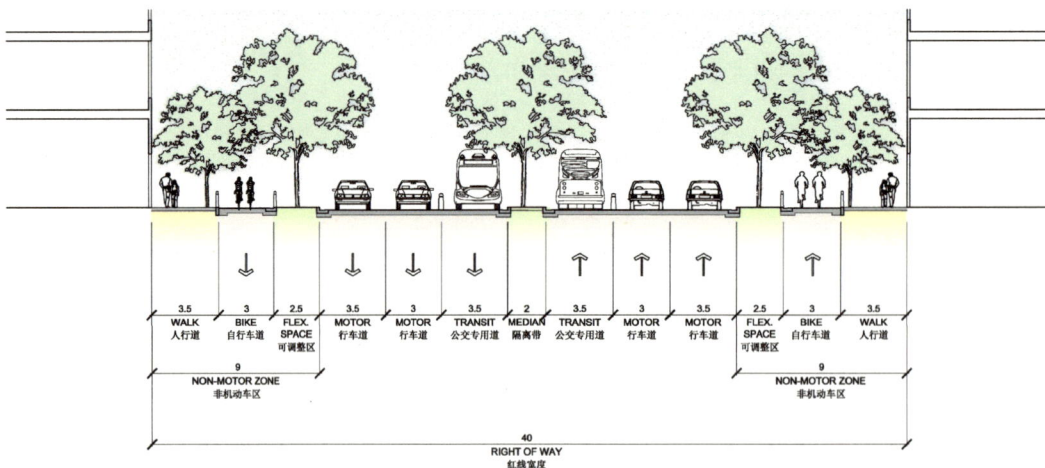

道路断面一：公交走廊

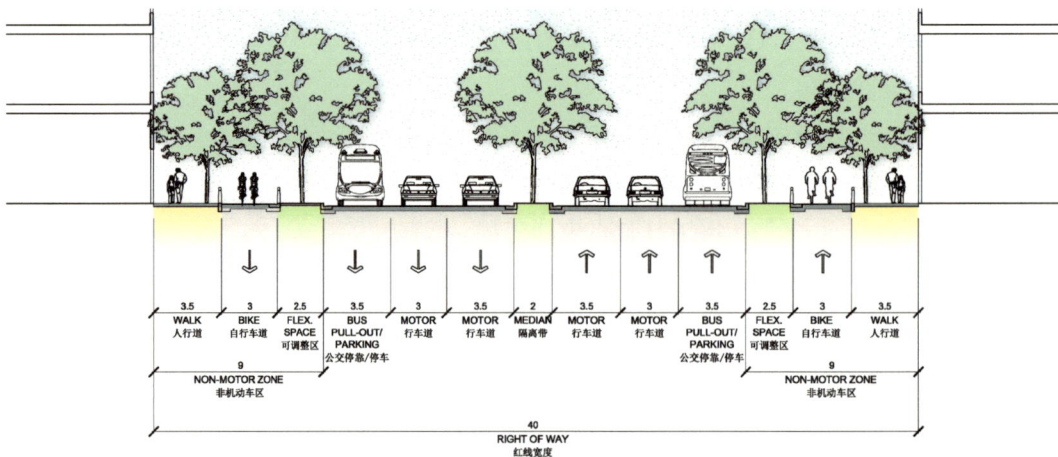

道路断面二：六车道干路

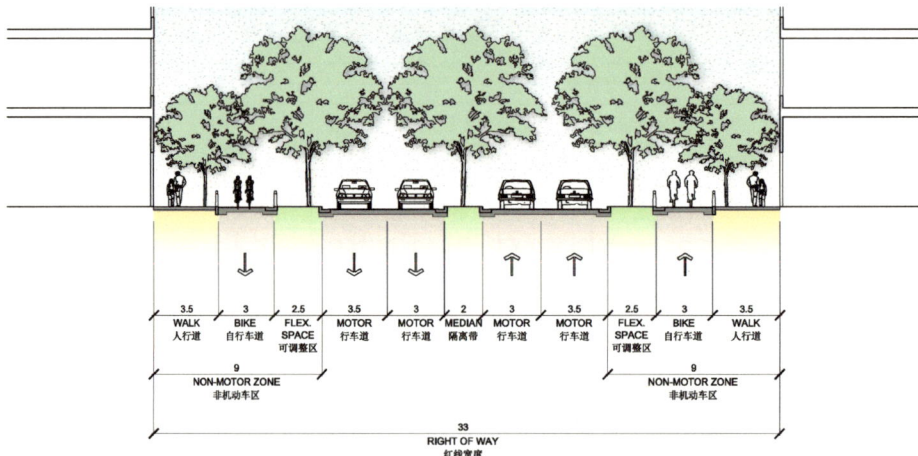

道路断面三：四车道干路

图4-12（a） 城市格网道路断面

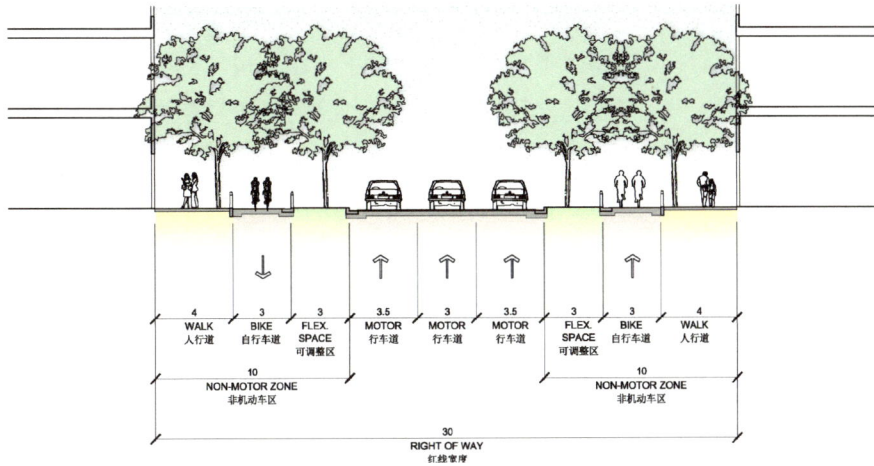

道路断面四：三车道单向二分路

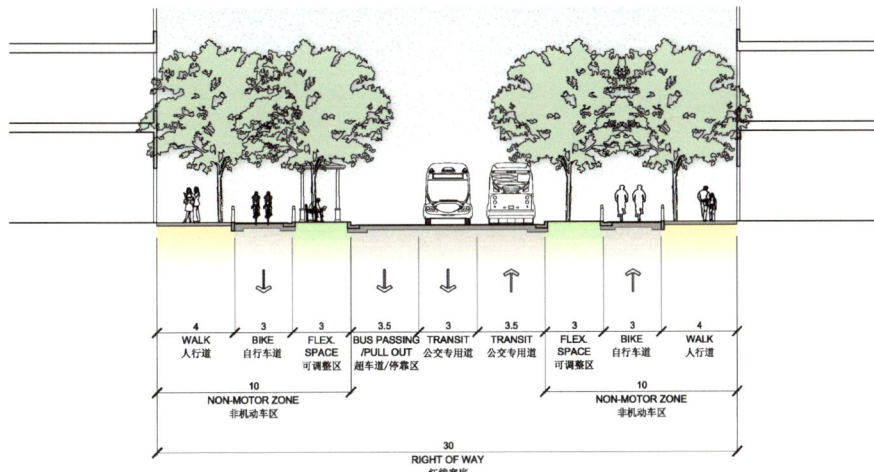

道路断面五：公交专用路

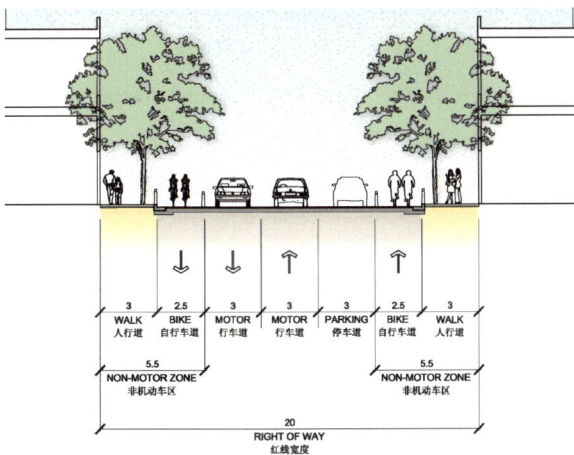

道路断面六：支路

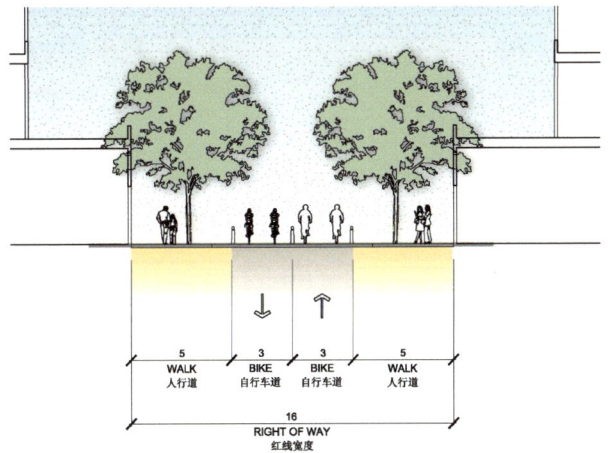

道路断面七：非机动车街道

图4-12（b） 城市格网道路断面

"公交走廊"有40m宽，是最大的街道断面。因为它的中央为BRT类型的设施提供了专用车道。33m宽的四车道"大街"为行人、自行车和公交站点提供了两侧充足的车道。被称为"二分路"的单向成对街道是狭窄的，有30m宽，在承担大的交通量时更易于行人通过。"非机动车专用路"街改善了零售商业氛围和自行车路线，"支路"增加了路网的通达性，使得网络更为完善。

4.5 开发城市格网

下列设计策略适用于开发使用这些街道类型的城市格网：

1）进入公交为导向片区（TOD）时，具有六车道或更多车道的主干路会转换为一对单向二分路，间距至少为100m，以方便安插开发项目或者公园。在TOD片区的边界，可保持主干路的标准配置，因为土地使用性质的变化使人行过街频率降低。单向二分路能更有效地承载更大的交通量，为行人提供更好的街道空间和交叉口。

2）四至六车道的次干路可以延伸至TOD片区，但是必须重新设计为最多四车道的较窄断面，并且需要额外注意行人和自行车区域。通常，这些"大街"比次干路更为频繁，从而有利于将过境交通分散至较窄的四车道道路上。

3）专用"公交走廊"置于片区的中央，承载高容量的公交线和/或BRT。这些街道允许15m宽的中央车道，以容纳专用公交车道，总宽度不超过42m。

4）非机动车街道可用于商业零售区或作为贯穿片区的"绿色通道"连接，提供至关键目的地的主要自行车路线。也可用作仅供公交使用的街道，作为BRT为导向的公交走廊。在特殊情况下，它们可用于坡度陡峭的区域，这些区域使用自动扶梯和楼梯提供小汽车无法使用的直接通道。

5）支路为步行、自行车或小汽车的本地出行增加了选择和连续性。这些狭窄的街道提供临时性的路边停车、单独的自行车道和充足的人行道。它们的设计是针对缓慢的交通，因而采用了交通静缓化策略。

图4-13展示了从超大街区到城市格网的转换过程。有多种方法修改街道网络从而实现双重目的，既有利于行人和自行车的出行环境又能满足车辆的需求。这一方法的关键是要在网络中提供充足空间，分散交通，提供出现紧急情况或堵塞时的替代路

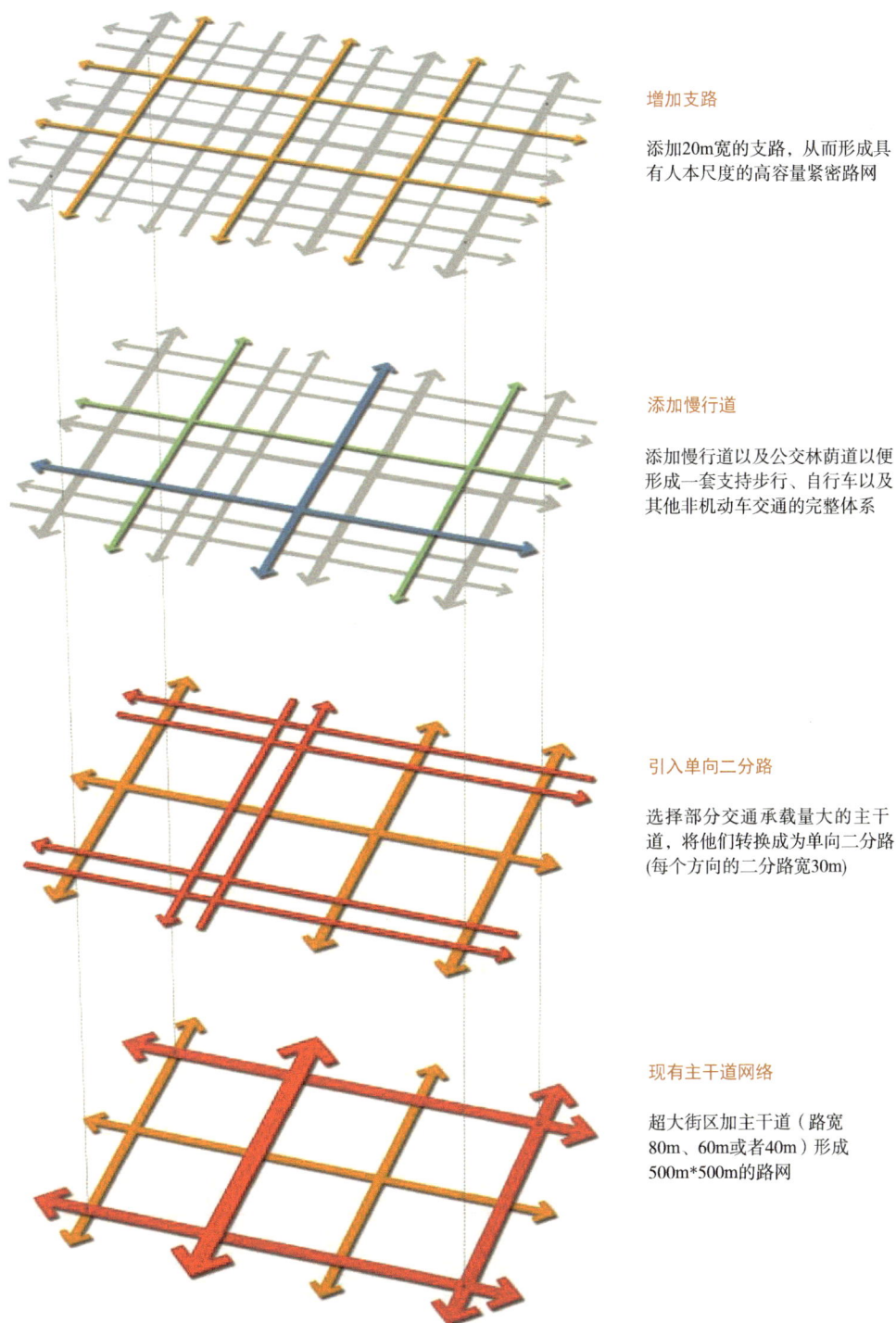

增加支路

添加20m宽的支路，从而形成具有人本尺度的高容量紧密路网

添加慢行道

添加慢行道以及公交林荫道以便形成一套支持步行、自行车以及其他非机动车交通的完整体系

引入单向二分路

选择部分交通承载量大的主干道，将他们转换成为单向二分路(每个方向的二分路宽30m)

现有主干道网络

超大街区加主干道（路宽80m、60m或者40m）形成500m*500m的路网

图4-13（a）　从超大街区转化为城市格网的过程

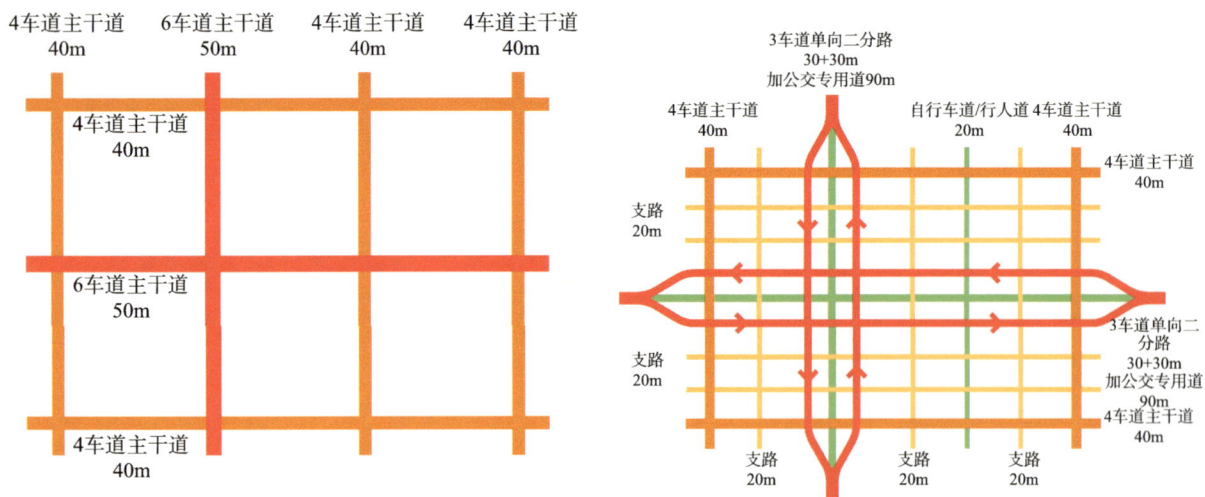

图4-13（b）　主干路网络和城市格网的对比

线。其次是设置信号同步和单向街道的利用，以减少十字路口的停留时间。第三是要提供充足和便捷的公交服务，以减少片区内机动车出行的数量。第四点是要提供本地街道的连通性，以避免被迫转向主要的穿越性交通街道。

本书中的"城市格网"采纳了所有这些策略，我们认为这些策略能够非常灵活地应用到各类场地之中。在本书的案例介绍部分展示了其适用的不同环境。

4.6　城市格网中对单向二分路的使用

城市格网的关键要素是利用成对的单向二分路来承担高交通量而不形成步行障碍。这些二分路通常位于市中心，是郊区主干路和高速公路在城市格网里的延伸。它是一种行之有效的交通策略，有广泛的应用和分析基础。

下文将介绍在混合业态的城区或者旧城改造片区内实施小地块和单向二分路的潜在效益，其目的不是为了证明这种街道类型应当完全代替所有干路，而是为了说明单向二分路能获得运营和安全两方面的效益，使其成为当前大型干路和超大街区开发模式的替换模式。下文的研究包括了对单向二分路及其总体效益的详细描述，以及通过计算机模拟比较传统主干路与二分路的结果。

4.6.1　单向二分路的定义

单向二分路由平行而不同方向的单行道组成。经常设置

美国旧金山

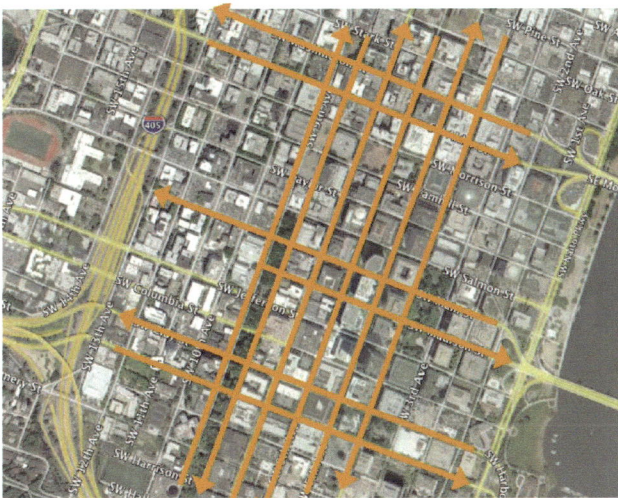

美国波特兰

美国西雅图

图4-14 单向二分路在国外城市中的应用

于市中心区，每条二分路的单行道间隔一个街区左右的宽度，大约100m～200m。尽管单向二分路能够与各类不同的土地使用类型搭配，包括高密度商业，使用的组团中心以及居住区，他们的主要使用功能是改善高密度开发区域的交通状况。

单向二分路在美国和加拿大广泛应用，包括旧金山、纽约、渥太华、多伦多、西雅图、丹佛以及很多欧洲城市（图4-14）。以旧金山为例，在旧城中心很多街道都设置成单向二分路，这些单向二分路一般有二到四车道，每条单行道的一侧或两侧包含单车道和沿街停车处，每条车道在高峰期每小时通行600～700辆车次。二分路的设计使街区长度缩短，营造了宜人的步行环境，同时也保证了机动车的顺利运行。下文将继续阐述，短的街区和更多的交通信号灯配合二分路的设置，能够减少单一交叉口的信号相位数，为信号协同提供条件，从而提高交通管理效率（图4-15、图4-16）。

总而言之，单向二分路具有如下优点（图4-17）：

1）改善交通减少延滞；

2）提高步行和自行车出行频率；

3）提高公交使用率；

4）增强各类交通出行的安全性；

5）建设更加节能环保的系统，减少能源消耗和温室气体排放；

6）增加地块可建设面积。

4.6.2 交通受益

单向二分路比同等规模的双向路拥有更高的交叉口通行能力，因为二分路的交通信号灯相位更少，绿灯时间更长，车行交通更为顺畅。特别是二分路有较短的人行横道，从而使行人跨越街道时间减少，车行绿灯时间增多。同时，总体信号灯周期也可以减少，因为每条道上的交通量减少了。因此，单向二分路提高了交叉路口的通行能力以及路网服务水平[1]。旧金山旧城区的单向二分路就是一个很好的例子，即使在高峰期，交叉口的服务水平也在C或者以上水准。

---

[1] 服务水平（Level of Service）是交通工程师用于确定交通基础设施效率的常用标准，包括调整公路、十字路口和公交系统等。从顺畅到拥堵分为A到F五个等级。由美国国家公路和运输官员协会（American Association of State Highway Transportation Officials）发布的《美国公路容量计算手册》（Highway Capacity Manual）里面有相关规定。

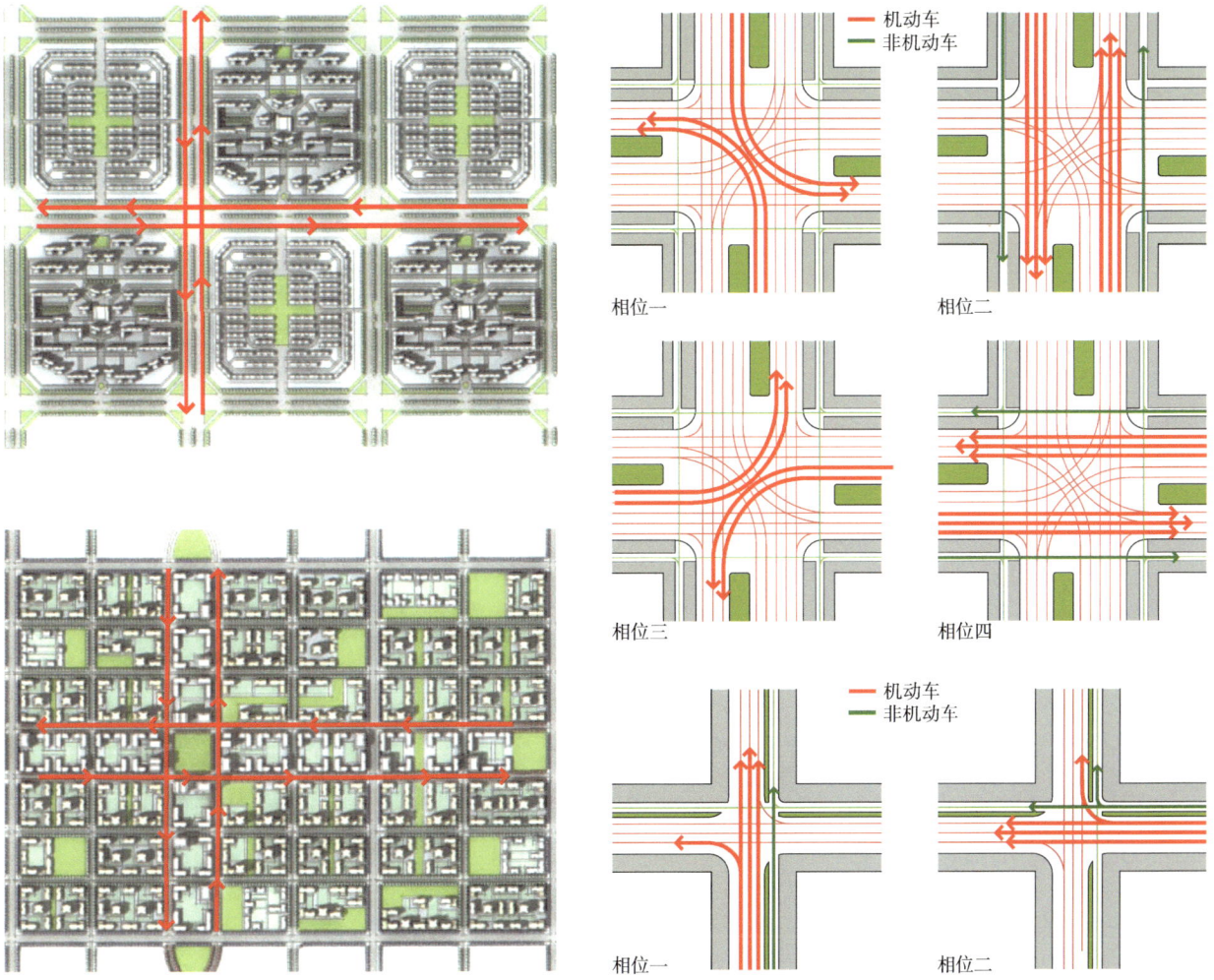

機動車
非機動車

相位一   相位二

相位三   相位四

機動車
非機動車

相位一   相位二

图4-15   传统主干路和单向二分路的交叉口比较研究

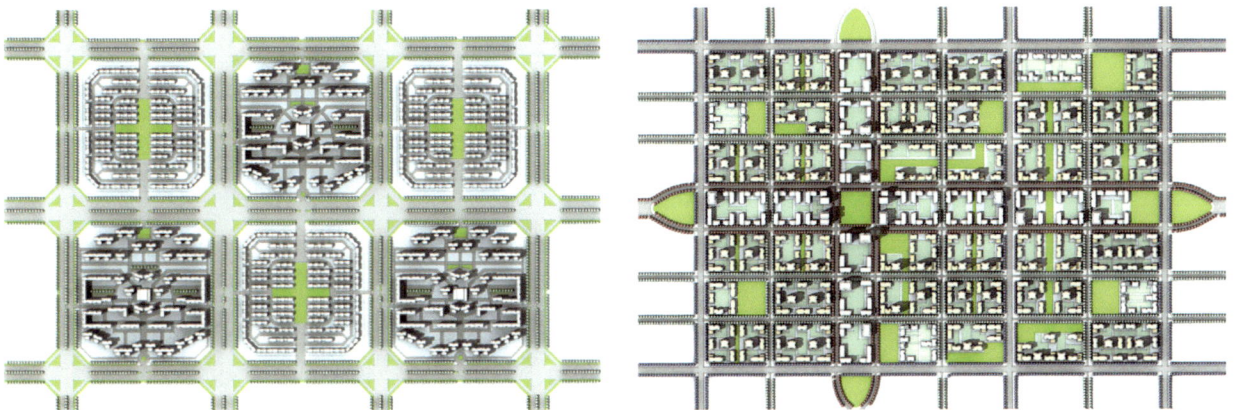

图4-16   与超大街区相比，用城市格网可以保证相同或更高的城市开发量

图4-17 单向二分路以及小街区的综合效益

单向二分路只服务于单向交通，从而减少了交通流线冲突点，使得和邻近街道的交通信号指挥更加顺畅。而传统的主干路交叉口则面临更为复杂的交通状况，需要同时指挥两个方向的交通流。过长的街区和较少的交叉口使得司机超车超速的行为增加，而交通管理难度也增加了。

单向二分路减少了交通流线冲突点，减少了机动车与非机动车以及行人的相撞事故，从而更好地保障了交通安全。

由于单向二分路的设置，城市各目的地之间的交通线路更加直接，总体的出行时间也缩短。很多情况下，车辆无需横切逆向交通就能抵达目的地。

4.6.3 公交受益

公共交通的运营效率随着整体路网运载效率的提高也得到了提高，从而使得公交准点率提高，公交车的可靠性增强。

由于交通信号连续性增强，交通堵塞的减少，公交车在站台处延滞的现象（多辆公交车在同一站点同时上下客、并道等）将大大缓解。

二分路所营造的宜人步行和自行车出行环境，以及整体改善的路网连接性，可增加公共交通的使用率。

4.6.4 行人、自行车受益

单向二分路有较窄的横断面，较少的车道，因此行人能在较短的时间内通过，对比传统双向行驶的道路，单向二分路的交叉口行人通行时间缩短了50%。

车流在细密网格的街道上更加分散，能够便捷地转入周边的平行路上，因此不会像传统主干路那样都集中在少数路口转向，所以平均起来单向二分路的交叉口上转向的车辆少，从而使得行人和自行车更加安全地跨过街道。此外，在非机动车流量相当大的地区（例如中国），可以增设专门的非机动车交通信号时段，这并不会对转向机动交通产生很大的延滞。

通过短的街区设置以及更好的交通信号指挥，车辆在街道上能保持较好而稳定的行驶速度。这使得行人和自行车有了更加安全的环境，有利于各类交通。较短的街区也能使行人在就近的下一街口过街，从而减少了行人在路段中间横穿马路的危险行为。

4.6.5 城市设计受益

卡尔索普事务所进行了一项研究，对比超大街区与二分路及细密格网街区之间的道路面积（图4-18）。研究中对于超大街区的计算考虑到了超大街区需要提供内部道路系统，研究结果表明，二分路及格网街区所需要的道路面积小于超大街区（分别为66hm^{2}和85hm^2）。

4.7 交通运行分析

Fehr & Peers公司进行了一项交通运行分析，对比了单向二分路和传统主干路的运行状况。研究实地选取了1.5~2km左右的路段，选取的路段中包括了一系列相互交叉道路，用以代表典型的城市道路状况。

对于传统大街区，研究假设东西向主干路为双向六车道，两侧带有停车带，自行车道以及人行道。南北向有一条类似主干与其相交，此外另有3条四车道干路。交叉口之间间距为500m。这一假设代表了典型的超大街区设计。

对于单向二分路，研究假设二分路为东西方向，每条单行道设置3条机动车道，另设置停车道以及自行车道、人行道。东西向的二分路将与一条类似的南北向的二分路交叉。此外还有3条四车道干路，3条两车道支路与这两条二分路交叉。平均交叉口间距在150米到200m左右。

交通需求量是研究中的另一重要假设因素。鉴于美国旧金山在开发强度以及交通分担率两方面与中国城市相似，旧金山的二分路以及主干路交通量数据被采纳到研究之中。在高峰期，单向二分路每条车道的交通量约为600~700辆/h，然而，北京的交通量和滞留时间较旧金山更多，因此，交通量按照900~1000辆/h的保守值来进行计算。这一估算值得到了北京市城市规划设计研究院专家的肯定。在研究中，这一交通量估值被应用到二分路和主干路两种系统。为了将各类交通出行模式纳入到计算中，研究运用了一个综合模拟分析软件VISSIM。VISSIM在全球各类复杂的交通项目中广泛运用，它能够分析步行交通、自行车以及公共交通对于整体交通的影响。此外，研究也运用了另外一个广泛应用的交通分析软件Synchro，用以分析优化单向二分路和传统

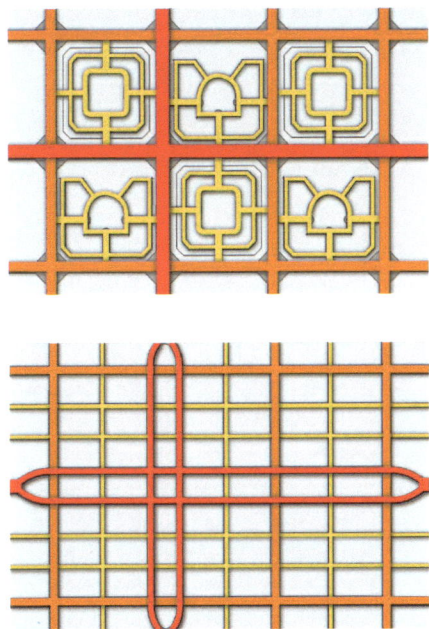

图4-18　与超大街区相比，用城市格网可以节省道路占地面积。上图道路用地85hm^2，下图道路用地66hm^2

主干路的信号配时和协同。研究主要关注交叉口的运营和服务水平，主干路行驶时间以及能源消耗。

图4-19比较了两种不同道路设计的运营情况。假设同样的交通量下，单向二分路布局的16个交叉口中有5个，大约30%，在E的服务水平上运作，而其他交叉口都在D或者以上服务水平运作。而与其形成鲜明对比的是，传统主干路布局的交叉口中只有一个交叉口是在E的服务水平上运作，其他交叉口都在F水平。如果将路网对于交通流量的滞留进行量化，可以看到，从东到西的通勤在单向二分路上需要6min，比传统主干路快2min。这一25%的效率提升是单向二分路设计中通过减少交通信号灯相位数而取得的。此外，二分路上行驶的车辆每小时耗油量为7500L，比传统主干路上同等车辆每小时9100L的耗油量少1600L。

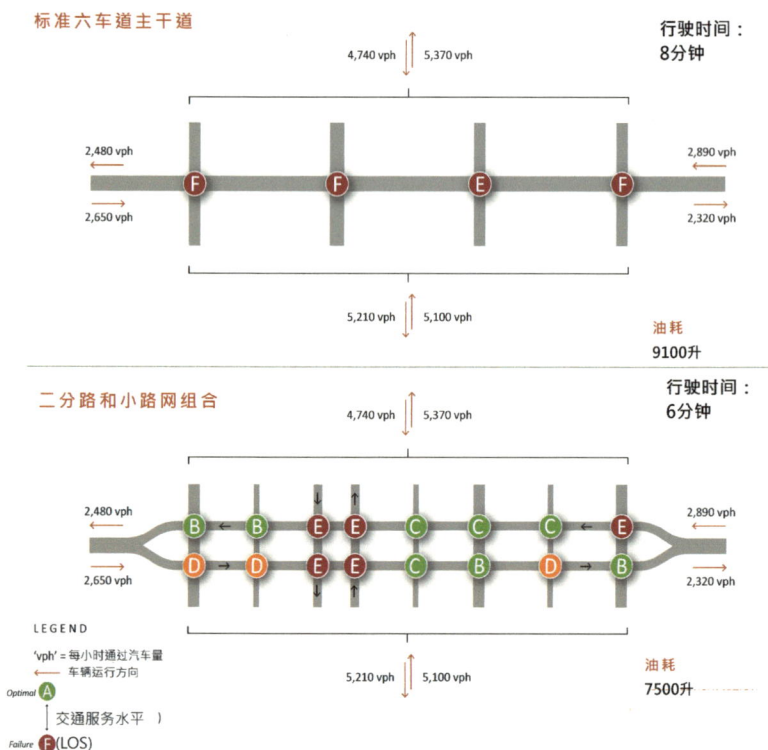

图4-19　等量交通流下两种路网结构对比

如上文所述，两种路网系统被加载了同样大小的交通量。而现实生活中，密集的路网上的交通量会更为均衡地分布。因此，单向二分路的街道上的交通需求量实际上会比服务于超大街区的主干路要小。以旧金山的实例为证，东西向的二分路上的交通量较主干路少约15%。将这一因素考虑进去，研究将二分路东西方向街道的交通量估值减少，然后通过VISSIM分析，结论如图4-19所示。

如图4-20所示，在新的交通量估值下，单向二分路的交通优势较之前的等量交通量分析更为明显，且更为接近现实。在单向二分路中，只有12%，即16个交叉口中的2个，交叉口的服务水平是E，其他都是在D或者D以上水准。通行时间为5min，而在传统主干路上，通行时间增至8min，从而节约了38%的时间。此外，每小时能耗在单向二分路上是6800L，比传统主干路少了2300L，节约了将近25%。

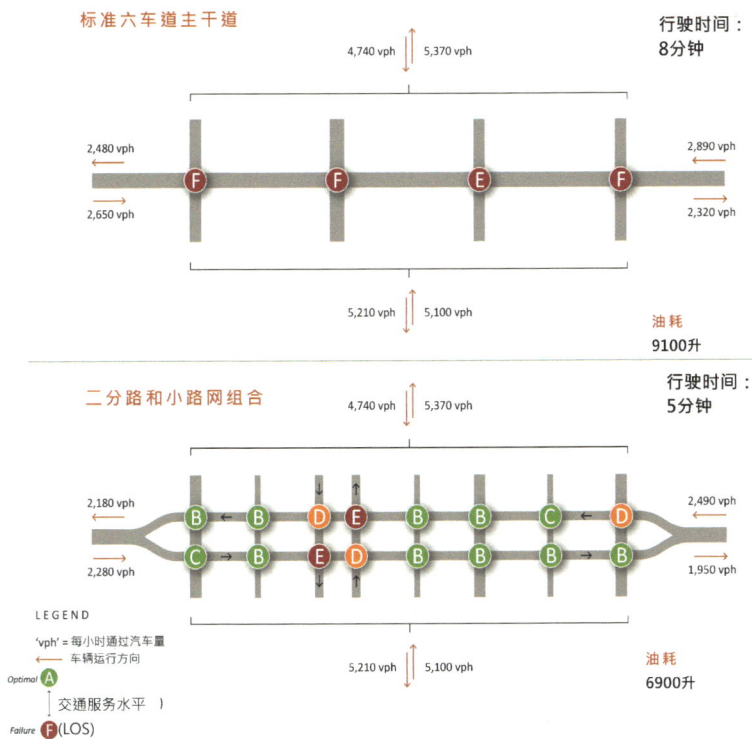

图4-20　交通量分散情境下的单向二分路交通运行评估

除了上述数据所显示的交通效率提升以外，研究也应用了VISSIM中额外的评估指标来对整体交通系统进行评估。指标包括整体车辆滞留量以及高峰期每小时可通过的车辆数。在传统主干路网中，总体车辆滞留时间（VHD）为860h，而二分路为640h，比传统主干路少25%。同时，二分路比传统主干路每小时多通行800辆车次，效率高出6%。

表4-3列出了各类用于对比两种道路设计效率的评估指标。（研究假设了同等交通量，并假设没有交通分流发生）除了交通

传统主干道路网和单向二分路结构指标对比 表4-3

指标	传统主干道	单向二分路（同等交通量）
行人横过马路距离	33 米	17.4 米
最小行人横穿时间	35.2秒	18.6 秒
信号灯相位数	4到8	2 到 5
服务水平范围	E 到 F	B 到 E
服务水平在 E 和 F 的交叉口个数	100%	31%
主干道驾驶时间	8分钟	6分钟
车辆延滞时间	860 小时	640 小时
能源消耗	9100升	7500 升
车辆穿越比例	91%	97%

运行外，行人横穿时间以及最小车辆等待信号灯时间也包括在研究之中。行人横穿街道时间的研究假设：传统主干路每个方向上有3条车道，一条自行车道，一条人行道以及单独的左转车道；二分路每条路上有3条机动车道，一条独立左转车道以及一条自行车道。

4.8 车辆行驶路径评估

上述交通分析主要集中在整个交通廊道或者整体交通体系的研究，而对于两种不同路网的对比分析还包括有其他方面，例如在系统内任意点间的通勤距离和转弯次数的评估。这一部分将阐述这些分析并量化路径变化次数。

单向二分路及其高连通性的路网将减少机动车出行距离和次数，相对于主干路和超大街区的系统，二分路路网中的出行起讫点之间的通达性因为平行路的增多而加强。司机可以减少迂回路线从而减少出行距离。我们抽取了任意四组起讫点，对两种道路系统进行了最短路径对比（图4-21），从图中可以看到，四个案例中有三个二分路路网的最短路径都比超大街区路网短150～1000m不等。而在第四个案例中，二分路路网的最短路径也只比超大街区路径长150m，根据VISSIM的测算，尽管此例中二分路路网的最短行驶距离要长于超大街区（约长8%），但是出行时间却小于超大街区路网（省时10%～15%）。

如果将单向二分路路网与超大街区路网放到同等的连接度下来对比会发现，单向二分路会使行驶距离增加一到两个街区，约为200～400m。然而，交通的运行情况在超大街区的双向道路上远远不如单向二分路高效，因为双行道的交叉口处会有较多的交通冲突点，以及低效的信号灯管理，这使得通勤时间增加了。

此外，单向二分路的设计不会增加转弯点。例如，在一个两条双行道的交叉口上，一共有8个转弯方向（4个向左，4个向右），当双行道改造成为单向二分路以后，尽管总的转弯方向不变，但是这些转弯方向都被分散到了不同的交叉口，从而每个交叉口的转弯方向减少了，冲突点也就少了。单向二分路路网同时还能为司机提供更多的路径选择，但这并不意味着转弯的次数就会增加。如图4-21所示，单向二分路路网在两种情境下都较超大街区路网的转弯点少，第三种情景下两者转弯点数量等同。而在第四种情境下，尽管车辆需要多拐一到两个弯，但是这些拐弯点的交通冲突点少，时间和距离都小于在高交通量的大路网交叉口中掉头的情况。

4.9 二分路的实施

在中国设计和实施单向二分路有以下两方面值得注意。

4.9.1 二分路的位置

在近些年国内的项目中我们观察到，为了实现城市设计和交通目标，城市街区的规模正在减小。这是一个好的趋势，将形成更为密集的道路网。但是，传统双向干路上的过街交叉口数量增加，这会导致交通运行变差，尤其是在高交通量的过道。并且每一个交叉口都有长距离的人行横道，使得信号灯延滞增加。因此，在街区规模小于200米并且预计有中高交通量的地方应当切实考虑设置单向二分路。

4.9.2 交通管理

单向二分路成功的关键因素之一是优化的信号定时和协调计划，这不仅需要技术设备到位（比如信号控制器、系统对系统通信、探测系统等等），也需要资源优化和微调信号运行和协调参数。根据最近美国南加利福尼亚的信号协调研究，最佳信号协调计划能减少15% ~ 20%的过道出行时间和延滞。在中国，通常由交通管理局完成这种信号定时调整。因此，对国内的交通管理人员进行相关的信号定时培训将会对单向二分路理念的成败起到关键作用。

本研究揭示了二分路理念对交通、行人/自行车和公交的效益，以及能最终形成更可持续"绿色"运输系统的效益。单向二分路通过缩减道路尺度和最小化车辆冲突点的数量使行人和自行车出行受益。其交通运行效益表明，二分路的实施改善了包括公交在内的各类出行模式，而且在燃料消耗和减少温室气体排放方面也比传统的干路系统更为优越。另外，二分路已经在很多城市得到了应用，实践证明了它是一种有效的城市设计工具，能够提供舒适而有吸引力的步行环境。在中国，大量的出行仍然是通过非机动车交通来承担，因此单向二分路的应用将会优化现有的出行分担率配比，并且强化机动车廊道运行效率。

情景1-1

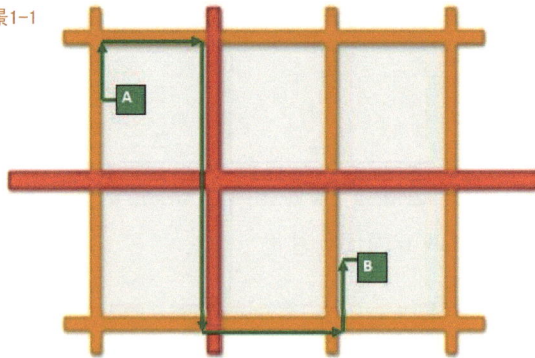

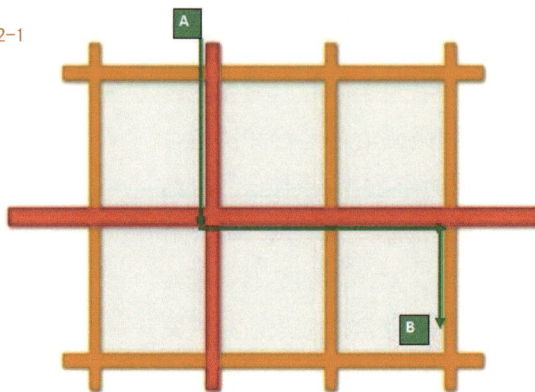

超大街区：从A-B

转弯次数=4
行驶距离=2400m
行驶经过主干道距离
=2400m
假设在主干道上
仅右转驶入或驶出

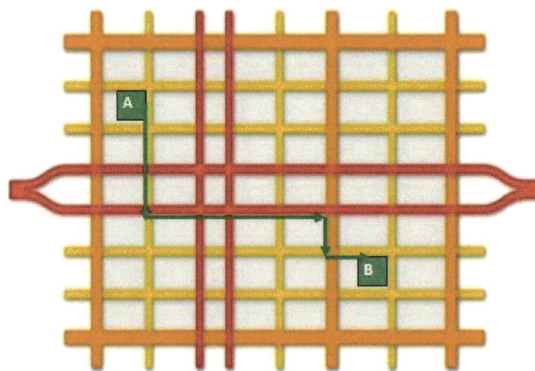

二分路路网：从A-B

转弯次数=3
行驶距离=1400m
行驶经过主干道距离
=8500m

情景2-1

超大街区：从A-B

转弯次数=2
行驶距离=1800m
行驶经过主干道距离
=1800m

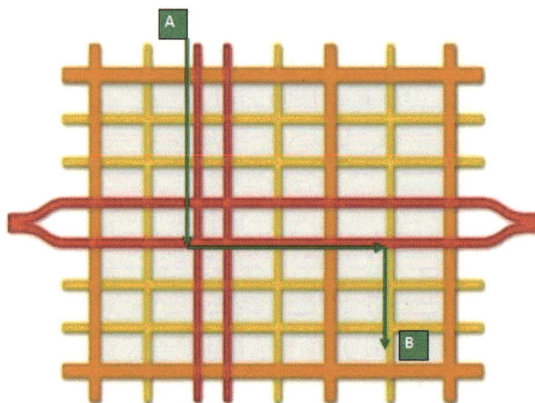

二分路路网：从A-B

转弯次数=2
行驶距离=1650m
行驶经过主干道距离
=1250m

图4-21（a） 车辆行驶路径和出行距离评估

情景1-2

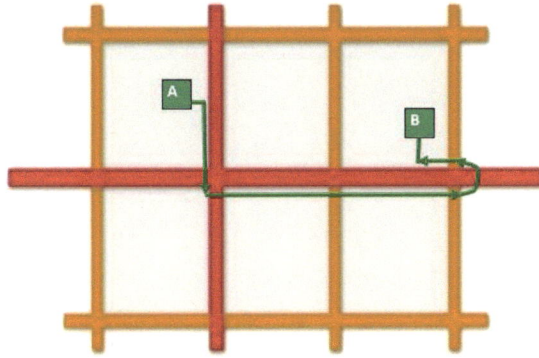

超大街区：从A-B

转弯次数=2（包括掉头）
行驶距离=1350m
行驶经过主干道距离
=1350m

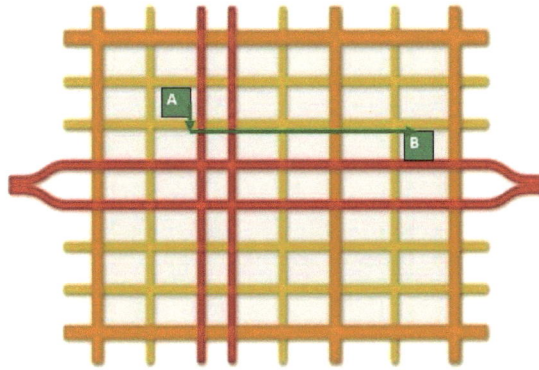

二分路路网：从A-B

转弯次数=1
行驶距离=900m
行驶经过主干道距离
=100m

情景2-2

超大街区：从A-B

转弯次数=1(包括掉头)
行驶距离=1850m
行驶经过主干道距离
=1850m

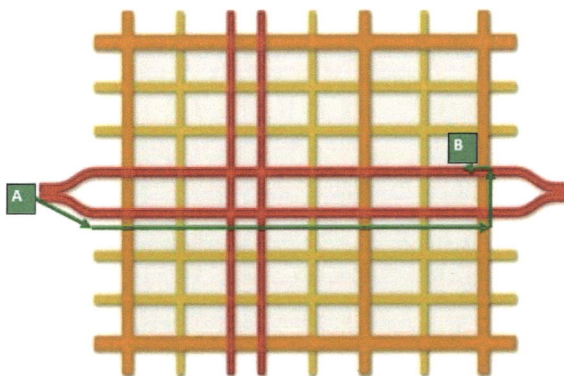

二分路路网：从A-B

转弯次数=2
行驶距离=2000m
行驶经过主干道距离
=1900m

图4-21（b） 车辆行驶路径和出行距离评估

5 新方法的适应性和实施机制

5.1 新方法的适应性

5.1.1 设计适宜步行的街道和人行尺度的街区

鼓励步行意味着放缓以汽车为代表的速度主导下的效率追求，回归以人为本的人文关怀。在中国城市普遍面临发展方式转型的当下，速度效率与人文关怀的"快"与"慢"都需要我们加以重新衡量，需要我们适时调整城市开发建设的价值观念，需要去寻找大城市"亡羊补牢"与小城市"防微杜渐"的解决之道。

良好的邻里开发对城市步行出行具有直接的激励作用，步行出行意愿取决于良好的受限于步行的距离与步行的环境。步行距离方面，经验数据表明1500m为步行接受距离上限，而500m被认为是步行舒适距离。首先建立半径500m的满足日常生活的采买交往、休闲游憩、子女教育的日常生活功能圈是鼓励步行出行的功能基础。步行环境方面，我们要做的是在保证人们必要性活动的基础上，鼓励更多的自发性活动（环境适宜才会发生），激发更多的社会性活动（多人互动才会发生）。一个社会治安良好，交通安全无忧，噪声尾气污染消减，路线选择更为多样，同时空间充裕、设施完善、趣味连续的步行环境是步行出行的空间基础。

当然正视中国目前发展的现实困境是必需的。出于对服务设施扰民的担忧，目前鼓励步行的功能基础仍需长期努力。而空间基础的缺憾更多。机动车主导、速度优先、效率至上的价值观念已经在城市开发建设中形成了宽马路、大街坊的固化格局，更在技术操作和政府决策过程中形成了一种思维惯性。过宽马路增加了过街时耗与等待时间，增加了交通安全隐患，大量的机动车活动所带来的尾气与噪声污染恶化了步行环境。而近期一系列的毁绿拓路行为更是助长了这一恶化趋势。大街坊，尤其是国内流行的封闭管理的大院、小区，降低了步行路线选择的可能，增加了点对点的步行距离，而出于安全管理和物业成本的考虑，封闭小区的出入口设置往往又是少之又少。具体的步行空间界面设计与细节设计的种种不足，诸如机动车占道停车，商业经营挤占步行道，广告牌挡路，抽油烟机、空调室外机甚至污水向人行道直排，人行道铺装残破，照明设施不足，缺少休息座椅等等，也都会或多或少地影响人们的步行意愿。

要转变困境，首先路网的设计需要从功能的角度加以重新理解，不仅仅是以往的主次支路的技术划分，更应考虑快与慢、交通与生活的功能诉求，去平衡经济的效率与生活的质量。过宽的道路可以通过渠化设计保障行人过街安全，或分段过街以保障安全。过长的路段可于需要处，如学校入口或者道路中段，设置行人控制的人行红绿灯，缩短过街绕行时间。当然这需要保证信号灯设备的良性运作，避免成为摆设。

建设易于穿行的步行街区的取向是值得肯定的。一方面，街区尺度的控制是未来的重要努力方向，近年来随着房地产市场的日渐成熟，城市地价的上涨，新建街区小型化的趋势已经较为明显，但离步行舒适的规模差距尚远。应当注意到国内传统的居住习惯对小型街坊的排斥，譬如临街的噪声与尾气问题会降低居住意愿（北京的房地产市场数据表明临街住宅要比内部住宅每平方米便宜1000~2000千元），以及小型街坊无法满足营造连续大尺度景观的居住偏好等等。当然一味追求特定尺寸的路网尺度也是不可取的，我们应当重视区位与功能决定下的尺度选择，明晰中心区与边缘区的尺度差异。另一方面，国内《物权法》九十一条明确规定不动产权利人有权禁止他人进入其土地，所以已建的私有产权街区应取得业主方认可。公建地块可以采取适当的奖励方式予以诱导，譬如容积率奖励。住区地块则需要本住区业主委员会的认可。设立通道需要地块管理的相应匹配，会带来硬件成本的建设投入与安保费用的持续投入，此项费用需要明确承担方。新建街区则需要在土地出让之初明确建设与管理权责，将建设用地的内部道路、街道等公共系统的开放性作为强制性规划条件在国有土地使用权出让合同中有所体现。封闭管理这一举措在国内早已有争论，学界普遍认可不封。而在社会福利显性增加预期不明而自身利益威胁感明显的境况下，街坊居民则多持怀疑态度，政府也因此摇摆不定。毕竟封闭小区管理能带来较好的治安环境早已形成普遍共识。

细节决定成败。步行的速度决定了其对细节的关注。可在城市道路交通规划设计的通行能力要求的基础上适度放宽人行道宽度，在行道树、公交站点与座椅电话等设施形成的设施带之外，新区保证不小于3m的通行空间，旧城应尽量保证1.5m。步行空间管理的工作重心应在强化日常精细管理方面，通过规整街道绿化种植，维护街道设施的正常使用与外观清洁，人行道铺装与盲道设施的连续完整，避免机动车辆或是邻近商家临时占用，最大可能地保障步行道的通行能力。重拾被忽视的界面设计，鼓励界面的活化（依靠设施）与柔化（依靠绿化），以期形成良好的视觉或者行为互动。控制沿街公共与商业设施的面宽，使得街道的内容更加丰富，鼓励沿街设施的多出入口设置与橱窗展示设计。建筑后退距离不应只参考建筑功能，还应参考人行道宽度等实际情况。宽度富裕允许缩减建筑后退距离，在建筑后退范围内允许店外经营，宽度紧张则禁止一切占道经营的商业活动，甚至禁止店门外开。无设施界面采取绿化柔化措施，"破墙透绿"的做法已在很多城市出现。遮荫避雨的骑楼或者树木，维护良好的照明设施，服务均好的休憩设施，参与性强的景观小品，丰富的建筑细节与店铺招牌都是鼓励步行的"信号"，能够起到鼓励步行、活化空间的积极作用（图5-1）。

图5-1 特色化的街道家具是街道活力的重要"基础设施"

图片来源：因特网

困境的扭转需要城市开发建设价值观念的转变，更需要精细化的城市管理。提升的空间肯定存在，手段也不复杂，但这可能需要一个循序渐进的过程来实现这一从理念到管理的进步。在提倡新型城镇化的当下，在从封闭小区拼合成的"大院中国"到小街坊密路网铸就的"城市中国"的转型过程中，我们首先需要的是从步行经过的身边做起。

5.1.2 自行车网络优先

在机动交通泛滥引发诸多问题的背景下，非机动交通可以说是时下热议的话题，多个专业学科对此有着浓厚的兴趣并密切关注（表5-1）。提升非机动交通有着4个强烈的动机，分别是：交通拥堵、环境保护、健康与宜居。

专业人士/学科对NMT（Non-Motorised Transport）的兴趣点　表5-1

团队	关注点	突出的解决方法
交通工程	致力于提高车流量，当达到安全水准时，记录车速、延滞时间和服务水平。伴随着行人与骑车者和小汽车争夺同样的交通空间，这种混合的交通模式通常被认为是难以理解和不安全的（尽管人们在不断关注行人与骑车者在竞争同一条干路的现象）	为不同的交通模式提供独立设施
城市规划	认为这是一种解决拥堵和提高宜居性的方法。不断强化的城市发展举措和当地政府政策的意识可能会支持或者阻碍NMT的发展。随着对自行车的研究兴趣日益浓厚，自行车比行人和危险紧急疏散情况下没有车的人需要更多的特定基础设施	紧凑城市形式，将出发地和目的地紧密联系在一起，形成"完美的街道"，但是有时需要为不同的交通模式提供独立的设施
城市设计	对街道生活感兴趣。在人的尺度上，在街上行走的人们是创造公共空间活力的主要因素，很少考虑骑自行车的人	通过对街道的关注来创造生命力与活力。美学也是主要的关注对象
环境研究与倡导	关注环境影响和当前城市区域与流行交通模式的可持续发展	NMT通过减少不可再生资源的消耗、碳排放以及不能渗透的地表覆盖和提高空气质量来实现城市的可持续发展
公共健康	对健康生活模式下（主要是身体运动和健康食品的摄入）的环境承载力和环境潜力感兴趣，来达到关注健康的目的。有时候也关注与健康相关的出行，尤其是针对那些没有小汽车的人们	从混合的交通模式到独立的基础设施设计，也包括教育、规划以及市场活动，为步行和骑自行车提供建成环境的支持

资料来源：《非机动交通研究和当代规划动机》，安.福西斯等，2010

中国20世纪80年代到90年代中期，受限于公共交通服务水平，很多城市的自行车出行比例远高于公共交通出行比例，但由于基础设施建设水准较低（一块板道路居多），公交和自行车混行导致冲突，一度采取限制自行车出行而转移到公共交通的方式来整肃城市交通。1994年后发展汽车工业的产业政策确立，机动车增长迅速。为了给机动车腾挪行车空间，为了改善机非抢行，自行车出行再次受到抑制（图5-2）。尽管自行车出行屡次受到抑制，中国作为"自行车大国"的光景不再，但在中国大中小城市自行车出行仍以其准时、临时停放方便以及运动健身功用颇受重视，自行车出行比例逐年下降的同时出行总量并没有较大变

图5-2　被挤压到消失的自行车道

化，如北京市区自行车出行比例1986年为58%，2000年为38%，2005年为30%，降幅明显，而这三年的自行车交通出行总量分别为510万人次/天，697万人次/天和610万人次/天，可以说总量基本稳定。应该说自行车作为一种不消耗能源、无污染的绿色交通工具，可以在短距离（2～5km）出行中作为一种较为理想的选择，应当在城市多元客运体系中占有一席之地。目前中国城市自行车出行主要面临以下问题的困扰：出行距离增加导致的自行车适用性降低，机动车辆（含电动车）停放与混行带来的自行车行车安全隐患，城市空气污染与微气候恶化导致自行车出行的不适，公共设施及道路两侧停车设施不足与严重的车辆偷窃问题。要切实做到自行车出行的优先与复兴，需要针对性地解决上述问题，而不仅仅是加密行车路径，加宽行车路幅和加多停车设施。

中国城市交通出行距离为2～5km的占很高比例，在这一出行范围内自行车交通有其他许多交通工具不具备的优势。随着城市规模的扩张，出行距离的增加导致了自行车适用性的降低。针对这一问题建议发展公共交通与自行车的结合换乘体系，解决公共交通，特别是轨道交通的"最后一公里"问题。而多数城市的公共交通禁止携带自行车入场，所以公共自行车系统成为各城市完善这一换乘体系的首选。中国比较典型的有北京的以小企业为主的模式，杭州的以政府为主导的模式以及上海的企业与政府合作的模式。从各地的发展情况来看，公共自行车系统的发展需要政府有明确的目标并提供有力支持，应鼓励采取企业与政府合作的模式，以充分发挥企业控制成本、技术创新优势，以及政府引导和整合社会资源优势。

自行车的路权问题是时下纠结的关键问题之一。针对机动车辆的停放与混行带来的问题需要区别对待。针对机动车，用划线进行机非分隔的方式需要公民普遍遵守交通法规，而结合中国现实，更宜采取简单的工程措施实现机非物理分隔，以降低管理难度。这就需要改变目前路边停车方式，改目前人行道边缘停车为机动车道边缘停车。另外通过降低非机动车道宽度或者路口设置阻车石，防止机动车进入，保障自行车安全。公交站点附近，如果空间条件允许的道路宜采用自行车道外绕公交车站的平面布局，避免进出站公交车辆对自行车的干扰与威胁（图5-3）。空间不足时应在车站路面设置如黄色网格线的标识标

线，方便公交车尽快回到机动车道，减少阻碍时间。另外自行车
也不可与人行混行，以保障步行安全。自行车道需要网络化的系
统设计，在立交桥等复杂地段尤其要考虑自行车的通行能力问
题，过高过陡的爬坡都将会给出行带来很大的困扰，避免形成系
统设计的断点。

图5-3　通过改造减少公交站点附近的非机动车交织问题
图片来源：荣博，2010

　　出行环境的改善非一日之功，随着机动车环保标准的提升，
尾气、噪声污染也在逐步改善之中。可以在保障自行车路权的基
础上通过铺设专用彩色通道，趣化骑行路径，通过种植乔木，设
置遮蔽设施等手段，优化道路骑行环境与路口信号灯等待空间
（图5-4）。特色化的绿道建设也是鼓励自行车出行的重要载体。
中国最为成功的珠三角绿道系统的推广，建构了一种生态保护和
生活休闲一体化的以自行车为主的慢行系统，融合环保、运动、
休闲和旅游等多种功能，在构筑起区域生态安全网络的同时，为
广大居民提供更多的生活游憩空间。

图5-4　快慢分离、标识鲜明、绿树成荫的自行车骑行空间

　　停车空间的不足和严重的失窃问题是两个相辅相成的问题。自行车停放难在中国主要包括两个方面：一是设计无意识造成的无处停放或是停放不便，像部分住区直接将非机动车停放在地下室，通过斜坡上下造成停放极其不便；二是由于收费远远便宜于机动车和电动车而被刻意排挤。缺乏正规的车辆停放场地，自然容易造成乱停放的城市管理问题和易失窃的城市治安问题。而这一问题的解决要正视短期停放与长期停放的不同。短期停放应高度便利，靠近目标设施的出入口，有一定的遮蔽设施，面积无需太大，可全向开放，保证车辆的高度流动性即可。长期停放则需相对封闭，出入口固定，设专人值守，并配有保养修理设施。遮蔽设施必须考虑，甚至可以考虑为高档车辆提供全封闭停放设施。

　　特别需要加以说明的是日趋严重的电动自行车问题（图5-5，图5-6）。中国电动车经过十年的蓬勃发展，年销量已经近3000万台，在大中小城市，特别是城市规模不大的中小城市，已经成为代步出行、经济便利的主流工具。《道路交通安全法》第119条第4项规定了电动自行车属非机动车，也就是说其驾驶人员不须经过专门的培训考试就可上路，而事实上目前绝大多数在道路上行驶的电动车已超出了"电动自行车最高车速为20km/h，空车质量为40kg以下，具有脚踏行驶能力，电动机额定连续输出功率应不大于240W"这一法律规定。法律定性的失准与业内标准的缺失，造成了电动自行车生产销售缺乏监管，车辆生产的重型化、豪华化倾向严重，甚至出现全包化的类汽车设计，也造成了车辆"享受机动车权利，却无机动车责任"的交通管理处于混乱状态。针对

图5-5　当年的自行车洪流

图片来源：照片中国http：// www.picturechina.cem.com

图5-6　如今的自行车电动车浪潮

图片来源：照片中国http：// www.picturechina.cem.com

产、管的乱局困境，非一言可以蔽之，但以下三方面应是努力的
重要方向：①规范市场准入，杜绝不合技术规范和安全标准的车
辆进入市场，尤其需要整治车辆重型化与奢华化，提倡简车、轻
车；②实施注册管理，合理制定并严格控制车辆数量；③寻求制
度建设的可能，如健全交通安全方面的法律法规，谋求电动车强
制责任保险制度，制定限期报废的车辆、电池处理的配套法规
等等。

2012年9月由住房与城乡建设部、发展改革委、财政部联
合出台的《关于加强城市步行和自行车交通系统建设的指导意
见》中明确表示，未来步行与自行车交通将作为城市交通的发展
重点。大城市、特大城市发展步行和自行车交通，重点是解决
中短距离出行和与公共交通的接驳换乘；中小城市要将步行和
自行车交通作为主要交通方式予以重点发展。目标预计步行和
自行车出行分担率达到45%以上，人口在100万以下的中小城市
更将高达70%。线路设置上自行车道原则上应尽可能避免与步行
道共板设置。要结合旧城改造、环境整治等，打通断头路，打
开封闭街区，加密路网，完善步行和自行车微循环系统。设施配
置上要合理选择道路铺装材料，确保路面平整。加强城市道路
沿线照明和沿路绿化，建设林荫路，提高舒适性，改善出行环
境。保障非机动车路权，合理设置机非护栏、阻车桩、隔离墩
等设施，防止机动车穿行自行车道或进入人行道，禁止占用步
行道，减少占用自行车道停放机动车。居住区、公共设施要为
自行车提供足够的停车空间和方便的停车设施。新建住宅小区
必须配建永久性自行车停车场（库），并以地面停车为主。建筑
面积2万 m^2 以上的公共建筑、名胜古迹、公园、广场应当按照
专项规划的要求设置自行车停车设施。鼓励发展自行车驻车换
乘，轨道交通车站、公共交通换乘枢纽必须设置自行车停车设
施。政策保障上坚持规划引领，对不按规划建设自行车停车设
施的建设项目，城乡规划行政主管部门不予办理规划许可，城
市建设行政主管部门不予办理施工许可。保障资金投入，鼓励
发展公共自行车系统，并正确引导电动自行车的发展，并加强
宣传与监管工作。不难看到《指导意见》基于步行与自行车系
统自身设计的详尽与周全，当然还有更多的环境设计的辅助工
作要做，但我们完全有理由期待中国步行与自行车活动的全面
复兴。

5.1.3 提高道路网密度

无论如何，提高道路网密度是非常有必要的，因为道路是承担一切交通行为的根本（机动车、非机动车、行人等）。虽然会诱发更多出行，但那只是在道路密度达到一定阶段后才需要解决的问题。相比较而言，中国的大多数城市提高道路网密度仍然是第一位的。问题本质在于如何提高道路网密度，是按照过去经验建设大间距、宽马路，还是窄间距、窄马路？无疑后者是值得提倡的，中国当前绝大多数城市所发生的交通拥堵都表明这一点：前者只会带来更严重的拥堵。但中国仍有中国的国情，如何将这一美好愿望实现仍需要考虑诸多现实因素。

（1）现状土地出让制度所带来的困难及应对

中国实行土地国有制，政府对土地规划、控制、管理拥有绝对权力，通常公益性用地可采用划拨方式，而非公益性用地采用拍卖制度。考虑到土地收储、整理及规划过程中的经济性及规划一致性，通常单宗居住类地块面积都比较大。

单宗用地面积过大，导致支路网难以布局，个别超大居住区（通常是封闭的）次干路则难以布局。支路网合理间距为$150 \sim 200m$左右，所围合地块面积在$2 \sim 4hm^2$左右。由于居住区通常采取封闭式管理模式，支路规划难以实施，这也正是中国城市支路网密度难以提高的根本原因。北京2011年出让居住类地块平均面积为$11hm^2$，致使支路最小间距为333m，远远大于合理间距范围。规划阶段所能做的只是预留相关道路通道，处理好衔接问题，有待开放式管理实施的时日，道路对接不至于错位。北京2011年出让商业金融类地块平均面积为$6hm^2$，最小道路间距240m，虽然较居住地块路网密度高，但距离高密度路网仍有一定差距。

因此，该模式实施的最大困难在于居住地块规模，解决的办法需要从两方面出发。一方面在地块出让中，确定窄间距的规划思路，又需考虑到地产商的开发规模效益，可以将大宗地块打散，以支路作为地块边界，采取小地块组合出让的方式，将单个地块规模限制在$2 \sim 4hm^2$。另一方面则提高社会管理及交通组织水平，倡导居住区开放式管理模式。

（2）提高控规层面交通规划水平最为关键

该模式真正的落实是在控规阶段，技术层面最大的难度在于如何提高控规编制水平。按照现状的规划编制体系，控规编制工作重点是交通设施内容，交通组织思路由规划人员在用地布局中潜意识落实，但大部分缺乏实施的合理性与科学性，甚至缺乏明确的交通组织思路。

该模式所提倡的窄间距、高密度模式对交通组织提出更高要求，而且道路间距过小势必同地块本身的交通系统产生更密切联系，单向道路设计更是需要系统的交通组织来支撑。这就要求在控规阶段伊始就提出明确的交通组织思路，来指导道路网络构建，落实市级交通廊道布局，并与片区功能布局、用地性质形成良好互动。这就需要与控规同步开展交通工程设计规划，充分重视交通组织层面研究，并在网络构建及设施布局中予以落实。如此方能实现效率与便捷的统一。

同时，严格落实建筑综合体或单体交通影响评价制度，充分估计城市开发所带来的溢出交通需求，根据片区道路网承载力对开发强度提出反馈意见。提高建筑综合体或单体的交通设计水平，与片区路网合理顺畅衔接，尽量避免由于微观层面设计不合理所带来的交通问题。

（3）根据机动车主交通走廊确定格网形态

通常地区的机动车走廊是存在主导方向的，特别是对于新城地区而言，与主城区的连接方向即为主导交通方向。在这种情况下，正方格网形态的路网存在着导向性不足，主导方向交通功能无法保障，而次要方向存在能力过剩的问题。

建议首先通过大容量公交系统与城市空间充分协调来确定主导交通方向，然后采用长方形的格网形态，长边强化道路的交通功能，以交通性干路为主，道路两侧严格控制引导地块开发及出入口设置，负责组织主导方向长距离的机动车交通，突出"道"的功能；而短边以加密低等级集散性道路为主，缩小道路间距，负责组织地区内部集散交通，突出"街"的功能。

5.1.4 发展高质量公共交通

随着中国城镇化进程的加快，城市公共交通面临的问题将会越来越复杂，发展高质量公共交通系统对城市实现可持续发展是必要而紧迫的。

首先，现阶段中国正处在城镇化发展的关键时期，城镇化进程不断加快，每年以1%左右的速度快速增长，城镇人口每年增长超过1000万，对城市公共交通系统提出了严峻的挑战。公共交通系统是满足居民基本出行需求不可或缺的一项重要基础设施，特别是中低收入居民基本出行需求的一种社会公共服务。提供高质量公共交通系统是体现社会公平性，保障社会效益的重要方面，在社会经济发展和社会稳定方面发挥着不可或缺的重要作用。同时，出行者具有一定的出行惯性，提供高质量的公共交通系统可以强化其出行惯性。

中国汽车产业政策以及人民生活水平提高，城市机动化快速增长，高质量的公共交通系统是支撑机动化的基础。2009年3月国务院办公厅颁布《汽车产业调整和振兴规划》，提出："汽车产销实现稳定增长。2009年汽车产销量力争超过1000万辆，三年平均增长率达到10%。"为支持《汽车产业调整和振兴规划》，国务院办公厅要求加快发展城市公共交通系统，支持国家汽车产业政策。高质量的公共交通系统，是我国众多大城市引导建立合理的居民出行结构的必要基础。我国城市汽车使用强度高，2010年北京市交通发展研究中心调查数据显示，北京私人小汽车年均行驶里程为1.5万km，是伦敦的1.5倍，是东京的2倍多。国内外经验证明道路拥挤在很多大城市并不是因为所提供的道路容量不够，而是没有支持居民合理的出行方式结构，可持续发展的城市必须以公交出行为支撑。而与此同时，城市居民随着生活水平的提高，其出行需求表现出越来越明显的高质化和多元化的特征，公共交通系必须提供高质量的服务才可能实现居民出行方式的合理转化。

近年来城市公共交通发展相关法规的制定，标准规范的编制工作受到各级政府重视。2005年《国务院办公厅转发建设部等部门关于优先发展城市公共交通意见的通知》（国办发[2005]46号）等相关文件的颁布极大地推动了全国公共交通的健康发展。超过30个省市相继发布了《关于优先发展城市公共交通的实施意见》，各城市政府在中央政府优先发展公交政策的引领下，积极推进城市公交优先发展。但截至目前，中国缺乏公共交通相关法规，城市公共电汽车系统的标准规范较为滞后，多为20世纪80年代和90年代制定的标准和规范。我国现行城市地面公共交通标准中只有2项为2000年后制定，其余均为2000年前发布，其中《城市公共交通站、场、厂设计规范》等4项标准为20世纪80年代制定。城市轨道交通系统的标准规范受到较好的重视，有效地规范和引导了轨道交通系统规划、建设和运营。发展高质量的公共交通系统任重而道远。

保证高质量公共交通服务的提供，在公共交通系统规划中必须注意以下内容的设计安排。

（1）城市公共交通系统是多元的

公共汽电车、轨道交通、快速公交、穿梭巴士、出租车等多种方式共同构成了城市公共交通体系，而随着技术进步，还将有新的公交方式在城市中出现。公共汽电车系统也有公交干线、普线和支线不同的组织模式。一个高质量的公共交通系统必然是多元化的，以满足不同出行者的多元化出行需求。公共交通作为一种大众交通工具出现是由于大量的客流需求产生相同流向的走廊客流。城市公共交通不可能为特定的个人定制服务，但是在不同种类客流达到一定经济规模后，可以为该种类的需求提供特定的服务。如快速公共交通系统可以满足长距离出行者的要求，如高覆盖率的支线公交可以满足短距离出行者便捷的要求。

（2）提供与城市空间尺度、地形特征、发展阶段和居民出行习惯相适应的网络

在同一历史时期，不同的城市都会处于其特定的发展阶段，其规模、结构、用地性质不尽相同，居民的出行需求也各异。在建设过程中，任何脱离城市实际的公交网络规划都不能反映这个城市真实的交通需求，同时也是对资源的一种浪费。

城市公共交通网络通常包括两种形态：直达型和换乘型，前者考虑出行者的便捷，后者兼顾出行者出行速度和公交企业运行效率。通常而言，空间尺度较大的城市，城市居民出行因居住地点和工作地点差异较大，对公共交通系统需求分层分级现象显著，混合使用两种网络形态，兼顾出行者便捷、速度和运营公司的效率，较小规模城市则多以衔接主要客流集散点的直达网络形态组织客流。二者各有优劣，应结合城市规模、尺度和布局选用或混用。无论哪种模式，均应以为乘客提供优质公交服务为首要目的，尽可能减少乘客换乘。

（3）以枢纽整合各种交通出行之间的转化，构建一体化交通枢纽

枢纽是居民出行转化的关键点，同时也是客流服务和整合城市公交线网的关键设施。

枢纽规划和设计的关键必须以客流服务为目的，可根据周

边用地条件采用路内路外相结合多形式枢纽服务客流。枢纽点位置的选择应考虑客流的中心性，减少不必要的换乘。枢纽规划设计中应以其交通功能为主导整合其他用地，实现主要流向的零换乘。

枢纽点客流随其服务区域的用地性质不同而表现出一定差异。商业用地周边的枢纽和交通用地周边的枢纽点客流差异性对枢纽点位置的要求差异较大。商业枢纽具有较强的中心性，换乘客流不多，因乘客出行目的具有一定弹性，且此类商业枢纽多位于用地局促的老中心，可通过深港湾、多枢纽、定线定站的子母站、站点群，辅之以部分路外枢纽等多种形式的枢纽提供高质量的乘客服务。

交通用地性质周边的枢纽点的位置常因其他大型对外交通设施（如火车站、飞机场）位置的刚性而具有较强的刚性。交通用地周边枢纽由于交通方式的衔接必须产生的换乘，如航空+地铁，火车+公交，地铁+公交，中间性较强，受其他交通方式时间性的制约，交通用地枢纽点的客流对换乘时间要求较强，乘客可容忍的步行距离和等候时间较短。应按照主要乘客流向最短化原则来整合安排枢纽各类用地，实现零换乘。

（4）必要的保障措施

在政策、土地、财政、路权等各个方面体现和落实公交优先，保持公共交通行业运营的稳定、高效，是确立公共交通主体地位的基础工作，是提供高质量公共交通系统的关键。

《关于优先发展城市公共交通的意见》（国办发2005【46号】文）指出："（一）提供财政支持。城市人民政府要对轨道交通、综合换乘枢纽、场站建设，以及车辆和设施装备的配置、更新给予必要的资金和政策扶持。城市公用事业附加费、基础设施配套费等政府性基金要用于城市交通建设，并向公共交通倾斜。（二）规范补贴制度。对公共交通实行经济补贴、补偿政策。建立规范的成本费用评价制度和政策性亏损评估制度，对公共交通企业的成本和费用进行年度审计与评价，合理界定和计算政策性亏损，并给予适当补贴。对公共交通企业承担社会福利（包括老年人、残疾人、军人免费乘车，学生和成人持月票乘车等）和完成政府指令性任务所增加的支出，定期进行专项经济补偿……（四）实行用地划拨。优先安排公共交通设施建设用地，城市公共交通规划确定的停车场、保养场、首末站、调度中心、换乘枢纽等设施，其用地符合《划拨用地目录》的，可以用划拨方式供地。不得随意挤占公共交通设施用地或改变土地用途。"建设部《关于优先发展城市公共交通的意见》（建城 [2004]38 号文）明确指出："优先发展的原则，加大投入力度，采取有效措施，争取用五年左右的时间，基本确立公共交通在城市交通中的主体地位。"

从《中国城市建设统计年报》的相关年份统计数据来看，中国市政公用设施建设投资历史上长期欠账，投资绝对数额和其占GDP以及占全社会固定资产投资的比例一直偏低。中国公共交通投资占GDP和全社会固定资产投资比例虽然逐年稳步增长，但是全国市政公用设施建设投资主要投向依然是城市道路，公共交通投资占GDP和全社会固定资产投资的比例仍然很低，公共交通设施投资占市政公用设施投资的比例不合理。在2001～2006年的6年间，城市道路桥梁与城市公共交通累计投资的结构比为85.3：14.7，建设部和国务院办公厅先后下发了建城[2004]38号《建设部关于优先发展城市公共交通的意见》、国办发[2005]46号《国务院办公厅转发建设部等部门关于优先发展城市公共交通意见的通知》后，城市公共交通投资比重初步得到回升，2005年投资比重提高到14.3%，2006年提高到14.9%。随着中国大城市交通拥堵加剧，城市政府大大加强了公共交通投资，2010年北京公共交通投资占交通基础设施总投资的35%，并将进一步加大公共客运系统建设投入。但中小城市和西部城市由于城市财力不足，公共交通投资比例远低于全国平均水平。

我国多数大中城市拥有发达的常规公交网络系统，线路覆盖率高，很长一段时间将仍然是公交体系的长期主体。常规公交在车辆、管理、线路优化、路权优先等方面花费较小的投资，就可以获得较高的服务质量和效率的提升，投入产出比极高。城市在有限的资源和资金条件下，特别是中小城市和西部城市应该将更多的发展重点放在对常规公交的提升上，坚持常规地面公交稳定、健康发展，提高常规公交的运行速度、准点率、可达性和舒适性。

快速公交在南美洲国家的成功经验，给予中国城市公共交通很大的启发。近几年，中国很多城市陆续规划建设了快速公交系统，取得了良好的效果。快速公交系统已经成为中国城市公共交通系统中的一个重要组成部分。2005年12月北京快速公交1号线示范工程全线投入运营。作为中国第一条快速公交线路，北京

1号线客运效果良好。与公共汽电车相比，客运量和速度均得到了明显的改善。与轨道交通相比，建设快和投资少的特点明显，在中国具有广阔的发展前景。在已有轨道系统的特大城市中，快速公交是轨道交通系统的延伸、补充和连接；在没有轨道系统的特大城市和大城市中，可考虑以快速公交作为轨道交通系统的过渡，或者以快速公交和轨道交通系统共同架构城市快速公交系统，形成城市交通主骨架；在地质或者其他条件不适合修建轨道交通的特大城市和大城市中，可采用快速公交为主骨架来构建城市公共交通系统；在中小城市中，视具体客流需求适度发展快速公交，成为整个交通系统的补充。

与公共交通方式相比，私人机动交通方式实现了门对门的便捷运输，而公共自行车的出现则解决了公交出行最后1km的问题，进一步提高了公共交通系统的服务水平。公共自行车系统的规划建设进一步丰富了城市公共交通系统，并对提高公共交通的服务水平，增强公共交通的吸引力起到了重要作用，同时进一步促进了公共交通系统节能减排。

5.1.5 混合使用街区

混合功能开发意味着在上位规划许可的框架之内设计互相支持、互相促进、互相补充的两种或者两种以上的功能，形成相对集约紧凑的开发形式。应当说混合功能使用在城市发展史上是一种自然状态，中国许多城市的传统社区也带有明显的混合功能特征。现代城市规划产生之后，功能分区作为针对当时工业化背景下的"城市病"的得力举措得以推广。而随着人类物质文明的极大改善与城市内部生产功能的弱化，混合开发又作为针对功能分区思想的反思受到普遍重视。

街区是促进混合功能的社区开发的核心要素。以街区为设计着眼点，功能混合的方式不外乎街区间的混合和街区内的混合，设计的关键点一是在于街区的尺度把握，二是在于街区的界面设计。

街区间的混合功能开发取决于街区的尺度，街区的尺度受制于城市路网密度。道理很简单，路网宽而稀，则街区占地偏大，步行出行距离覆盖的日常活动多局限在住区内部或出入口等特定点，城市街道的公共生活缺乏人气，街道出行必然以私人汽车为主；路网窄而密，则街区规模较小，内部承载功能有限，步行出行距离覆盖的日常活动必然被"挤出"，会向相邻街道、社区扩展，配合服务设施的设置，城市公共生活趋向丰富，以步行和自行车为主的慢行交通成为主要的出行方式。基于这种小尺度的街区模式，设计可以围绕公共交通站点、核心服务设施或公共空间，进行社区尺度功能混合、地块尺度功能纯粹的街区集群式开发。

街区间的混合功能开发需要区别对待。目前中国就商业单元开发来看，混合开发深受欢迎（图5-7）。将商业、办公、居住、旅店、展览、餐饮、会议、文娱和交通等城市生活空间多样组合的城市综合体已经被认为是效率与效益的双重代表，城市形象的名片与城市功能发展的引擎。当然这一类的混合使用的难点在于混合功能开发对规划、管理、资金的要求很高，同时要求开发商具备很强的风险承受能力来处理更复杂的规划。高昂的先期费用和混合功能开发所特有的高现金流，使开发商的工作难度加大，因而需要更广泛、更精深的专业技能作为支撑。

图5-7 上海大宁商业社区混合开发案例

而街区内的功能混合开发对于居住单元而言就相对较为谨慎，并存在一定的抵制情绪，有来自住区居民的，也有来自地方政府的。居民的抵触主要来自于混合可能带来的内部安全问题与居住环境质量问题。应当认识到，就中国的传统而言，公共空间的概念一直比较模糊，"封闭"的意愿自历史传统上的合院，到计划经济的大院，再到今天有着清晰的延续性。从1986年开始至20世纪90年代末，由建设部在全国开展的"城市住宅小区试点"及"小康住宅示范小区"等项目，影响力及示范性十分强大，使以居住小区为主导的规划方式，在市场力的驱使下，能够在城市人口快速膨胀过程中有效地保障个体的居住环境质量，封闭社区模式备受国人青睐。从政府的角度来看，封闭边界的出现是政府出于有效的社会管理的需要，这是造成中国封闭住区模式的重要原因。20世纪90年代后期，在"试点小区"的规划设计及验收评估中，常将封闭性列为小区设计、管理水平的评价标准，更是直接推动了封闭小区的流行。据统计，1990~2000年，上海83%的居住小区均以某种方式被封闭起来。同期广东省封闭了5.4万个小区，覆盖70%以上城镇面积和80%以上人口。政府的抵制常常出于对社会管理的简化，譬如小区内的交通事故，交警不予处理，而由事故方自行解决，以及计划时代传统思维的影响，导致对城市管理简单粗暴。譬如禁止设置底商，禁止住宅商用，否则不予办理相关行政许可，理由往往是影响城市形象以及经营扰民等等。

深圳万科四季花城小区是以新城市主义为理念的城市边缘地区的社区开发实践，建设时间1999~2003年，道路采取"伪"小街坊密路网格局，但仍需小区外围环路与城市道路衔接，街坊内部采取组团门禁与单元门禁的"双保险"管理，商业服务设施呈T形布局（图5-8）。导入社区内部的商业街道给居民带来很大困扰，在未受到实质侵犯的前提下，居民普遍存在心理上的不安全感，并认为承担了过多的社会责任，因为商业设施同时服务周边地区。

图5-8　深圳万科四季花城小区——街坊式社区的早期实践

而事实上，如何兼顾街区外部街道的活力与内部居住的安宁，需要的不能只是"堵"，更重要的是"疏"。中观层面上，通过城市控制性详细规划，完善用地兼容性的相关规定，设置混合功能类用地，如北京的F类用地，在混合功能的"类"与"度"预留适度弹性；微观层面上，通过合理的建筑设计，实现建筑单体内的居住建筑与商业建筑的"合"而不"通"，保证居住建筑的封闭式管理。同时设计积极的城市街道界面，通过连续的底层商业界定清晰的城市公共空间。

当然商业设施的设置需要基于详细的市场调研，而不是简单的周边围合。底层商业和社区商业中心是目前国内最常见的两种形式。从消费行为的视角看，社区商业服务的重心仍是便利性。梳理社区居民的出行消费链，单纯购物与通勤顺路是日常出行两大主体。结合一般出行路线分析，社区消费的空间重心将集中在住区出入口、道路交叉口、社区公园以及轨道或公交站点周边等区域。因此这些区域也是社区功能混合、设施布局的重点考虑区域。社区商业中心一直是国内城市商业设施系统较为欠缺的一环，也造成了市民倾向于选择市级商业中心的消费习惯。而且由于缺少具有商业地产运作经验的开发运营商，已建的社区商业中心品质与人气都不尽如人意。随着国内房地产市场的成熟以及住宅地产的政策性冷却，商业地产开始逐渐受到重视，相信专业的公司也会越来越多。随着公共交通的大力推行以及许多已开发地区的商业"欠账"的"清理"，融合购物、服务以及休闲功能的社区商业中心将会弥补街区底商与市级商业中心之间"断层"。

服务于不同年龄层的养、托、教设施以及公园位于一个400m左右的步行范围内无疑是最为理想的选择。目前由于养老设施、幼托设施的市场化运作，导致可能在特定的时间段内供需失衡。这需要政府结合人口统计工作，针对人口年龄结构的变化采取提前干预。而中小学教育设施的空间平衡在规范的要求下基本是客户要求的，问题是"软性"资源的不平衡。舍近求远的"求学"为城市带来大量的接送交通，学校周边作为城市著名"堵点"已经不是什么新闻了。学校周边的交通组织应加以重视，有条件的可以梳理接送流线，规划相应的缓冲空间，设计学生专用的步行线路，并用警察或者义工加以辅助。大力推行校车制度也不失为缓解学校周边交通困局的有力举措。

由于城市地价高涨，公园绿地往往容易成为被忽视、被蚕食的对象。很多时候中国城市的绿地系统规划往往仅限于指标合理，而细节之处，如街头绿地，往往由于设计、管理不到位而成为无人光顾也无法参与的消极空间。民生政绩化所带来的公园巨型化的趋势明显，尤其是在城市新区。中国大多数城市缺乏的是中小尺度的公共空间设计，以及城市角落空间的活化设计，而不是动辄以中央、奥体冠名的巨无霸公园。在城市公园可达性水平和参与度明显较弱，外部公共空间供给不理想的情况下，公园住区内部化的趋势很明显。这也导致了需要保证住区规模，小地块住区不受青睐。公园绿地规划设计中空间上的均衡是基础。在这一基础上，公园绿地与服务重心的便捷联系、内部针对不同年龄的人群活动安排，以及景观吸引物与服务设施的设计布局与品质，有助于将人们"吸引出住区，参与到社区"，这是塑造成功社区公园的关键。

不难发现，无论是哪种服务设施，我们需要的是一种布局的扁平化，来克服现在住区内外失衡的差异，以激发更多的公共生活。同时需要更为开放的态度。城市的异质性、公共性是城市生活的精神内核。随着国内城市发展由制造业拉动转向以服务业带动，城市经济结构在不断调整之中，城市规划建设管理的思维也需要向开放化、精细化的方向转变，对待混合开发可能带来的问题逐一甄别解决，而不是"一刀切"的简单排斥。

5.1.6 根据公共交通容量确定城市密度

城市功能布局及规模必须考虑公共交通的服务能力，土地与交通系统协调发展是TOD最直接的翻译。TOD项目的规划、审查和实施涵盖的物质客体和行为主体多元而复杂，需要建立综合多种物质要素，协调多方利益的政策机制。因此，根据公共交通容量确定城市密度实际上更为重要的是一种制度设计，其实现应从规划体系建立到系统规划中切实贯彻TOD理念。

中国城市规划实践中交通系统规划通常处于配合的角色，且在城市用地规划和交通系统规划中存在一定的脱节或缺乏反馈的机制。传统的交通规划设计对城市用地修正程度和范围有限，难以充分体现交通系统，特别是大容量交通系统的综合效益，不能起到公交引导城市发展的作用。这种规划衔接上的脱节使得中国较多城市在城市外围规划超大规模且性质单一的居住区或工业区，瞬间客流强度大，潮汐现象明显，公交运营企业运营调度难度大，效率不高，而服务水平也难以提高，导致城市交通系统在后续的城市发展中长期无法满足需求，部分乘客也由此转为使用私人机动化出行方式。

根据公共交通容量确定城市密度首先需要建立以TOD为理

念的多层次城市规划体系。TOD是一项长周期、多阶段的过程，必须通过多层次的长远规划设计来引导。在规划编制、审查和实施方面全面贯彻TOD理念，将TOD规划设计的控制性原则和引导性策略作为重要的规划编制、审查和实施依据，纳入相关规划成果评价体系；编制中充分考虑城市综合交通规划和公交专项规划对交通与土地使用协调发展的反馈。审查中将TOD规划设计的控制性指标作为大容量公共交通站点周边地区建设项目的管理审批依据，使规划管理可以更好地为TOD服务。实施中将指标作为土地使用合同的一部分，约束开发建设行为。

协调公共交通的服务能力与城市开发强度包含两个方面的内容：以可持续发展交通为目标调整城市土地使用，以及根据城市建成用地改善交通系统。城市中不同地块的用地性质和相对位置，决定了居民出行的距离、方式等基本特征。提高居住和用地的均衡性，有利于减少居民出行距离，提高交通出行在空间上的均衡性，缓解潮汐交通压力，提高交通设施的利用效率。不同交通系统的服务容量差异较大，从常规公交的5000乘次/h到大容量交通系统的2~4万乘次/h，对城市开发的强度支撑明显不同。根据公共交通容量确定城市密度，应将不同的公共交通系统规划设计层次与不同的城市功能区域紧密结合，依据不同交通系统的枢纽、站点的位置和规模协调用地布局；避免城市中心、区域中心和普通城市开发区域等各级各类不同规模用地与支撑其发展的交通系统不协调而带来的公共交通系统的设施过度拥挤和设施浪费。

从用地性质的角度来说，应严格控制单一功能的大面积土地使用；大型公共建筑的布设应充分考虑对周边交通系统的影响；中国城市中心区、历史文化保护区等区域通常高度重合，改造难度大，中心城开发体量大，出行强度高，交通设施滞后，依据"土地使用牵头，交通系统跟进"模式，通过大容量公共交通等绿色交通系统的改善，道路资源向公共交通系统和步行自行车等绿色交通系统倾斜，限制其他机动车需求，提供旧城区和历史文化保护区居民优质绿色交通出行系统，同时支撑中心城发展和旧城保护。城市新建区域交通设施建设与土地开发同步，有较大的可控性。应依据"绿色交通牵头，土地使用跟进"，协调交通容量与土地使用。今后一段时期内，城市土地资源的不足仍然是城市发展的瓶颈，发展以合理分区为基础的紧凑型、高密度组团，培育大客流的公共交通运输走廊，在新的开发片区和中心区之间，应该用大容量快速公共交通相连接，避免因单一的机动车干路而诱发新的小汽车出行需求，防止城市低密度无序蔓延，有效控制由此产生的小汽车出行，减少系统行驶里程。坚持交通基础设施集约化、生态化，在土地资源的约束下，交通基础设施的发展必须建设和功能同步提升。在城市轨道、快速公交、常规公交干线等重要换乘枢纽周围和城市重要商业文化娱乐节点上，积极开展TOD规划，根据公共交通容量确定城市密度最直接的方法，是根据公共交通枢纽和站点的规模确定基于珠链式开发模式的开发强度。依据不同交通系统各级枢纽站点的容量进行地块细化，确定符合其容量要求的地块规模、开发强度和用地性质。在枢纽和站点影响区控制下限以提升站点核心区用地开发强度，积极推动与城市交通走廊或车站有关的开发，包括商业及房地产开发，对土地实行高效利用、混合开发。在运输走廊或车站附近集结高密度人口活动，进一步加强城市紧凑发展的集聚力。根据公共交通系统总量规模，确定区域外围地区控制上限以适当控制外围地区开发强度，使更多的人口和活动集中在公共交通廊道上，优化城市空间结构，同时提高步行、自行车和公共交通出行比例，促进城市可持续交通结构的构建。

5.1.7 通过快捷通勤建立紧凑的城市区域

在中国快速城镇化的进程中，大多数城市同时存在蔓延与极化两种结构。一方面，城市边缘地区在"土地导向"的"制度诱惑"下，政府主导的特定功能区和交通基础设施开发构成了城市蔓延的主导力量，并与市场主导的房地产开发力量合流"填空"。早期的城市扩张多以工业化或纯居住为动力，以对土地的最小投入获得最大经济效益为诉求，毫无疑问会形成紧贴建设区发展的"摊大饼"形态。与此同时城市中心区的公共服务、人力资源、基础设施仍在强化，以极化的形式形成城市的中心乃至国际竞争力的核心载体，始终保持着繁荣，吸引着大量的就业与服务。建设与之匹敌的新中心或者多中心所需要的资源巨大，耗时漫长。中国无论大中小城市的新城、新区建设虽然都规划有新中心，以均衡城市结构，分散就业交通压力，但除个别城市外，多数并未达到预期。一些特大城市虽已有比较详细的中心体系规划与实施，但从整体来看，仍只是中心城区核心范围内的组团划分，对调整城市结构有限，如北京的西部金融街与东部CBD地区同属于三环城市核心的范畴。当然必须正视"摊大饼"的单中心结构在一定城市规模内的经济合理性，有研究表明这与城市规模密切相关，对于人口超过500万以上的特大城市而言，多中心空间结构才是在统筹聚集效益与交通成本后的最佳形态（A.Bertaud，2003）。这一门槛仍存在争论，但随着国内城镇化进程的加速，几百万、上千万人口的城市越来越多，多中心的空间结构已经成为很多特大城市比较现实的发展方向与诉求（图5-9）。

扭转中国城市蔓延带来的外围生态恶化、耕地占用以及内城交通拥堵、环境污染等问题，需要从土地制度设计上有所作为，从现在"向规模要效益"的增量发展转向"向服务要效益"的可持续发展；需要从空间管制政策上有所探索，通过规划立法来强化城市边界划定和关键资源保护以调控城市蔓延态势；更需要从城市形态与结构上寻求支撑发展但同时优化发展模式的技术可能，其中交通是一个核心话题。

交通与城市空间形态是密切相关的。城市空间结构中蕴含的经济活动密度、功能布局和空间形态是决定城市交通需求的根源，包括决定交通需求的总量水平、交通源的空间分布和交通方式的选择。近年来针对中国城市高密度集中开发的土地使用模式和交通出行量大及道路设施不足等特点，从交通系统本身来考虑两者关系协调也逐渐形成共识。很多城市提出了交通需求管理、公共交通优先及建立大运量快速轨道交通系统等一系列交通政策，在规划方法上以交通走廊引导城市空间形态。近年随着城市规模的快速扩张，中国很多大城市的发展均面临着城市空间结构与交通发展的匹配磨合问题。诚然，当今的城市发展需要"快"，对于"快"的理解，需要正视中国城市快速增长的城市人口，无可避免的机动化趋势，日渐紧张的土地资源和极为突出的能源与环境等境况。问题的种种决定了中国许多大城市迫切需要建立起以轨道交通为主骨架的公共交通体系，提供快捷的公共交通服务，控制城市蔓延，减少个体机动化出行。同时很多城市也将发展城市快速干路作为交通战略的重要组成部分。城市轨道交通和快速干路系统也已经成为中国众多城市的现实选择，已经或者正在筹划进入大规模的快速建设阶段。在城市内部或城市组团之间，借助城市快速公共交通体系，以轨道交通、BRT交通与常规公交的组合，形成点轴发展或是环状放射的多中心体系的有力支撑；在城市或城市组团外围，以高速路或快速路沟通

北京（人口2000万以上）

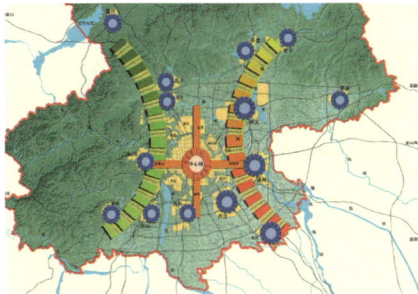

深圳（人口1000万以上）

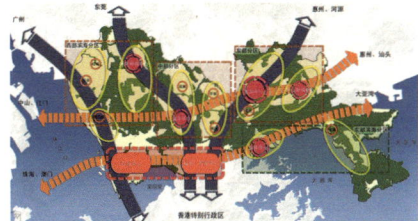

宁波（人口500万以上）

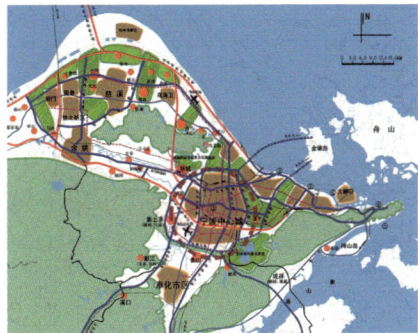

图5-9　不同规模城市的多中心结构

相邻城市组团或者母城与新城，作为快速轨道交通的补充，利用快速交通的发展来促进城市空间结构优化，缓解城市内部交通问题。

有了快捷的联系仅仅是支撑多中心发展的系列举措之一。次中心的崛起、多中心的形成关乎市场经济体制下个人的选择意愿问题，涉及次中心城市组团的功能定位、产业选择、交通联系、设施配套等诸多因素。需要城市政府在战略高度上加以抉择，在制度设计上加以支持，在资源配置上加以倾斜，在宣传营销上加以推广。必须指出快速大运量公共交通意味着巨大的基础建设投资和持续的运营维持费用，城市财政面临着相当的考验。例如地铁的建设运营，在世界范围内除了香港的依赖地产捆绑平衡，其他都依赖于政府的财政补贴。

另外，只有就业与居住就地平衡的多中心结构才具有节省通勤时间和距离的潜力，多中心的存在才更有意义，因此在规划多中心结构就要统筹考虑。平衡的实现主要受市场和政府两个力量的影响，城市规划只能在土地使用上贯彻这一理念，而住房和就业岗位的分配是在市场中进行的。通常"职"与"住"的数量的平衡（一般被称为平衡度）易做，而质量的平衡（一般被称为自足性）难测，即使建立"5km或者15min的公共交通范围"的概念也难以操作。虽然在中国政府垄断土地市场，可控制某一特定范围内的"职""住"性质的用地按比例搭配来"平衡释放"，但个人可选择的范围是整个城市。很多时候就业地点的可达性并不是影响居民居住地选择的唯一因素，甚至不是重要因素。许多其他因素，如学校质量、医疗条件、交通情况、社区环境、购买能力等，都对居住区位选择有着重要的影响，进而影响到居民的通勤模式。基于就业和居住的协同定位假设，一方面职工会根据自己的消费偏好和各种基础设施等外部条件，在一个合理的通勤范围内选择居住地，使自身效用最大化；另一方面企业在进行区位选择时也会考虑潜在员工的空间分布状况，尽量靠近目标劳动力密集区。只不过这种平衡耗时很长，而采取政府干预未必奏效。如2010年苏州工业园区一期通勤交通的调查研究则表明，虽然该区域是按照职住平衡进行规划的，但现状区域内职住分离现象却非常明显：区内现状居住人口19.8万人，就业岗位11万个，如按照带眷系数来计算，居住在区内的就业人口与就业岗位是基本平衡的，实际上规划范围内的居民出行中区外出行占据主导地位，达到总出行的60%以上，其中区外工作出行的比例更是高达80%以上，接近50%的出行采用私人小汽车，区外就学比例也达到30%，（王树盛，2011）。当然在数量平衡的基础上，追求质量的平衡也存在很大的作为空间。例如可以采取类似美国马里兰州的"居住与工作相依计划"（Live Near Work Program）的金融政策对购买临近工作场所住宅的行为提供贷款特供与利率优惠，也可以致力于教育、医疗等民生公共服务设施的扁平化与均好化发展，弱化民众的选择偏好，方便就近获取服务。

无论是多中心结构还是职住平衡理念，在中国城市交通拥堵、环境污染、房价高企、效率下降等城市病并发的当下，其出发点无疑都是积极的，其实现过程是政府干预与市场行为以及个人选择博弈的结果，因而需要在城市发展过程中长期坚持与努力。

5.1.8 通过调节停车和道路使用来增加机动性

（1）通过停车设施总量的调节，维持动静态交通之间的平衡

静态交通是整个城市交通大系统中不可分割的组成部分，停车的最终目的不是为了停车，而是为了完成交通出行。静态交通与动态交通之间存在着时空共生、相互转换的关系，动态交通的发生、吸引及其时空分布与静态交通吸引点的性质、布局、数量等因素直接相关。

通过停车手段可以调节控制整个交通系统的运行。世界上很多大城市开始转换停车供给理念，建设结构合理的基础设施，采取多样的停车需求管理措施，利用有限满足停车的需求方案，引导人们改变出行行为，引导采用公共交通方式出行，形成与交通发展协调适配的土地使用模式。这种通过停车需求管理改善交通系统运行状况的做法已是综合治理城市交通问题的公认选择。

以北京为代表的中国大城市已经认识到了上述问题的重要性，目前正在积极采取对策，在城市中心区努力通过限制停车设施的供给和提高停车收费，合理引导中心城区小汽车的使用，优化居民出行交通结构。如图5-10所示，北京目前越靠近中心城区机动车保有量和使用强度越高，这种情况在中国城市中普遍存在，从而导致了中心城区交通的过度拥堵。而巴黎等其他发展成

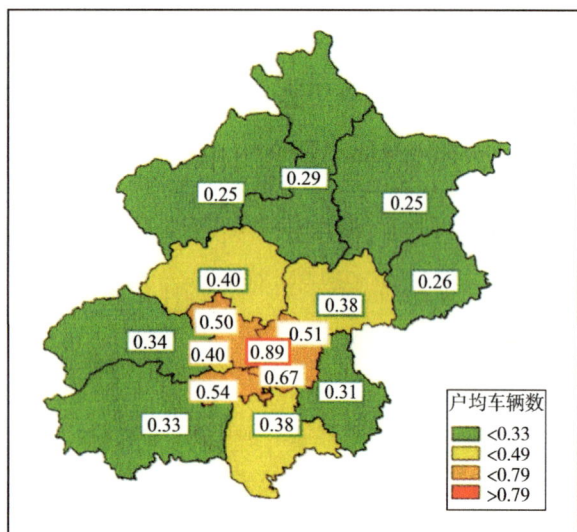

图5-10　北京小汽车保有量分布情况
（户均小汽车数量）

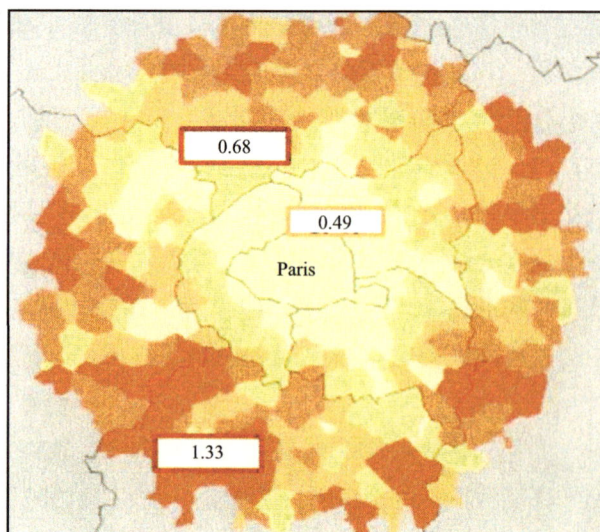

图5-11　巴黎小汽车保有量分布情况
（户均小汽车数量）

熟的城市则呈现了相反的趋势（图5-11），为中国的城市发展提供了良好的借鉴经验，其中最重要的一条就是中心城区停车设施和停车收费政策方面的经验。

随着中国机动化水平的不断提高，中小城市也逐渐面临着停车难、交通拥堵的考验，但是这类城市与北京这样的特大城市面临的情况有所差别。在特大城市、大城市，停车重点应该是交通需求管理为主，中小城市应该在机动化起步阶段，未雨绸缪，以推进停车设施建设、弥补历史欠账为主，逐步建立规划、建设、管理一体化的停车政策体系。

（2）建立规划、建设、管理一体化的停车政策体系

仅将停车视为工程规划问题是不足的，应将相关停车设施作为交通资源，以可持续发展和协调发展的观点来处理对待。需要将停车规划、建设、管理一体化地纳入城市交通管理甚至城市综合管理之中，将停车管理作为城市交通需求管理的重要手段来实施。

建立一体化的停车政策体系，才能从根本上把握和控制停车发展方向，进而把握交通系统全局发展方向。国内外成功的经验表明，只有具备完善的政策法规，使停车设施的规划建设管理有法可依、有章可循，才能保证停车的健康发展（表5-2）。

国外典型的停车管理对策　　　　　　表5-2

停车管理措施	主要内容	实施地区
区域差别化收费	对重点地区或拥堵地区，路侧停车收取较高费用	世界多个城市，伦敦、纽约、东京、巴黎等
区域差别化供给	设置停车泊位上限，控制停车供给规模	
时间差别化停车费	停车时间越长，单位小时价格越高	美国多个城市
市中心时间限制	只允许短时停车	英国多个城市
禁停车道	高峰时间禁止路侧停车	英国多个城市
高承载车辆优先停车	合乘车辆优先停车	美国多个城市
降低停车配建标准	降低最低停车泊位标准	伦敦、西雅图
停车税	对企业自建停车场、公共停车场和商业中心停车泊位征收高额税	美国、欧洲及大洋洲多个城市
停车位换现金	员工如放弃停车，企业向员工提供与停车费相当的现金补贴	美国多个城市

目前停车政策中，停车建设资金短缺，投资回报周期长的问题非常突出，因此如何建立多元化融资渠道，推进停车设施建设融资的市场化，鼓励民间资本进入停车设施建设市场非常关键。

（3）建立配建停车为主体停车设施供应策略

停车需求管理补偿了停车的社会成本和交通拥挤的外部成本，不仅优化了停车活动，还削减了交通量，减轻了城市道路上的拥挤程度。停车需求管理可能会给交通产生、分布、方式选择和交通分配以及驾车者的停车选择行为带来变化。经济措施在停车需求管理对策中效果最明显。

北京市在尝试了多种缓解拥堵的手段之后，也逐渐意识到必须将停车手段作为综合治理交通问题的重要抓手。2010年12月，北京颁布了最新的治堵措施，其中的重要组成部分就有整治停车，而停车收费调整更是唯一的经济调控方案。2011年4月，北京市交通委会同相关部门和区县政府，全面实施了停车价格调整方案。新政实施以来，市民出行方式发生着积极变化，缓解交通拥堵作用初步显现；停车管理服务和秩序总体良好，违法停车行为得到了有效控制。随着优先发展公共交通、小汽车总量调控以及停车收费新政等一系列缓解交通拥堵综合措施陆续实施和不断深化，城市交通运行情况初步得到改善，中心区拥堵状况有所缓解，具体表现在以下几个方面：

1）进入中心区的小汽车数量减少，市民乘坐公交出行比例有所上升。一类地区35条取样路段，流量下降的路段有29条，平均降幅达12%；工作日公共交通日均客运量达2144.56万人次，比上年同期上升了3.3%，环比上升了1.75%。

2）交通拥堵指数明显下降，城市中心区拥堵状况有所缓解。五环内工作日高峰时段平均交通拥堵指数，比上年同期下降了26.9%，环比下降了11.3%；三环内工作日高峰时段平均交通拥堵指数，比上年同期下降了12.3%，环比下降了7.2%。

3）停车场位停车数量明显下降。停车价格调整后，路外地上停车场每车位平均停放车辆数总体下降19%，其中一类地区下降22%，二类地区下降21%，三类地区下降10%。重点区域路内停车场早高峰期间每车位平均停放车辆数降低12%，停车位利用率下降23%。

日本东京中心城区提高停车收费后，缓解了中心城区的小汽车交通压力。据统计，东京居民的停车支出占月收入的1/3（图5-12）。

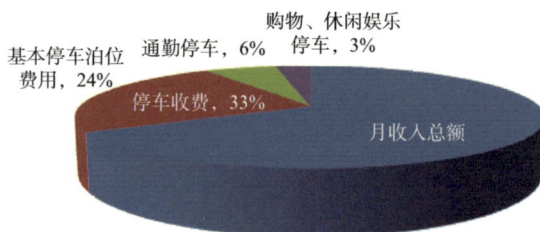

图5-12　东京居民停车支出占月收入情况

英国伦敦通过完善路内停车收费政策，协调动静交通之间的干扰，有效缓解了路面交通压力（图5-13）。

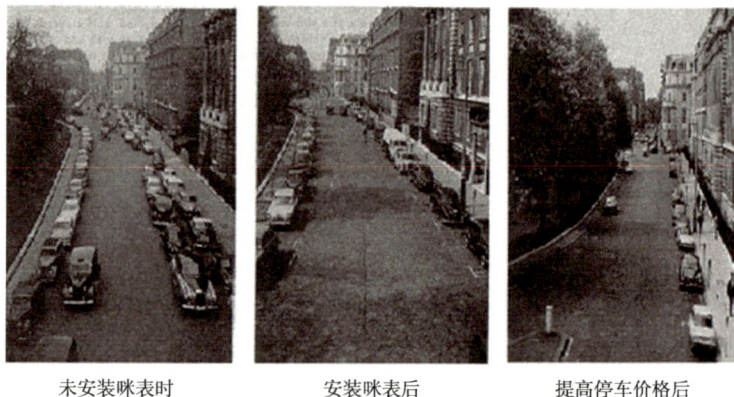

未安装咪表时　　　　安装咪表后　　　　提高停车价格后

图5-13　伦敦路内停车收费的效果对比

（4）建立配建停车为主体停车设施供应策略

国内外经验教训表明，依靠公共资源解决停车问题早已不能适应土地资源紧张的现实。只有形成以配建停车为主体，合理调整路外停车泊位和公共停车泊位的比重，适应城市交通体系发展要求，合理安排配建指标来指导各建设项目（住宅、商业、办公、宾馆等）的停车位建设，才能确保停车系统和城市的发展相协调。

中国城市需要确立停车配建设施主导地位，以适应机动车增长、分区协调停车需求，引导出行方式，制定并严格落实配建指标。由于中国人口众多，土地资源紧缺，配建停车供给形式多样，例如在现有停车设施基础上进一步挖潜，建设立体车库，各类用地和公共设施之间泊位共享等等。

公共停车设施的规划建设应与城市发展和交通发展相协调，在适度满足地区停车需求的同时，发挥对停车需求的调节作用，逐步创建良好的城市停车环境。结合优先发展公共交通的思路，突出公共停车换乘枢纽发展，有条件的城市可尝试换乘停车设施（P+R）建设规划方案。出台适当的鼓励政策，将公共停车泊位的建设融入建筑物的建设当中，使建筑物在满足配建标准的同时，代建部分公共停车泊位，实现共享停车，节约停车资源，提高停车位利用率。图5-14为苏州核心区公共停车场布局，其中苏州古城内停车场规模控制在150泊位以内，服务半径不超过300m，遵循了小而密的布局原则。

作为路外停车有效的补充，路内停车设置灵活、使用方便，能够充分利用道路空间资源，很好地满足短时停车的需要。由于路内停车发生在承担交通功能的道路上，降低了道路通行能力。国内对于路侧停车，定位于通过管理手段规范秩序，保障与动态交通的和谐发展。实践过程中需要对道路类型区别对待，不同功能的道路路内停车泊位的原则也有较大差异。其中交通功能的道路应该严格禁止路内停车，尤其是高峰时段路内停放；服务功能的道路可以适当满足短时停放需求；支路或者临时停放需求集中的道路应该提供路内停车泊位，但是对停车时间应该进行限制。

目前国内配建停车泊位以物业的开发商为主体建设、管理和运营，公共停车场以政府委托给特定单位为主建设、管理和运营，路边停车场主要由交警施划、管理。各类停车设施建设管理主体不同，需要在明确配建停车为主体的总体思路前提下，从体

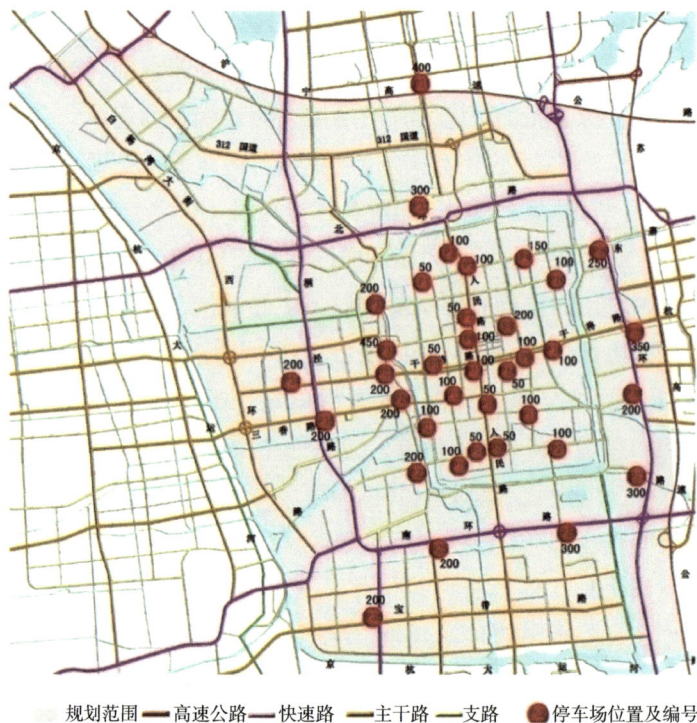

规划范围 ━━高速公路 ━━快速路 ━━主干路 ━━支路 ● 停车场位置及编号

图5-14　苏州核心区公共停车场布局

制和政策上整合各类停车设施的规划、建设、管理和运营，确保各类停车设施之间的功能协调。

5.2 低碳城市规划的实施机制

5.2.1 规划编制的实施机制

按照前文提出的低碳城市空间规划原则，需要从城市规划编制内容、相关技术规范和技术导则等方面进行优化、细化，落实到规划编制成果。

（1）基于TOD的各层级规划编制内容完善

目前城市规划编制内容是以功能分区为理论基础，将城市解构为生产、生活、交通、游憩四大功能，并以此为基础构建城市各子系统，由于缺乏各功能之间的联系，难以满足城市低碳发展的要求，需要加强土地使用与交通等功能之间的有机联系，倡导交通引导发展理念，促进低碳城市空间的形成。

本书提出的基于TOD发展原则和方法，将对城镇总体规划及以下各层级规划编制内容体系产生影响，对照《城市规划编制办法》的各层级规划编制内容，主要可增加以下编制要求：

1）城镇总体规划层面，在TOD发展模式引导下，空间布局规划应切实贯彻交通引导发展的理念，与公共交通枢纽结合构建城市中心体系，以交通减量为目的，优化空间布局，提倡用地适度混合布局，合理提升土地开发强度。在交通体系构建方面，切实贯彻"以人为本，交通引导"的发展理念，强调小街区路网，强化并充分落实公交优先，关注慢行交通，构建步行和自行车交通网络。结合交通网络和枢纽建设综合考虑用地布局，有需求的城市还应加强城市轨道交通系统的规划或研究。

2）控制性详细规划层面，通过TOD发展模式引导，在空间布局优化方面，一是交通引导用地布局优化，即优化调整大运量公共交通沿线的用地功能，鼓励商业、居住等就业岗位多、人口密度大的用地布局，尤其是轨道站点或主要公交枢纽周边土地，应该紧凑利用、高强度开发；二是混合用地的设置，即在一定范围内混合布局居住、商业、办公以及其他功能，通过功能的适度混合，引导"慢行尺度"出行，有效降低出行距离，提升出行效率；三是各级中心体系（公共服务设施）、学校（尤其是幼儿园、小学）等的合理布局，基本公共服务体系应使居民能够在慢行尺度内方便到达，促进交通减量。在交通组织方面，落实城市总体规划中交通引导发展的要求，深化细化道路网络，促进小街区的形成，保障公交优先和慢行友好，合理布局停车场和公交首末站等交通设施，制定分区差别化的停车调控策略，积极引导小汽车"合理拥有，理性使用"，优化交通出行结构，是控规层面落实绿色交通体系构建的重要内容。

3）修建性详细规划层面，通过TOD发展模式引导，空间布局应在满足建设项目功能布局、环境景观要求的基础上，结合当地的公共交通组织、周边建设影响等因素，综合考虑规划地块内的总平面布局、建筑密度、建筑朝向、建筑间距、建筑高度、建筑群体空间组合等内容，使规划方案与当地公共交通条件相适应，引导低碳出行。在交通流线组织方面，应在综合考虑规划范围外部交通和内部功能分区联系的基础上，结合内部交通流线组织，妥善布局出入口和地面、地下停车设施，同时应重视慢行空间的组织，为人行、车行创造安全、舒适的通行环境（张泉等，2011）。

（2）与城市规划相关规范、标准的适应性

1）与相关规范、标准的协调。本书提出的八条基于TOD发展原则和方法，部分要求与国内现行的相关规范、标准存在不适应性。比如在"设计适宜步行的街道和人行尺度的街区"原则中，提出所有主要道路两侧保证至少3m的步行道，与《城市道路设计规范》（CJJ37—90）"路侧带宽度及人行道铺装结构"章节规定的中、小城市人行道最小宽度为2m的要求不一致。在"自行车网络优先"原则中，提出非机动车专用车道在城市内间距不超过800m，与《城市道路交通规划设计规范》（GB 50220—95）"自行车道路"章节规定的自行车专用路1000~1200m的间距要求不一致等。

本书提出的8条基于TOD发展原则和方法，部分内容在中国的相关规范、标准中尚未有体现，比如在"设计适宜步行的街道和人行尺度的街区"原则中提出的新建地段街区长度控制在150m以下，在"提高道路网密度"原则中提出的规划每平方公里交叉口至少为50个，在"发展高质量公共交通"原则中提出的所有的居住、就业中心要设置在公交节点的400m服务半径内及区域公共交通节点的1km服务半径内，在"通过调节停车和道路使用来增加机动性"原则中提出的在主要就业区域将停车位比例限制在0.2个/人等，目前在相关规范、标准中尚没有明确要求。

为使本书提出的基于TOD发展原则和方法得到有效落实，首先应积极推动国家层面的相关规范、标准的完善，其次可以通过地方性的技术导则和管理技术规定等的完善，修改有冲突的内容，增加尚未明确的相关内容，使本书提出的原则和方法与国家相关标准、规范及地方性技术要求有机协调，并指导规划编制和管理，保障相关原则和方法得到有效落实和实施。

2）通过编制导则进行落实。由于国家层面的规范、标准调整需要较长的周期，地方性技术导则和技术管理规定具有一定的灵活性，本书提出的TOD发展原则和方法，可以结合各省、市的规划编制导则的修编，进行落实，具有较强的可操作性。

"通过快捷通勤建立紧凑的城市区域"原则，提出的将新区开发尽量靠近现有的建成区，避免城市无序蔓延，在短程通勤距离内设置居住和就业的混合布局等要求，可以纳入总体规划编制导则。

"设计适宜步行的街道和人行尺度的街区"原则，提出的创造易于步行穿行的街区，控制新建地段街区长度，"使用街区"原则，提出的鼓励居住和服务功能的混合、提供可达的公园、社区中心和公共空间，"公共交通容量确定城市密度"原则，提出的根据公共交通服务能力来按比例分配开发密度，在就业中心设置包含日常功能需求的混合街区等要求，可以纳入控制性详细规划编制导则。

"自行车网络优先"原则，提出的街道设计要考虑自行车的安全舒适，创造非机动车专用道路和景观绿道，鼓励自行车出行，"提高道路网密度"原则，提出的每平方公里交叉口数，支路采用宁静化交通措施，创造多种断面的道路网络系统，为不同性质交通流提供选择，"发展高质量公共交通"原则，提出的保证高频率、直达式快捷便利公共服务，公交节点设置保证在居住、就业、服务中心的步行范围内，可以纳入综合交通规划编制导则，部分可纳入控制性详细规划导则的综合交通内容。

以《江苏省控制性详细规划编制导则（2012年修订）》为例，在地块划分章节，指出地块规模应适应城市交通规划所确定的支路网密度要求，并与区位、用地类型、开发控制要求等相适应；住宅街坊的规模以合理的城市支路网密度和适宜的整体开发规模为控制依据，旧区、公交优先发展区宜 $2 \sim 4\text{hm}^2$，其他地区一般不超过 8hm^2。在综合交通章节，强调公交枢纽边用地开发引导，根据公交换乘枢纽功能、等级及区位条件，合理布局用地，适当混合并提高开发强度；构建慢行交通网络，确定通勤、休闲等不同功能慢行线路的走向，确定自行车停车和租赁设施的规模，明确交通稳静化的实施区域等。同时《江苏省控制性详细规划编制导则（2012 年修订）》新增"低碳生态"章节，重点考虑职住平衡、紧凑开发和功能复合，职住平衡分析现状就业岗位与居住容量的关系，通过调整用地类别和布局，优化职住平衡关系，缩短通勤交通出行距离，促进交通减量；紧凑开发，以公共交通引导城市用地开发，合理提高公交枢纽、站点和走廊周边土地开发强度，形成较高的居住人口密度、就业岗位密度和公共设施集聚度，促进提高公交出行比例；功能复合，鼓励可兼容用地适度混合开发，构建级配合理、布局均衡的公共服务设施和开放空间体系，形成有利于慢行交通的用地布局，减少机动交通出行。

5.2.2 规划管理的实施机制

（1）当前城市规划实施管理基本制度

城市规划实施管理是依据法律法规规定的程序和经批准的城

市规划，采用法制的、行政的、社会的、科技的管理方法，对城乡发展的各类用地和建设活动进行统一安排和控制，引导、调节和监督各类建设活动有计划、有步骤地协调发展，保证城市规划实施的过程。城市规划实施管理是以依法实施城市规划为目标，行使行政权力的形式和过程，是城市规划制定和实施的重要环节。进行城市规划实施管理，要遵循法制化、公开化、合理性等基本原则，并严格依据经批准的城市规划、相关法律法规和政策文件、技术标准规范等进行。城市规划实施管理的核心作用，是在法律法规和技术标准框架下，科学合理地安排各项建设，引导、调控各类用地和设施合理布局，把规划意图落实在地块上，实施经批准的城市规划。

依据《中华人民共和国城乡规划法》，当前中国的城市规划实施管理通过建设项目选址意见书、建设用地规划许可证、建设工程规划许可证（一书两证）的核发来进行。"一书两证"的管理和审核程序，不仅要落实控制性详细规划等确定的规划要求，在具体地块的管理中将规划要求进行细化、深化，还要根据实际情况补充上位规划中没有涉及的规划要求，并对其他行业的相关要求进行统筹把关。

建设项目选址规划管理是规划实施管理的首要环节，是城市规划行政主管部门根据城市规划有关法律、法规，对于建设项目拟选位置通过审批或许可的方式进行确认，以保证各项建设能够符合城市规划的布局安排。建设项目的选址与自然环境、功能布局、基础设施、交通设施等密切相关，很多情况下，选址不仅对于项目自身的发展有决定性作用，而且对于城市布局结构也有深远影响。

建设项目用地规划管理是城市规划行政主管部门根据城市规划和有关法律法规，对于城市、乡镇规划区内建设项目提供规划条件，核发建设用地规划许可证等各项行政管理工作的总称。其核心是保证城市、镇的土地使用严格按照城市规划进行，合理用地，节约用地，提高土地使用效率。

建设工程规划管理是规划实施管理中具体安排各项建设活动的重要管理环节。是城市规划行政主管部门根据城市规划和相关法律法规、技术规范，对城市、镇规划区内各项建设活动进行组织、控制、引导和协调，审查修建性详细规划、建设工程设计方案等，使其符合城市规划，核发建设工程规划许可证等各项行政管理工作的总称。建设工程规划管理应当正确组织、指导、调控道路交通、市政管线，以及各种用途的建筑物、构筑物，综合协调各方面关系，保证城市规划实施。

经过长期的实践，"一书两证"的城市规划管理制度基本能实现落实城市规划意图的目标，并能与其他相关部门的管理环节进行有效的衔接。

（2）现行城市规划管理制度的问题

但是，由于"一书两证"制度现有的管理内容是基于原有的规划理念和方法，如果要实现低碳城市空间规划和绿色交通的要求，各个工作环节的审查内容和标准都显得有所不足。

1）在建设项目的选址规划管理阶段，基本管理要求是保证建设项目选址布局符合城市规划，综合协调建设项目选址的各种矛盾，促进项目建设顺利进行。申请材料一般限于选址申请书、项目建议书批复文件（批准类建设项目）或项目申请报告（核准类建设项目）、标明拟选位置的地形图等。主要审查内容包括拟选位置是否符合经批准的城市规划，是否与交通、市政等各类基础设施、公共设施相协调，是否满足环境、风景名胜、历史文化保护的要求等。主要管理程序是建设单位提出申请，规划行政主管部门审核有关材料，符合城市规划的核发选址意见书或者审批文件。以上管理要求、申请材料、审查内容和管理程序，均没有明确体现低碳城市空间规划的原则和要求，有待改进。

2）建设项目用地管理阶段的核心环节是出具规划条件。当前规划条件的内容一般包括地块位置、范围、面积、使用性质、容积率、建筑密度、建筑高度、建筑退让、绿地率、出入口方位、停车泊位，以及必须配置的公共服务设施和市政基础设施、地下空间开发利用等规划要求，有关规划引导要素等。对照绿色交通、混合用地等规划原则，上述规划条件存在内容不齐全，对已有要素重视不够，有些指标的确定不尽合理等问题，有待补充完善、优化调整。

3）在建设项目工程规划管理阶段，基本管理要求是有效指导并保证各类建设工程按照规划有序进行建设，维护社会公共利益、建设单位和个人的合法权益，综合协调各有关部门对建设工程的管理要求，促进建设工程顺利建设。主要申请材料包括建设项目批准（核准、备案）文件、使用土地的有关证明文件、建设工程设计方案或者修建性详细规划、建设工程施工图设计文件等。审查内容主要是建筑工程、道路交通工程、市政管线工程是否符合有关规划、法规和技术规范等。主要程序是，建设单位申请规划要点、编制建设工程设计方案或者修建性详细规划，提交规划部门审定；建设单位依据审定的建设工程设计方案或者修建性详细规划制定施工图设计文件，提交规划部门审核，符合规划要求的，核发建设工程规划许可证。对照低碳城市空间规划和绿色交通的要求，当前建设工程规划管理的审查内容和程序是不完整的，有待优化。

（3）规划管理各个环节的改进

为了落实低碳城市规划和绿色交通的意图，将各项规划要求落实到实施管理中去，需要对目前的城市规划实施管理工作提出改进建议。

1）建设项目选址意见书阶段，应当深化审查建设项目是否满足混合用地、绿色交通等低碳城市空间规划要求，并通过交通影响分析等内容审查，确定建设项目选址是否科学合理。不能满足混合用地和慢行交通要求的，不应当同意建设项目选址。因此提交的材料上，可以考虑增加混合用地、交通影响分析报告以及其他有关材料等。在审查内容上，应当更加注重是否满足混合用地和绿色交通要求。在管理程序上，规划行政主管部门可以提前公告，对于特定类型的建设项目，建设单位提出选址申请时一并提交关于混合用地和慢行交通规划的说明材料，规划行政主管部门一并审核；符合要求的，核发选址意见书或者审批文件。

2）建设项目用地管理阶段，规划条件的内容应当体现绿色交通、混合用地等要求，并根据项目具体情况，研究公交线网和站点覆盖率、步行交通组织、用地功能混合、结合公交线网布局合理确定建设强度，根据不同交通分区确定停车容量等方面的内容，提出相关规划要求和指标，促进规划建设的科学化，提高经济、环境效益。比如对特定区位的建设用地，强调居住和公共管理、商业服务设施等功能的混合，促进居住–就业平衡和交通减量；比如针对城市中心区，合理控制停车设施容量和配建标准，控制机动车交通，强化公交站点密度以及与步行系统的衔接；对于居住、公共管理、商业服务等用地，强调公交站点覆盖率和地面人行交通的组织，营造公交优先、慢行友好的交通环境等。

3）在建设项目工程规划管理阶段，应当重点审查建设项目落实规划条件（出让条件）确定的绿色交通、混合用地等要求和指标。根据项目特点，可以明确要求建设工程设计方案（或修建性详细规划）成果中应包括功能混合、建设强度、公交衔接、步行交通、停车容量等专篇说明。在审查内容上，建议补充以下几方面的内容：是否满足混合用地、交通减量的要求，是否满足公交线路与建设强度相匹配的要求，是否满足公交站点覆盖率、步行交通组织、停车设施容量控制等绿色交通的规划要求。在管理程序上，建议在建设工程设计方案（或修建性详细规划）审查时一并审查规划条件（出让条件）确定的规划要求和指标的落实情况。

（4）低碳城市规划实施管理的制度化建议

以上关于规划实施管理的改进建议，有待在规划管理工作中逐步探索和落实。为适应规划实施管理的法制化、公开化要求，各个规划管理环节都需要进一步制度化、规范化。

在选址规划管理阶段，城市规划行政主管部门可根据本地实际情况，完善各类建设项目的选址管理制度，明确为落实低碳城市空间规划要求需要重点审查的建设项目类型、范围和需要提供的材料目录，如交通影响评价和其他有关分析报告等。建设单位在申请选址时，一并提交相关报告和说明材料。

在建设用地规划管理阶段，可根据建设项目具体情况，在拟定规划条件时适当增补规划条件内容。对于以划拨方式取得土地使用权的建设项目，需要根据规划条件对总平面图进行审查；对于以出让方式取得土地使用权的建设项目，低碳城市空间规划的相关要求应当纳入出让条件，并在后续的建设工程规划管理阶段进行审查落实。总平面图审查应当依据规划条件或出让条件进行，不能满足条件要求的应当修改，经审查合格后方可核发建设用地规划许可证。

在建设工程规划许可证阶段，关于低碳城市空间规划的内容主要在建设工程设计方案（或修建性详细规划）阶段进行审查。建设单位提交的建设工程设计方案（或修建性详细规划）成果应包括功能混合、建设强度、公交衔接、步行交通、停车容量等内容的专门说明，城市规划行政主管部门对建设工程设计方案（或修建性详细规划）以及低碳城市空间规划的有关说明进行审核，经审核符合规划条件，方可进行后续的施工图设计。城市规划行政主管部门对施工图设计文件的规划审查，主要关注有关指标和建设工程设计方案（或修建性详细规划）中有关要求的落实。不满足低碳空间规划要求的，不应核发建设工程规划许可证。

6 案例介绍

6.1 呈贡新城

图6-1-1 昆明呈贡新城规划设计鸟瞰图

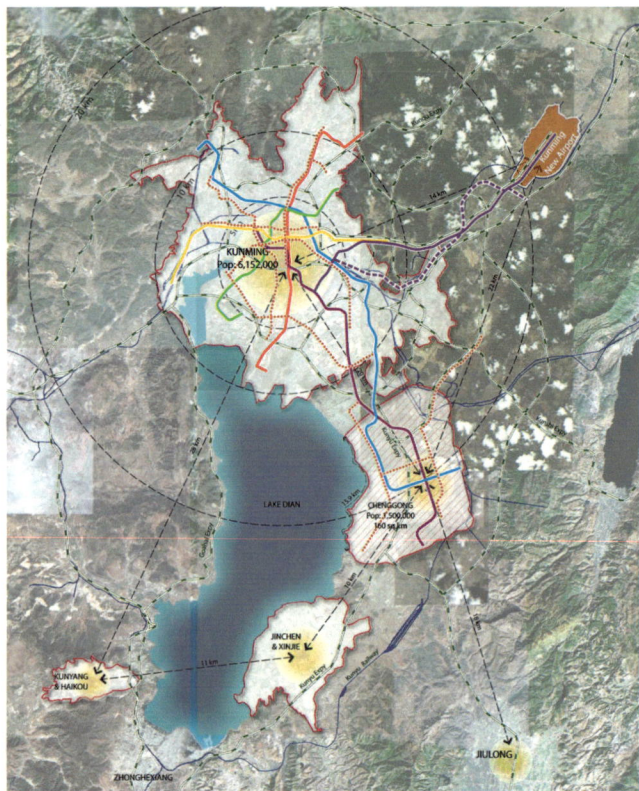

图6-1-2 昆明呈贡新城区域位置

过去的十年中，云南省省会城市昆明扩张迅速。四个规划新城中最大的呈贡将会成为新的行政区和云南大学的新校园所在地（图6-1-1）。新城的地点位于昆明市中心西南15公里处，占地160平方公里，从东部山脉山麓向西延伸到风景如画的滇池湖畔（图6-1-2、图6-1-3）。

目前，呈贡的人口估计有30万，未来二十年的规划人口会达到150万，混合使用片区包含62.5万个就业岗位。认识到这一地区的生态财富，该地区的开发原则基于推广"低碳城市"。健全的公交网络包括若干快速公交系统（BRT）线路和两条地铁线，将会把呈贡和老城区及其他区域结合为一体。

呈贡重要地位的一个体现在于规划中的位于昆明火车站的高速火车枢纽，完全投入使用后，估计它将每天服务20万乘客。其三条高速铁路线将昆明与上海、重庆和广西联系起来。估计到2020年，年乘客量将会达到3120万，到2030年达到4400万。该铁路网还会跨越边界延伸至东南亚国家。

该新城的另一个关键发展要素是云南大学的新校区，它是一个重要的教育、科研和相关领域的中心。它将会使呈贡成为整个地区的知识基地。它会综合学术和科研设施以及教师和被安置村民的住宅。总共会有15万名学生，大约2万名教师分散在1500多公顷的若干院校中（图6-1-4）。

呈贡的现有发展遵循"超大街区"模式（图6-1-5），在平均每边500米的地块中设置带有门禁的、单一使用性质的区块。通常街区充满了单一重复的建筑物，街道不适合行人和自行车使用，部分地区搭建起了临时商铺来满足人们日常所需（图6-1-6）。

图6-1-3　昆明滇池

6.1.1 核心区TOD片区设计

呈贡核心区的规划是本文所述规划方法以及介绍中所列设计

省政府

省政府内的绿化

昆明火车站

云南大学

图6-1-4　昆明新区的现状和规划开发情况

图6-1-5 呈贡现状的超大街区开发

图6-1-6 呈贡现状的超大街区开发。尽管大楼盘的布局和设计抑制了临街商铺（如左图），但部分地区仍搭建起了很多临时的商铺（如右图），体现了人们对于这些服务的需求

原则的一个很好的范例。在总规层面，通过规划总体的职住平衡，提供丰富的公共交通机会，新城符合可持续的低碳设计的基本准则。但是，它缺少的是适于步行的、混合使用的住宅区和公交中心。整体而言，它是紧凑、密集的，有多条公交线路和多种技术为之服务。这些特征将这个设计完善成为一系列TOD片区。另外，其建筑布局重视自然环境，从而保护和强化了湖畔以及当地山岭和周围山脉的自然地形。

考虑到这种基础框架，新城规划诠释了可持续设计如何能

图6-1-7　呈贡核心区城市设计鸟瞰图

够应用于"正在进行"的开发区域。首先在总规中有TOD片区，排除了一些学校专用区域和工业用区域。然后，确定现状下已定的开放空间和区域。仍然有四个潜在TOD区域符合第2章定义的土地使用和公交准则。这四个TOD片区中，"核心区"被选定在控制性规划层面进行规划设计（图6-1-7）。

这个"核心区"的周边有西面的高速公路、北面的开放空间和现状行政开发区以及南面的大学区。它有两条地铁线，有6个站点，其中之一是连接两条地铁线的重要换乘枢纽（图6-1-8）。另外，还有多条BRT路线和除高铁站之外的多个公交枢纽。总之，这个丰富的公交网络形成了前文中定义的一个"主中心"，四个"次中心"和七个"组团中心"。然后，根据这些站点区域及其公交承载量确定了整个核心区TOD片区内的开发容积率和混合度。

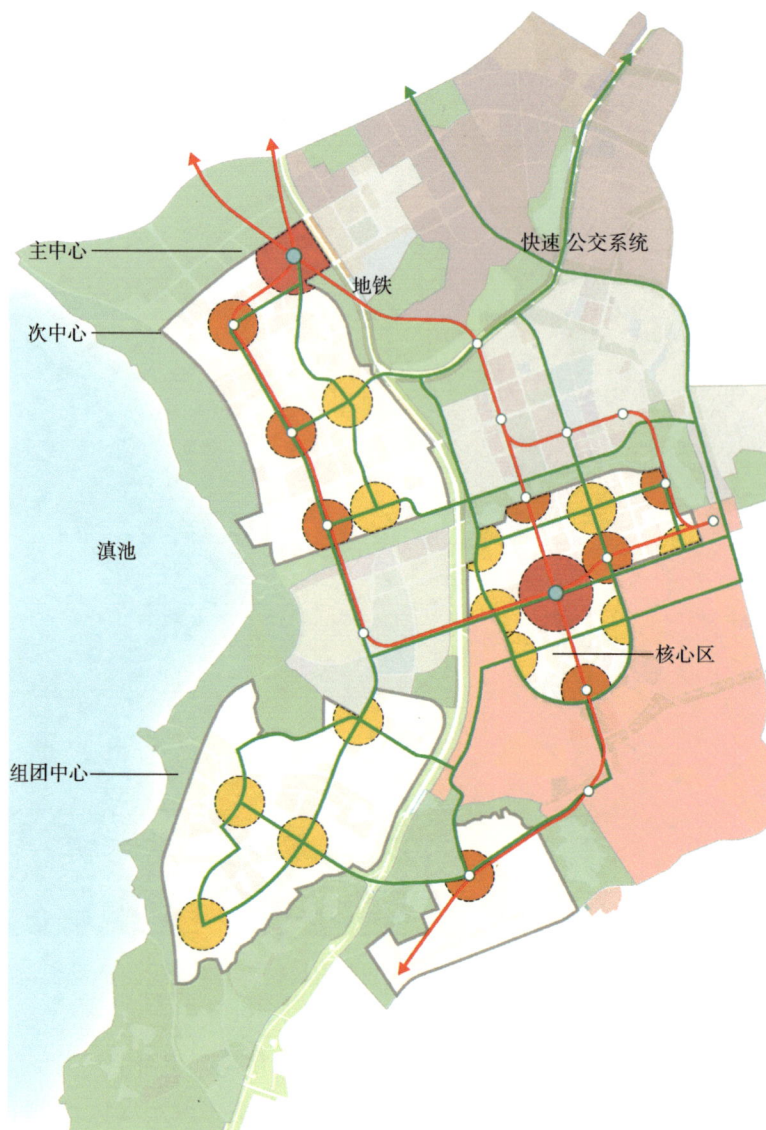

图 6-1-8　呈贡新城中的公交先导区和中心

6.1.2 控规

在片区内指定公交中心后，将采用城市格网以及"小街区"规划来制定开发。

因为原有的超大街区道路网络的建设已经在进行中，道路路权分配甚至在一些情况下已完成的道路必要时会被修改。首先，中心主干路彩云路为十车道，路宽超过80米（图6-1-9），将被修改成一系列线性公园，每侧有小的单向二分路（图6-1-10）。在未来，这一新城的轴线将不再是以汽车为主，而是适宜步行、自行车和公共交通的开放空间。

其他主要过境道路将被分解为单向二分路，有较大的机动车承载量而不会成为行人的障碍。添加了许多非机动车道路，为骑自行车的人和行人提供更多选择。最后，添加了支路以强化各个地块的通达性。其结果是一个人本尺度的街道和街区系统，平均每平方公里有50个交叉路口，平均每个街区1.5公顷。行人到达任何一个交叉路口的距离不超过70米，并且行车道的穿行距离不超过12米（图6-1-11）。

重新设计的道路断面为行人提供了更宽阔的空间，为自行车提供了安全、有保护的车道。并且，同样重要的是，要求在人行道沿街面设计有商店、咖啡馆以及其他有用的底层沿街面活动。街道生活和步行的便捷性是新的道路网络的核心。

图6-1-11（a） 公共交通规划图：红色线为地铁，蓝色线为快速公交系统

图6-1-9 规划中的十车道，80m断面的彩云路

图6-1-11（b） 通过单向二分路构筑的主干路网能够在确保高效率的交通流的同时保证街道的人本尺度

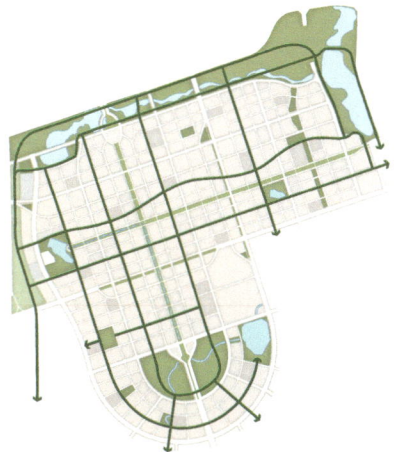

图6-1-10 建议改造彩云路断面，街景示意

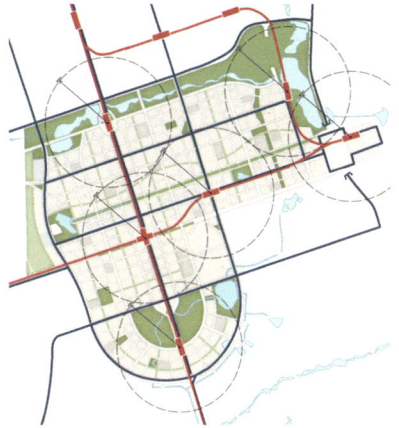

图6-1-11（c） 步行自行车道系统为步行和自行车交通提供了辅助性的交通网络

接下来，人的尺度的街区由六个典型的"小街区"组成，住宅街区容积率为2.7至4.0，商业街区容积率为4.0至8.0。每一个"小街区"都有一系列设计标准，以确定一般开发控制准则，以及一系列详细的城市设计标准，确保每个开发项目都具有人的尺度，实现该片区的低碳目标。通过在公交枢纽聚集高密度开发和商业"小街区"，合理分布公交枢纽附近的工作岗位和住房，片区拥有丰富的天际线。最重要的是位于两条地铁线换乘枢纽周围的大约一百万平方米的商业区。这一区域成了新城的高效中心商务区和商业目的地。

最后，民政设施比如公园、学校和公用设施，应该设于便于非机动交通到达的位置。穿过核心区的带状公园为此提供了总体框架和主要导向。最终达到"任何孩子走不到400米就能到达学校或当地的公园，居民走不到400米就能到达公交站点"的结果（图6-1-12～图6-1-15）。

简言之，呈贡新城核心区的设计证明了本指南八项原则的目标和准则：

图6-1-12　呈贡核心区的设计将高密度开发围绕在地铁站周边布局

图6-1-13 呈贡核心区规划图

1. 以新的道路系统和土地使用标准为中心改善了步行和街道生活，使步行舒适便捷。

2. 通过提供密集安全的自行车路线及非机动车街道，自行车出行成为该片区的首选。

3. 密集的街道网络和小街区提供了多变的、人性化环境，提供了多种出行方式的选择。

4. 多条公交路线和以公交站点为中心的开发模式有利于平衡出行、提供简单有效的公交利用方式。

5. 在整个TOD片区设计混合使用功能，以提供支路的街道生活和短途出行的可能。

6. 通过在最高容量的公交站点设置高密度商业开发，高峰时间通勤出行将会被分散，变成多方向。

7. 规划的布局、密度和公交服务水平等多个元素相互联系，构建了一个合理的空间增长框架。

8. 最后，将通过限制停车位标准和提高公交可达性，加强对步行、自行车出行和公交的重视。

总之，这个例子清楚地解释了如何设计一个多中心的TOD片区，以及如何细化设计一个可持续的低碳城市。

图 6-1-14　呈贡核心区中央公园鸟瞰

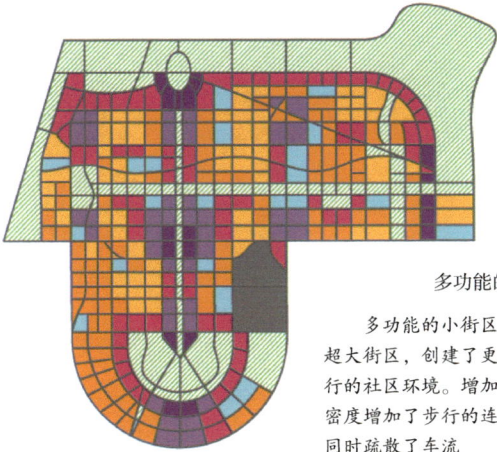

多功能的小街区

多功能的小街区取代了超大街区，创建了更适合步行的社区环境。增加的街道密度增加了步行的连续性，同时疏散了车流

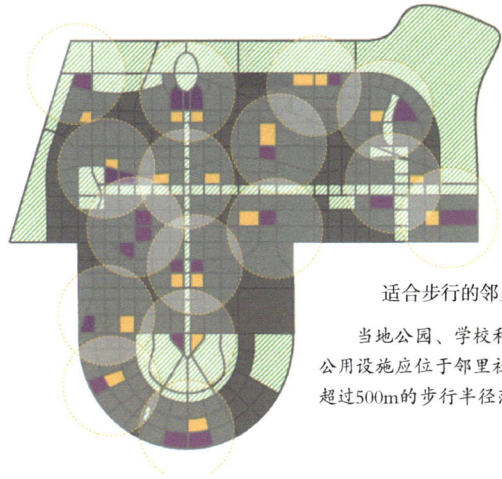

适合步行的邻里社区

当地公园、学校和其他公用设施应位于邻里社区不超过500m的步行半径范围

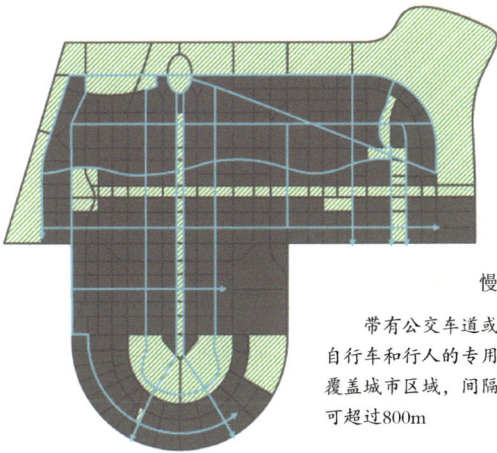

慢行专用道

带有公交车道或仅针对自行车和行人的专用道网络覆盖城市区域，间隔距离不可超过800m

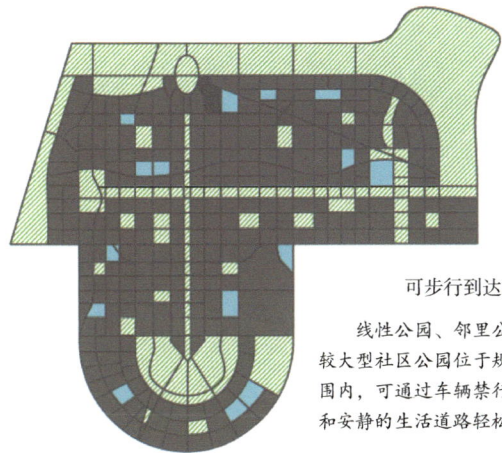

可步行到达的公园

线性公园、邻里公园和较大型社区公园位于规划范围内，可通过车辆禁行街道和安静的生活道路轻松到达

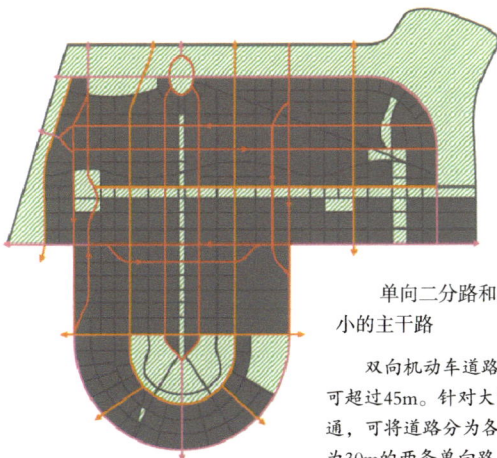

单向二分路和尺度较小的主干路

双向机动车道路宽度不可超过45m。针对大流量交通，可将道路分为各路宽仅为30m的两条单向路，便于行人穿行

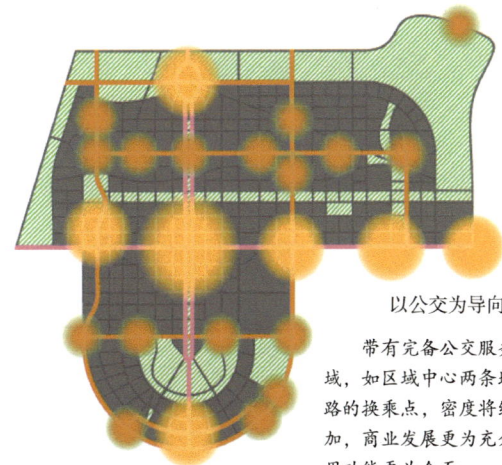

以公交为导向的发展

带有完备公交服务的区域，如区域中心两条地铁线路的换乘点，密度将继续增加，商业发展更为充分，使用功能更为全面

图6-1-15　呈贡新城设计示意图

6.2 悦来生态城

悦来生态城是重庆北部的一个新区。重庆位于中国西南部，群山围绕，地势起伏，并有嘉陵江和长江穿流而过。继北京、天津和上海之后，它在1997年成为直辖市，是中国西部大开发的重要试点城市。除了重要的行政地位，重庆在中国经济中也扮演关键角色，是中国西部金融中心、现代制造业中心，同时也是长江上游唯一一个配备有水、陆、空物流系统的城市，现状人口达三千万，到2020年将达到三千两百万。

悦来生态城毗邻蜿蜒的嘉陵江，葱郁的植被和山谷密布其

图 6-2-1 场地现有建筑

图 6-2-2 场地内山陡路弯，可以跨嘉陵江从嘉悦大桥进入场地

图6-2-3 典型的主干路——金兴大道，尺度过大，不适宜步行

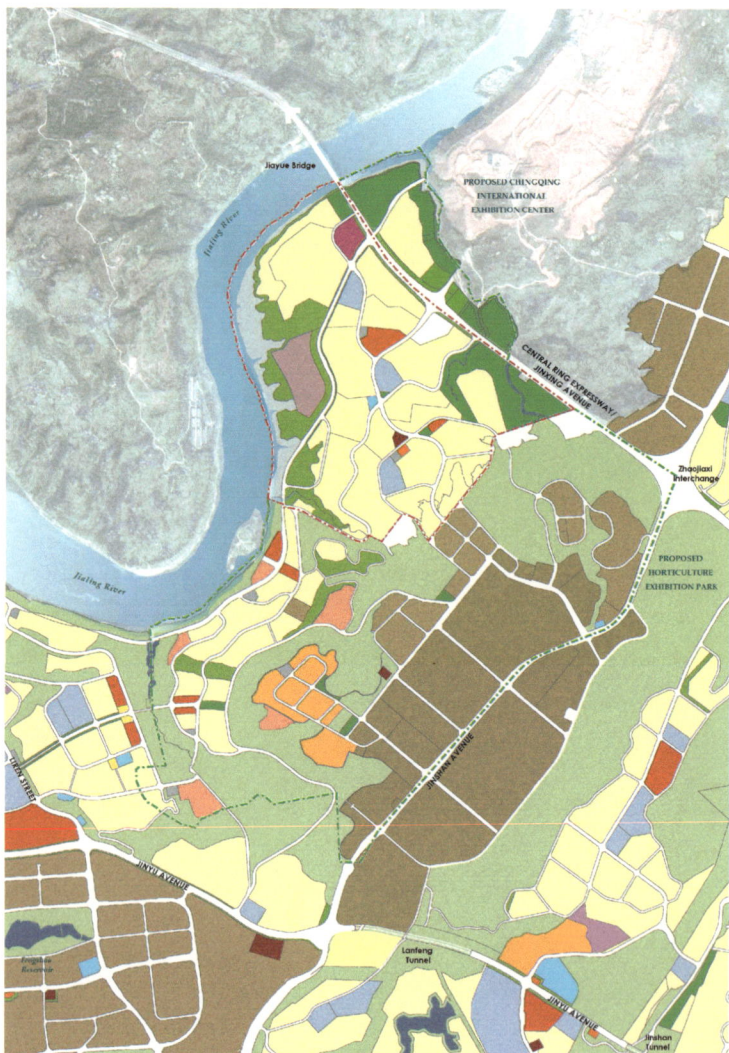

图 6-2-4 悦来现有土地使用规划，沿用了超大街区系统，设置有宽马路和不相协调的土地使用

中。六号地铁线在场地中设有三个站点，北部和南部分别是重庆国际会展中心和园博园，这一区位必将在未来成为重庆的核心节点之一。此外，政府将悦来生态城确定成了区域生态规划设计的试点区。悦来生态城的设计着眼于可持续的交通、基础设施和高效的能源利用，从而使"生态城市"具备更为广泛和深刻的含义，为全国树立学习的典范。

6.2.1 悦来生态城新的设计视角

悦来前版的规划存在很多典型的规划问题（图6-2-1～图6-2-4）：土地使用单一分散、不适宜步行的超大街区，以及土地

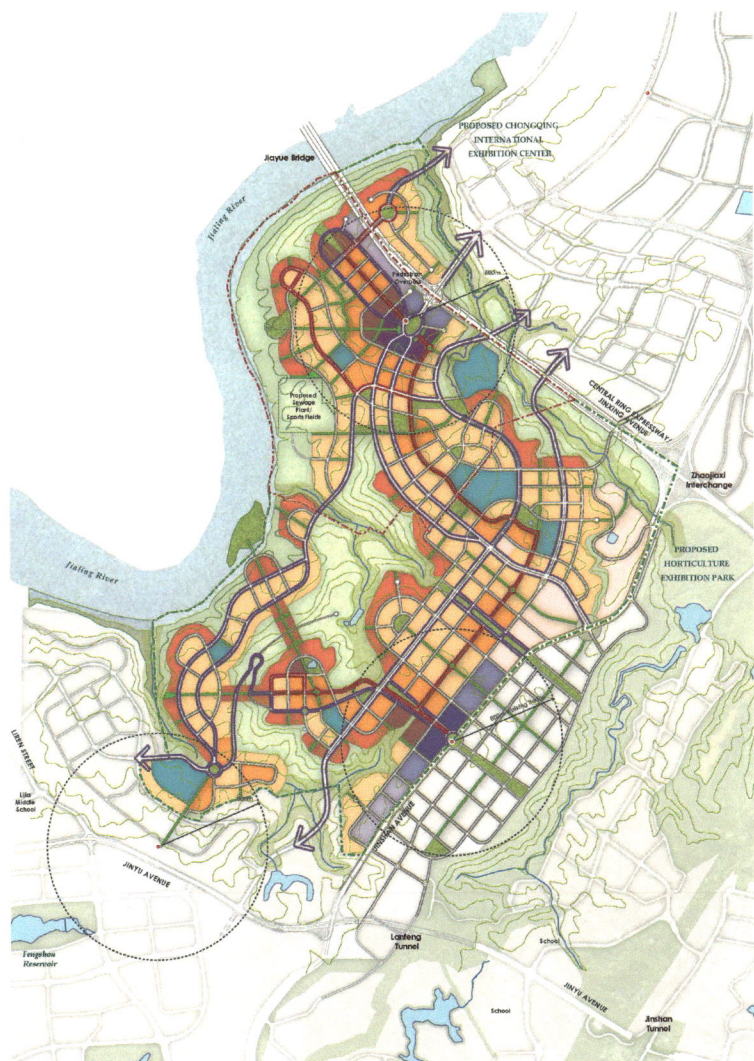

图 6-2-5 新版土地使用规划在"城市格网"的基础上，遵循场地复杂的地形条件营造了适宜步行的社区

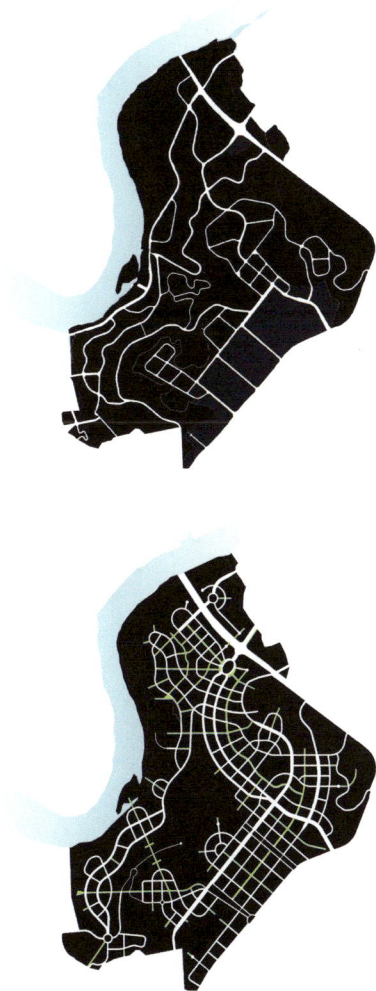

图6-2-6 超大街区与城市格网方案对比：新版规划节约了更多道路面积从而增加了可开发土地面积

使用与公共交通系统的脱节。若要使悦来成为充满活力的城市社区，其设计就应围绕行人、自行车和公交来进行，而不是小汽车。换言之，设计应采用"城市格网"中更窄的街道和更小的街区，塑造积极、实用、有趣味的公共空间和城市界面。而这些设计方针在宜居性、绿化、道路畅通、社会融洽与归属感以及公众健康方面对重庆都有积极的推动作用（图6-2-5、图6-2-6）。

6.2.2 设计方针

1）宜居性：生态城营造了一系列宜居的社区，社区内多种业态混合搭配，零售商业、学校与社区公园一应俱全，街道生活丰富多彩。

2）道路畅通：规划方案的核心在于强化公交、步行以及自行车的使用。最高强度的开发被安排在地铁站点周边，一条电力公交车线连接各个社区以及慢行道网络从而支持步行与自行车出行。主干路被分解成两条人行尺度的单行路，能够在保证车行效率的同时营造步行环境。

3）城市绿化：主要水系、山谷、陡坡以及嘉陵江沿岸都以开放空间的形式得到了保留并通过步道系统连接起来。同时有绿廊连接嘉陵江岸与东部的园博园。

4）社会融洽与归属感营建：小巧且封闭的小街区取代了原有的超大街区，从而塑造了一个人本尺度的社区，这样的社区里比超大社区里的居民更为可能互相认识、相互照应；活跃的街道

图6-2-7　悦来生态城渲染图

配备有沿街零售商铺提供了一个安全的公共空间；小尺度街道有助于行人和自行车安全。

5）公众健康：积极活跃的市民才是健康的市民。更多的步行不但能够减少汽车使用提高空气质量，步行的锻炼对于市民的健康也是极为重要的。有效利用自然资源以及降低废弃物排放，有利于环境的健康。

6.2.3 悦来生态城设计主题

悦来生态城的场地具有多变的地形和独特的魅力，所以其城市设计也应该与场地的地形、文化和历史相结合，实现真正意义上的生态设计（图6-2-7）。悦来生态城的设计结合场地特色，围绕五个设计主题展开：

设计主题一：结合场地自然特色（图6-2-8）

悦来生态城规划采用柔和的手法谨慎地对待自然地形，依山势布局建筑，而不是通过大规模挖填方对场地崎岖的地形进行平整来获得开发用地条件。街道沿等高线展开，将传统建筑技术用于坡地建筑。

设计通过一系列的水系、楔形绿地和线性公园，将江畔的开放空间资源与生态城东侧的园博园联系起来。场地中地形变化显著、自然特色生动之处将被保留并融入开放空间之中，成为生态城的观景高点或者富有生趣的小公园。

设计主题二：营造适宜步行的社区（图6-2-9）

在陡峭的地形上营造适于步行的街道和小尺度街区是一项设计上的挑战。地形过于陡峭，不适宜修建道路的地区，慢行道网络则可以在这一特殊地形中扮演重要角色，在不同社区间建立非机动车联系。这一慢行道系统允许行人、自行车与公交系统运行而排除私人小汽车。场地中最为陡峭的地区坡度大于25%，将会设置类似于香港中环–半山的电梯系统。各类零售商铺会沿着电梯顺山势起伏布局，为人们提供独特的山地城市体验。

临慢行道布局小的商店，可以确保街道的活力。在主要街道上，特别是那些位于平整地区的道路，将会安排充足的自行车道。非机动车网络遍布整个生态城，贯穿于公共道路与慢行道体系，为居民提供便捷的小汽车替代方案。同时，公共交通也会连通自然山地、江畔公园与社区。

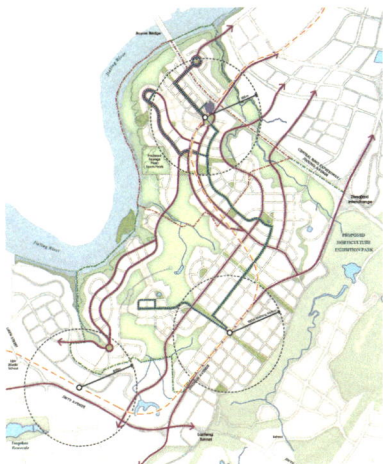

图6-2-8 坡度分析图：设计充分考虑了地形，将道路与建筑对于自然景致的影响降到了最低

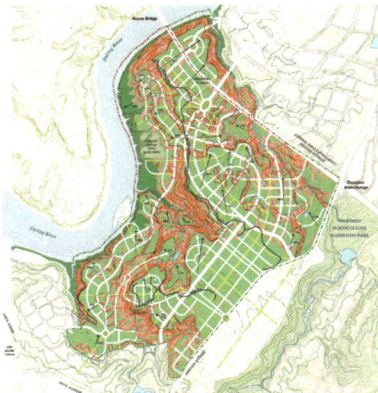

图6-2-9 人行系统规划图：单独设置的人行自行车道将连接社区和开放空间

图6-2-10 公共交通网络图：一条电力公交车线将沿着中央步行道延伸，连接各个社区、学校和公园

社区中心分布图

公交站点步行范围图

图6-2-11 开发以公交为导向：上图为社区中心分布图，下图为公交站点步行范围图

图6-2-12 各类开放空间和公共设施，尺度不一，种类各异，由步行自行车道网络相连接

设计主题三：以公交为导向的开发模式（图6-2-10～图6-2-15）

六号地铁线在悦来生态城范围内规划有两个地铁站点，规划将其作为就业岗位、服务业、零售商业与高密度住宅的集中点（图6-2-14）。在椭圆门户广场上，游客从地铁出来即刻融入到大的公共空间中，周围环绕商业塔楼、购物中心、步行街及各类公共服务设施。此处将是悦来生态城的主要核心。金山大道站点外围已建成的工业项目，规划未来将调整用地性质，开发成业态混合的城区。

一条电力公交车线将沿中部的慢行道运营（图6-2-10），作为生态城的主要地表公交，满足人们在两个地铁站点之间的日常活动需求。这条公交线将穿过住宅区，并在多数支路、学校以及社区公园设置站点。

生态城布局多个社区中心，电力公交车与本地公交车服务于这些社区中心。社区中心一般布局有学校或是步行可达的少量零售商业和服务。

设计主题四：修建可达性高的公园和步道

悦来生态城能否成功的关键因素之一是在于能够建立一个广泛而可达性高的公共开放空间，总绿地面积达340公顷（图6-2-12）。

场地上规划多种绿色联系，例如水系步道、坡地电梯，以及线形公园等，在嘉陵江江畔低地与园博园之间建立起连接。活跃却又自然的公园沿着嘉陵江一直绵延围绕整个生态城的西侧，内部贯穿有步道系统。污水处理厂上盖部分规划为一主要的娱乐休闲设施，配备有各类球场和体育设施。剧院、小花园、苗圃等都是在河畔开放空间中可以考虑的功能。

一系列的步道系统将沿水系溪流向高处的社区以及内部的山地延展，并与生态城的慢性系统相连。在主要的城区内部，一个由小公园、学校与开放空间构成的网络将会在整个城区展开，并由慢行道系统相连，生态城的每一个居民都可以步行到达公园。

设计主题五：安装前沿生态系统

悦来生态城的生态设计核心是降低人们对于小汽车的依赖从而减轻其对能源、碳排放以及空气质量的影响。同时考虑其他的环境措施：一是气候敏感型建筑设计更为适应本土环境气候从而降低能源与电力需求；二是电力公交车取代部分机动车的使用；三是研究污水处理厂生物能转化的可能性（甲烷转换成电能）；四是污水处理厂的余热也可以进一步收集供周边建筑使用。

图 6-2-14 场地内两个地铁站将成为高密度商业与居住建筑聚集点

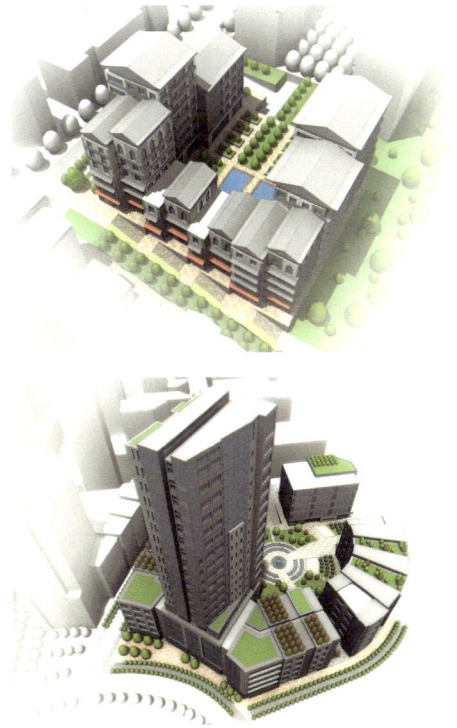

图6-2-13 适应不同业态的各类地块类型

图6-2-15 场地最为陡峭的地区（坡度大于25%）将配备坡地电梯，而步行道两侧则布置商铺、饭馆等设施，建筑将依循传统的山地建筑风格

6.2.4 生态城核心区设计

生态城核心区的设计与整个场地的设计遵从同样的设计原则，使用了"小街区"的土地使用规划模式以及"城市格网"作为其交通系统的设计方法。由于核心区拥有大容量的公交基础设施，这一320公顷的地块被设计成了整个悦来生态城的主要次中心。它拥有适宜步行的混合使用社区，与开放空间、市政设施以及公交设施保持着便捷的联系（图6-2-16）。

核心区的空间围绕椭圆门户广场来布局，椭圆门户广场是一个大体量的城市广场，地铁六号线与公交终点站与其直接相连，高容量混合使用的塔楼将围合这一广场，提供临街商业、办公以及居住等功能（图6-2-17）。街道、步行自行车道以及小径将从这一广场发散开来，连接生态城其他区域。一条电力公交车线路将用于辅佐地铁，服务于椭圆门户广场周边的高密度住宅区（图6-2-18）。

图6-2-16 悦来生态城核心区土地使用图

图6-2-17　椭圆门户广场位于核心区的中央，这一独特的城市广场配备有大容量的公共交通服务，周边围绕着混合业态的商业塔楼以及各类公用服务设施

图6-2-18　悦来生态城渲染图

6.3 珠海北站TOD片区

图6-3-1　规划结构

图6-3-2　中山大学珠海校区位于场地东南部

图6-3-3　北京师范大学珠海分校位于场地南部

珠海北站项目的场地位于珠海唐家湾，市中心以北十五公里，毗邻中山市南段，距离广东省省会广州市115公里（图6-3-1～图6-3-3）。场地西部和南部有植被丰富的山体为界，东部为珠江入海口，内部布局有大量交通基础设施，从而与其他区域保持着便捷的联系，这些交通基础设施同时也是广东省和国家将珠海定位为未来核心发展地区的策略的一部分（图6-3-4、图6-3-5）。我们的方案将最大化地利用这些基础设施。

方案为场地设定了八个设计主题，其中一个主题就是要围绕区域以及市域的公共交通站点（包括一条穿过场地的有轨电车）来布局开发。方案的远景将把场地的特色和历史融入新的社区之中。我们针对中国城市普遍面临的发展挑战提出了一系列核心设计原则，而方案中提出的八个设计主题则是结合珠海场地特点，对这些原则的一个延伸。

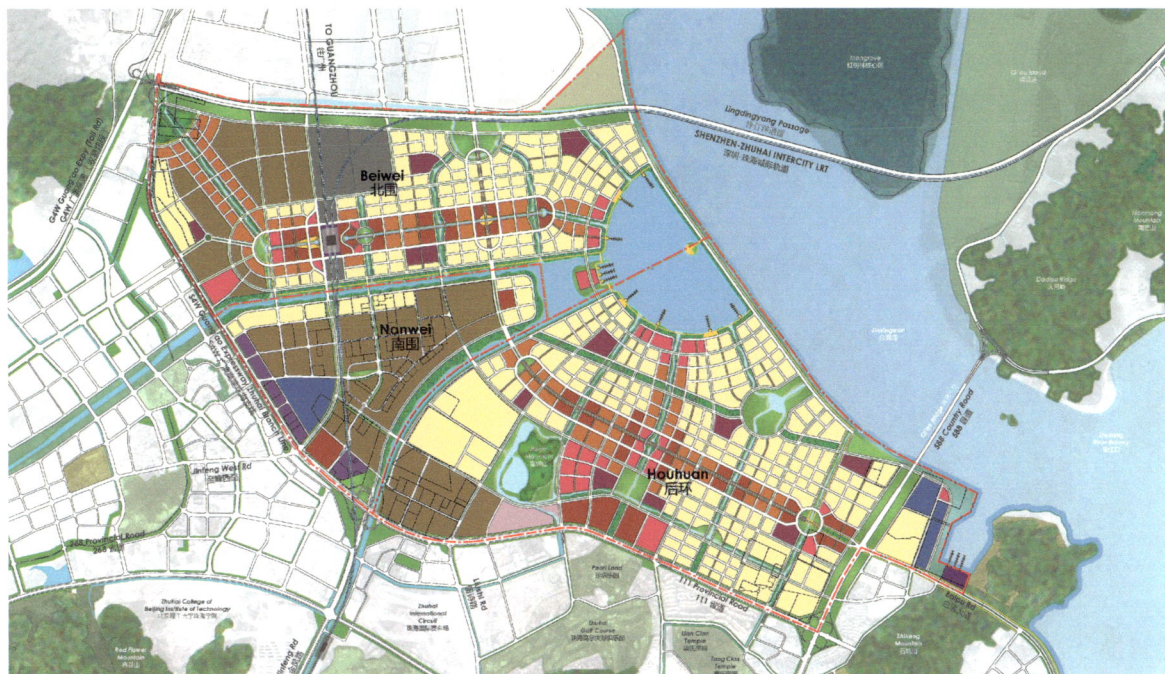

图6-3-4　总体规划

图6-3-5　核心区鸟瞰渲染图

6.3.1 设计主题1：
用地标海湾、情侣路和公交林荫大道来统一场地

图6-3-6 绿道与运河从新月港发散开来，延伸贯穿于场地之中

目前，场地分为三个比较明显的地区：后环，北围和南围。新规划方案通过一个大新月港来统一整个场地，从大新月港起，绿道和运河呈辐射状延伸到每一个区域（图6-3-6）。新月港将成为整个城市的地标和所有的北部地区的关键目的地。高层住宅及商业楼宇将给予港口三维的形式，同时有垂直雕塑耸立在港口中心。此外，一个统一的公交林荫大道，从南边新月湾开始，然后进入内陆连接城际铁路站（图6-3-7）。这种公交林荫大道将具有运河、自行车道、人行道和公交车道等特征，两旁有多用途的建筑，底层是商店和咖啡馆。两条相反方向的单向路承担过境的机动车，确保沿线的交通到达性。一致的处理和特征用来统一公交场地，塑造独特和难忘的街道特征。最终情侣路将连接南围的海岸，弧形港湾和迎宾公园，从而把整个基地统一起来。

图6-3-7 公交林荫道渲染图

6.3.2 设计主题 2：
围绕公交设施进行土地开发

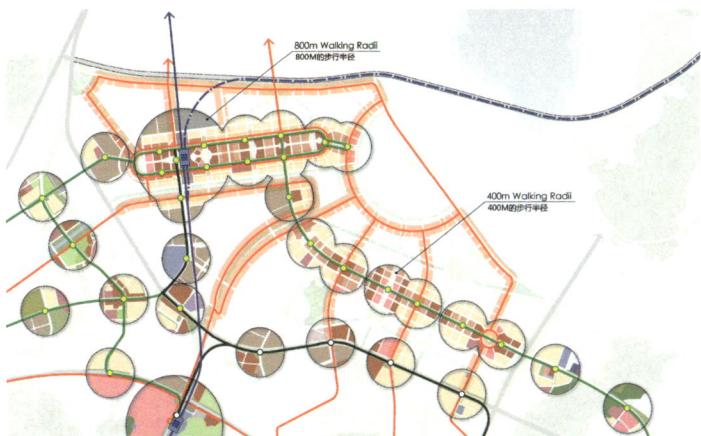

图6-3-8　新的开发围绕着公共交通站点来布局

场地将有三种类型的公交：城际轻轨，有轨电车和常规公交，将创建不同的站点类型（图6-3-8、图6-3-9）。其中最重要的是有轨电车沿公交林荫大道和城际铁路站的交叉口。这一片区是未来场地中开发强度最高的地方，拥有高密度的商业，区域服务零售和高层住宅。一系列的广场和公园会增加公交大道沿线的公共空间。

沿着公交大道的电车站点将提供与常规公交之间的换乘。这些换乘点也将是高密度的就业区域，为上下班人流提供便利的公交服务。此外，社区服务，商店和餐厅都位于步行距离之内。BRT走线一般垂直于公交林荫大道或沿着新月湾边缘延伸。这将为当地居民提供到所有本地和全市的旅游目的地。

图6-3-9　城际轨道站点地区鸟瞰渲染图

6.3.3 设计主题3：
营造一个由绿道，线性公园和情侣路组成的网络系统

图6-3-10 绿道、线性公园以及情侣路点缀于整个场地

一个线性公园网络将从新月港呈放射状延伸开来，与公交林荫大道相接。这些绿道设置有步道、自行车道，并布局有小型休闲设施和社区公园。每条线性绿道都在65米宽左右，中间将有一条水路蜿蜒地连接至新月港（图6-3-10、图6-3-11）。

沿着这些绿道和公交大道将会有非机动车支路穿过每个邻里社区，为商业区和休闲区提供更多的联系。最后，传统的珠海情侣路将沿着海岸线一路延伸至场地内，并穿越新月港。在这个区域，骑自行车和徒步旅行者将享受到两面邻水的景致，放射形绿道网的轴心处会设置雕塑和观望点。

图6-3-11 带有运河的绿道

6.3.4 设计主题4：
连接周边土地使用和社区

场地的发展要与周围社区以及整个城市建立密切的联系，这也是本次规划的关注点之一（图6-3-12）。规划将场地定位为整个区域未来创新和高科技以及商业开发的核心。邻近的两所大学是本区经济引擎之一，此外，未来唐家湾行政中心也将位于场地内，提供商业、市政以及文化资源。

方案为场地与周边建立了各类联系。首先是公交系统（城际轨道、有轨电车和常规公交）环绕贯穿场地并连接邻近区域。

开放空间廊道从新月港发散出来，联系周边的社区和山体。其中一条绿道将沿开放空间、高尔夫球场延伸一直抵达南部的山体，为人们提供休闲步道。同时，情侣路的延展和收尾也为场地与整个城市建立了联系。

道路网与周边现有路网的连通性也在方案中得到强化。在场地西北角设置有门户公园，这一公园与场地内其他开放空间系统连成一体，是整个珠海市北部的门户（图6-3-13、图6-3-14）。

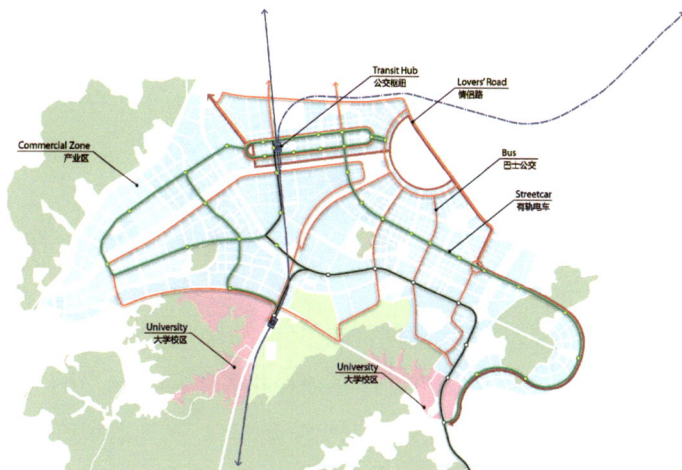

图6-3-12　场地与周边联系的示意图

图6-3-13　有轨电车和二分路的连接

图6 3-14　各类公共交通联系

图6-3-15 混合业态，适宜步行的环境

6.3.5 设计主题5：
营造适宜步行和人性化尺度的社区

该项目及其混合业态最终成功的关键是营造真正宜居且具有人本尺度的社区（图6-3-15）。这涉及许多城市设计策略：使当地的目的地离住宅很近，创造街区增加交叉口密度，缩短行人过街距离，沿人行道布置小的服务于本地的小型商店、咖啡厅和市政服务。所有这一切都可以通过一个紧密的街道网络来实现，它融合了两车道的支路、非机动车道路、单向二分路和公交林荫大道，而道路机动车道最多不超过四个（图6-3-16、

图6-3-17）。这样的道路网可以很好地承担过境交通功能并同时不影响步行的适宜性。

围绕小街区的城市设计必须强化人本尺度街道的活跃性。在临街的首层设置商铺以及小的建筑后退，将临街的住宅楼建筑后退压缩至5米，这样的举措能够激活街道空间。而小的街道无需过大的建筑退让。每个地块都有建筑围合出一个私密安全的内庭供每一户居民使用，从而形成一个合适的社区尺度。

图6-3-16 舒适的步行空间

图6-3-17 俯瞰紧凑的城市格网

6.3.6 设计主题6:
平衡土地使用和密度

由于自然山水格局的分隔以及和南部历史中心的距离,珠海北站片区形成了一个相对独立的片区。而一个城市的各个片区之间是需要达到平衡的,这意味着就业和本地常住人口的数量平衡比率应该为0.5左右。这并不能保证所有在该地区工作的人也住在该地区,但它增加了这个概率,并且平衡了公共交通系统上的负荷,使得在高峰期乘客进站出站的数量是相同的。此外,场地应该提供靠近住宅和交通站点的所有的基本需求和目的地。一系列的邻里,社区及区域性零售商业将沿公交林荫大道分布。社区和区域性公园、文化设施以及各种学校都能轻松到达。这一平衡是结合了片区内空间增量以及周边地区的开发来共同考虑的(图6-3-18)。

图6-3-18　混合业态开发

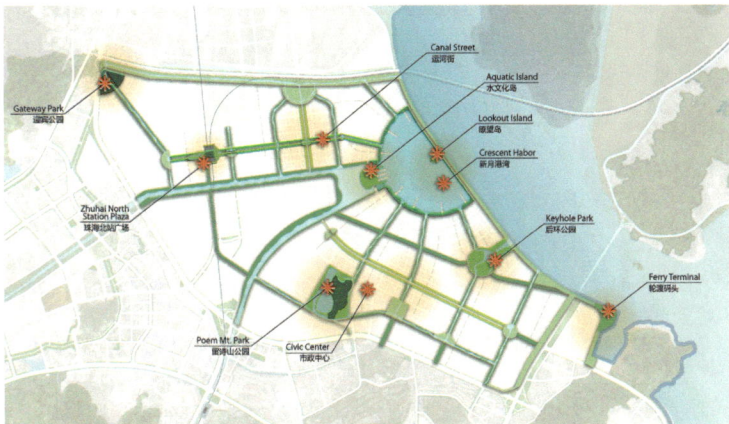

图6-3-19　各类开放空间的位置

图6-3-20　新月港是片区的水上门户

6.3.7 设计主题7:
开发一系列独特的公共目的地

总体规划里有一系列非常独特的开放空间(图6-3-19)。首要的是新月港,混合业态的建筑保证了其岸线的活跃性,中间还穿插小的商业中心和绿道的起始点。新月港的外缘是一个堤岸公园路,是情侣路的延伸。新月港的中心设置有地标,具有开阔的视野,可以看到放射状的绿道和运河(图6-3-20)。场地有三个主要的公园。留诗山公园周围环绕着起伏的地形,湖泊和静养休闲的空间。北部的门户公园沿着绿道连接到珠海北站核心片区。港口南部的"锁眼"公园是绿道上的节点,通往海湾和情人大道。最后,在两条运河和海港的交汇处有一个较大的岛屿,上面将建设大型文化设施。

6.3.8 设计主题8：
引进前沿生态系统

珠海生态设计的核心是降低人们对小汽车的依赖从而减轻其对能源、碳排放以及空气质量的影响。但其他的环境措施也会被纳入考虑之中。气候敏感型建筑设计可以使建筑更为适应本土环境气候从而降低能源和电力需求。电力公交车的使用将取代部分机动车的使用。

公共交通

完善的公交系统不但能够降低对小汽车的依赖，同时能够减少交通基础设施投资从而进一步减小碳足迹。一个由公交车、快速公交系统、地铁以及缆车等运送设备组成的强大公共交通网络是低碳生态设计、人本尺度以及步行适宜性的根本保证（图6-3-21）。

建筑标准

一些简单的环境友好设备可以轻易地加载到建筑中从而确保更为节能的设计，例如绿屋顶和太阳能板。绿屋顶可以减少建筑对于供暖和制冷的需求，同时能对降低城市热岛效应作出贡献，增加建筑屋顶使用寿命，减少地表径流。此外，绿屋顶可以控制温度同时减少噪声（图6-3-22）。太阳能板作为世界上已经普及的一种可再生能源收集手段，可以便捷地安装，延伸建筑功能（图6-3-23）。

可持续能源与热电联产系统

风能是通过风力旋转风车叶轮而产生的电能，风能是可再生能源，不会产生空气污染以及温室气体排放（图6-3-24）。太阳能如今已经是成熟的可再生能源技术，可以达到零排放，并可多方面地用于工业制造、烹饪、水净化等。

热电联产（Cogeneration）是通过发电厂或者热引擎同时产生电能和热能（图6-3-25），而热电冷三联产（Trigeneration）则是从统一能量源头产生电能、供热和制冷。在比较温暖的气候区，制冷和供热有着同样的需求，发电厂所产生的热能被循环利用并拥有制冷。

水循环系统

水循环系统是节水的上策。其基本原理是不同的水资源使用并不要求同等纯度的水，因此可以形成一个水质梯度等级，让一个层级的副产品，或灰水（图6-3-26），可以作为下一层级的使用原料，例如自来水可以用于洗澡，而洗澡使用后的水可以收集作为景观灌溉用。

收集雨水来供给水循环也是一个切实可行的生态措施（图6-3-27）。生态水槽可作为标准地下雨水道的替代方案，可以连接并收集雨水，减少或者减缓地表径流（图6-3-28）。

图6-3-21 公交系统

图6-3-22 绿屋顶

图6-3-23 太阳能板

图6-3-24 风能

图6-3-25 热电联产

图6-3-26 灰水系统

图6-3-27 雨水回收

图6-3-28 生态水槽

6.4 重庆两江新区公交先导区规划

两江新区公交先导区规划是TOD的理念在大尺度范围开展的案例。场地位于重庆市老城北部，占地37000公顷，规划人口670万，岗位460万。现有建成区中有居民近400万。重庆市对两江新区给予了大量的公共交通基础设施投资，多条已投入使用或规划地铁线服务于本区域。场地内地形复杂以山地为主，自然禀赋丰富。两江新区含有多个经济发展引擎，包括江北国际机场、国际会展中心和多个工业园区。

两江新区现有的控制性详细规划可以被划分成三种地区：工业区、建成区以及公交先导区。工业区大约11000公顷，大部分未建成，未来将安排有大量工业厂房和仓库，并配备部分商业，规划岗位59万。建成区占地约13000公顷，紧邻渝中区北部，主要是密集的混合业态，含有大量的办公和工业岗位，超过380万的居民和230万的岗位都聚集于此。剩下的未开发地区则被划分为公交先导区（TOD），占地约13300公顷。

公交先导区的规划很好地展示了本书中所开发的规划方法。首先，规划在区域内划分出公交服务水平高且适宜于混合业态开发的地区。接下来，规划根据公交服务水平来分配开发强度。岗位与住房的合理分配以及适宜于步行的城市设计标准将为整个片区带来更为健康的职住平衡，确保了上班的市民能够享受短途通勤，同时由于多中心的规划策略，客流将在各个方向上达到均衡，使得地铁的服务效率提高（图6-4-1、图6-4-2）。

公交中心

地铁站

地铁线网

划分公交先导区

主要道路

已规划建设
用地和不可兼容用地

环境限制条件

自然格局

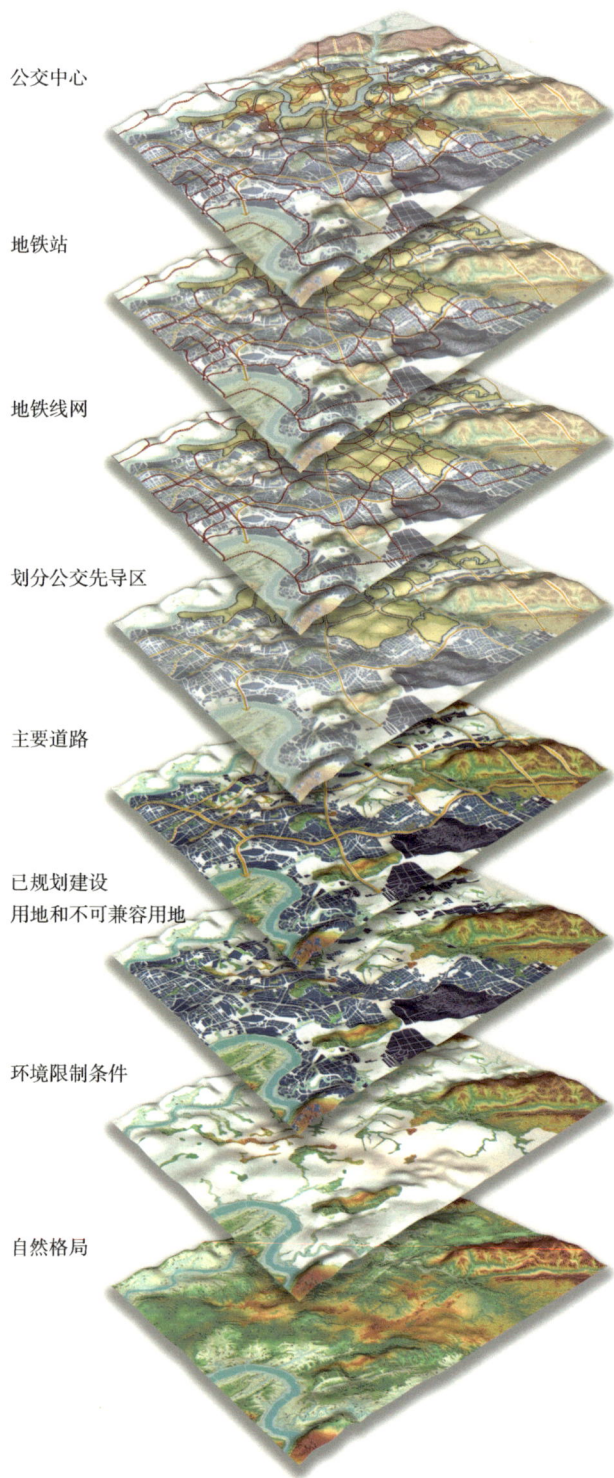

图6-4-1　设计步骤

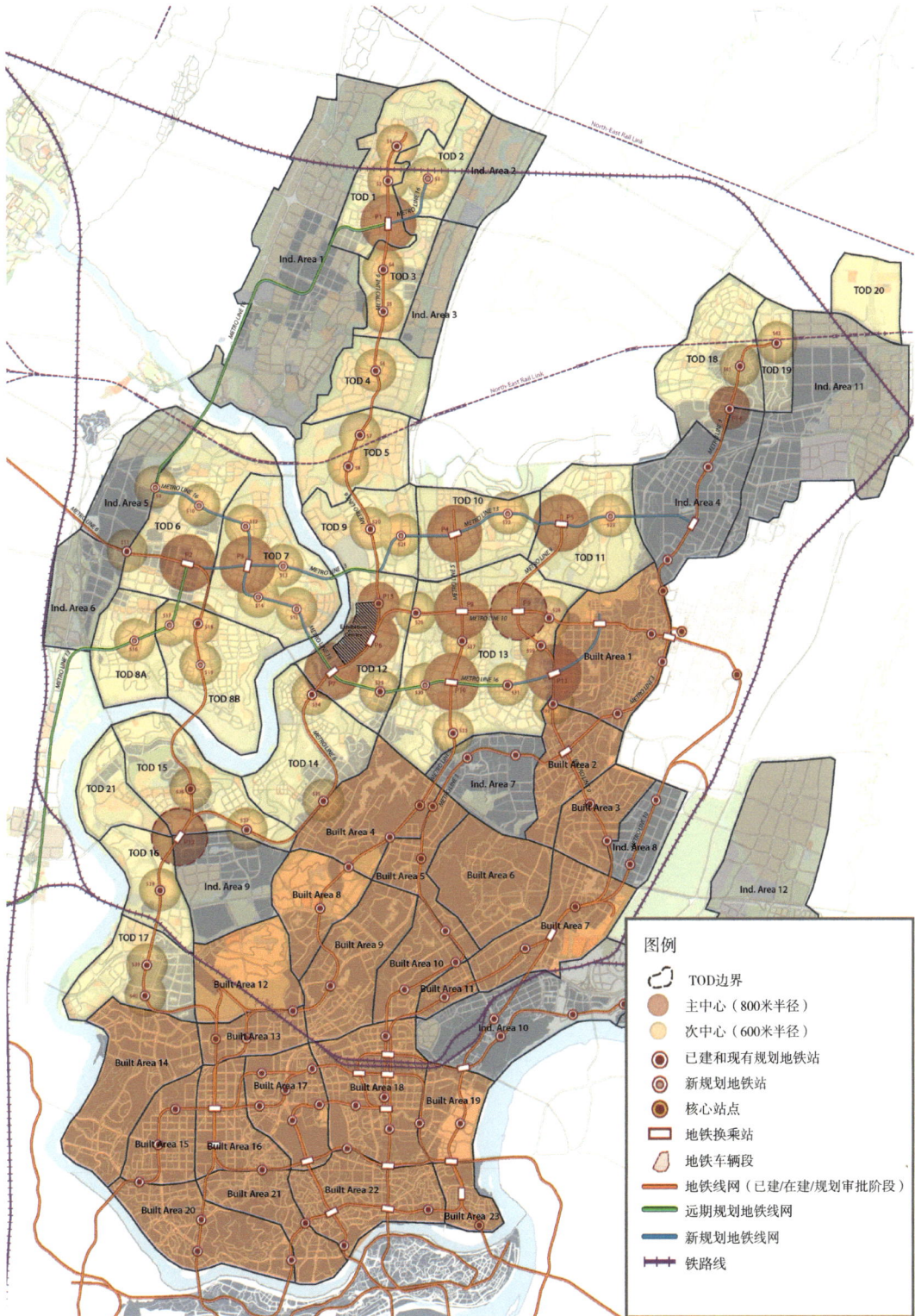

图6-4-2 规划总图

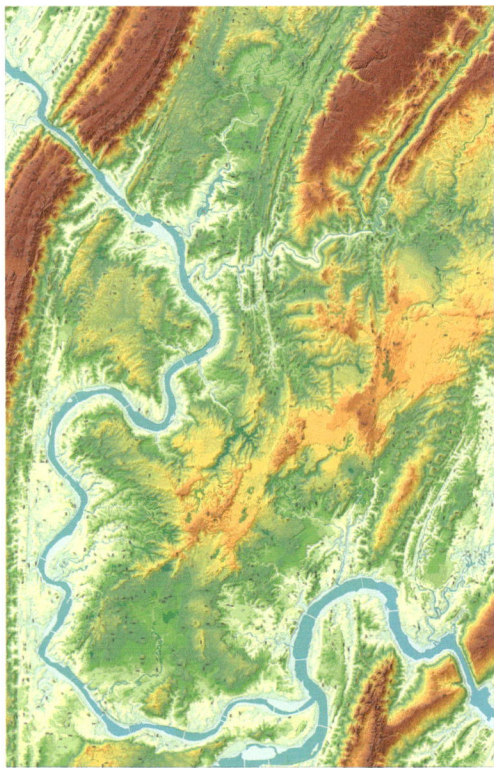

图6-4-3　自然格局

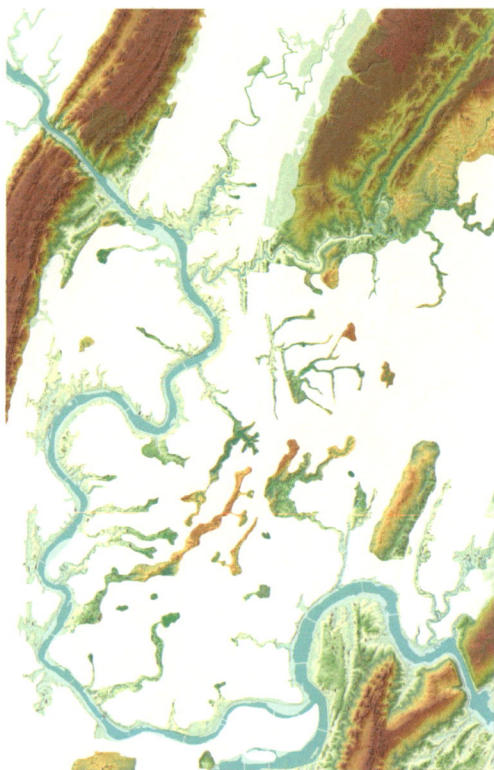

图6-4-4　环境限制

（1）设计过程

公交先导区（TOD）的规划设计过程共涉及7个步骤，每一个步骤的信息都叠加在前一个步骤的信息之上，最终在整个场地上清晰地界定出适宜于公交先导区规划的地区。

（2）自然格局

公交先导区规划的第一步是了解场地的自然格局。目的是寻找不影响区域生态系统的地区来解决未来空间增量。利用卫星影像图、坡度以及高程研究资料等相关信息对场地进行分析（图6-4-3）。

流域、陡坡、水系以及主要的河道为场地的生态形态确定了基调。

（3）环境限制

通过对自然的分析，确定核心的生态资源加以最大限度的保护，包括水系、河漫滩、山峦、陡坡、森林、湿地等对于区域生态格局有着重要作用的元素。

确定受保护地区之后，在底图上将其排除出去，余下的白色地区作为潜在开发区域进入下一轮的分析（图6-4-4）。

（4）已建设用地和不可兼容用地

在确定了需要保护的自然要素后，下一步是在余下的片区内圈出不能够作为新区建设的地区，即建成区域，包括规划有特殊用途的地区。

同时，不能与公交先导区兼容的大型单一用途地块也将在底图上标示出来。这些不能兼容的片区通常包括工业园区、生产基地、大型公共交通场地、市政设施用地以及区域性基础设施，例如奥体中心、会展中心等。这些地区通常是以超大街区模式布局，且不能支持使用的混合，因此被排除在外。

尽管这些片区被排除在了公交先导区的范围之外，但必须考虑它们对于周边公交先导区的影响。在设计过程中，可以通过公交线路和站点来强化公交先导区与已建设用地和不可兼容用地的连通性（图6-4-5）。

（5）主要道路

高速公路和快速路是区域交通体系的重要组成部分，但同时也是公交先导区之间的屏障。因此在下一步，这些承载快速大容量交通流的主要道路将会被标示出来（图6-4-6）。

值得注意的是，在某些情况下，大尺度的街道如果可以修改的话，不一定就作为屏障而排除在公交先导区之外。例如，一条六车道的主干路可以转换成两条三车道的单向二分路，这样既能够确保机动交通的承载能力又能保证人行尺度，从而融入公交先导区之内。

图6-4-5　已建设用地和不可兼容用地

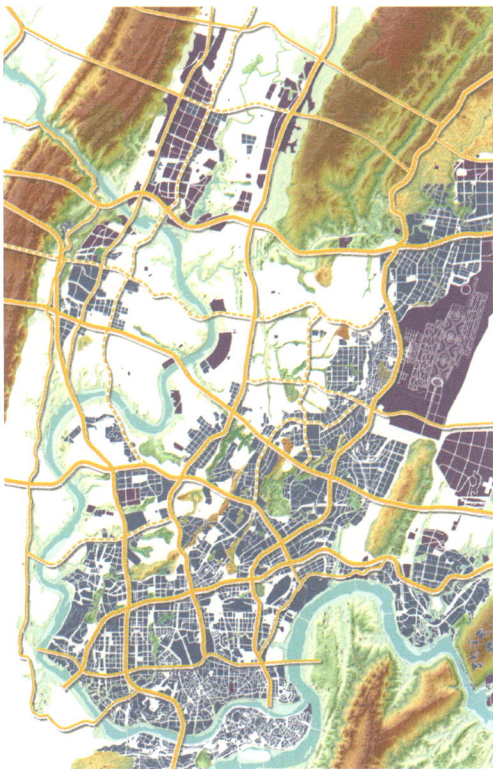

图6-4-6　主要道路

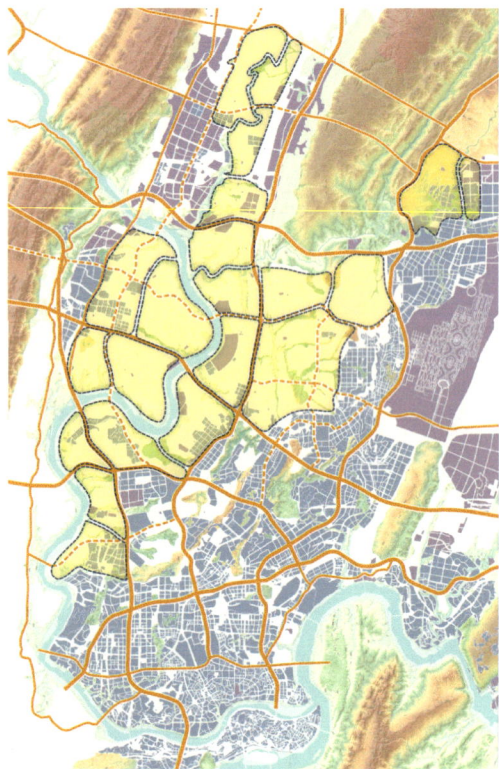

图6-4-7　公交先导区边界

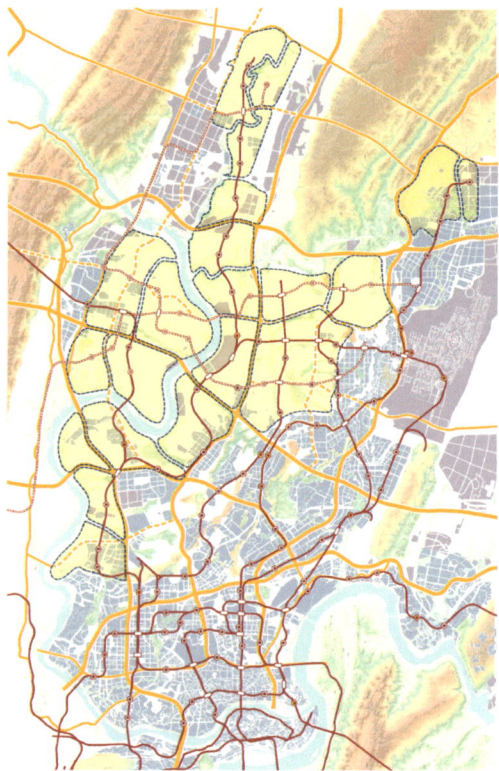

图6-4-8　地铁网点

（6）划分公交先导区

在之前的自然环境以及建成区分析基础上划分公交先导区（图6-4-7）。为了遵循设计导则，每一个公交先导区都必须满足一定的范围和密度标准。每个公交先导区的最小面积为120公顷，岗位和人口总和达到每公顷200个的最低密度标准。

（7）地铁走线与站点

确定了公交先导区边界以后，下一步是评估每一个公交先导区的公交服务范围以及可能的站点。具体做法是将规划和已建成的地铁网点信息叠加在公交先导区边界图上，这一步骤能够帮助确认哪些地铁线位需要进行调整从而提升公交服务效率，并能突出一些核心站点，例如换乘站（图6-4-8）。掌握了每一个公交先导区中的公交服务能力之后，就可以为下一步土地使用和开发强度的安排提供基础。

（8）公交中心

前面对于公交站点等级的划分将在这一步中用于确定公交中心（图6-4-9）。如前文所述，公交中心的类型取决于公共交通运力，并将决定其开发强度和使用的混合程度。

在两江新区的项目中，规划调整了每一个站点地区的最低人口和岗位数，从而确保了公交先导区以及邻近片区的职住平衡。由于周边工业区和已开发地区安排有大量的岗位和较少的住宅，因此公交先导区将提供较大的住宅量来平衡岗位与居住间的比例。

主中心的范围是800米，位于两条或者多条地铁线的换乘站。一级中心作为区域的就业中心和市级零售和休闲娱乐中心，其最低人口密度为每公顷350人，岗位密度为每公顷150个岗位。一级中心在公交站点周边安排有最大的开发密度和商业聚集度以及高密度住房和市政服务设施。

次中心的范围是600米。这些次中心的职住比例更为均衡，其居住人口最低密度为每公顷300人，就业最低密度为每公顷100个岗位。次中心将成为区域次级就业、零售和休闲娱乐中心，拥有各类高密度住房。

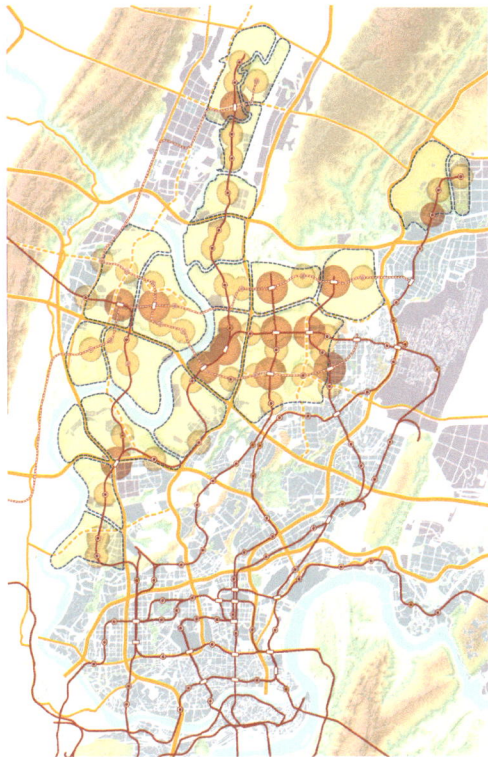

图6-4-9　公交中心

6.5 昆山市城市总体规划及中心城区核心区控制性详细规划

昆山位于长三角核心地带，东接上海，西依苏州，周边邻常熟、太仓和吴江（图6-5-1）。作为苏南及整个江苏省接轨上海的门户，昆山享有上海技术扩散和人才外溢的优势，同时拥有能级最高、流量最大的沪宁高速公路、沪宁铁路等快速通道，战略性交通优势明显。自20世纪90年代初设立开发区以来，依托外向型经济，昆山获得了迅猛发展，经济总量持续提升，已成为长三角地区最重要的制造业基地之一，中国乃至世界范围内重要的电子产业基地，台资企业最青睐的大陆投资城市之一，整体实力连续多年稳居中国百强县之首。借助外向型经济的强势拉动，昆山与上海以及长三角其他重要城市之间已经形成了多渠道、大容量的资金、信息和人才往来。

图6-5-1　昆山市区位

资料来源：昆山市城市总体规划（2009-2030）

在拥有优越的经济区位的同时，昆山也拥有长三角地区极佳的旅游区位和重要的生态区位。昆山的周庄、锦溪、千灯三大中国历史文化名镇与苏州、上海的著名古镇共同构成了全国最密集的水乡古镇群。环阳澄湖地区的特色水产品及生态景观在长三角地区乃至中国范围内享有盛名，并具有相当的国际知名度。同时，作为苏南地区大型湖泊淀山湖、阳澄湖的近岸城市，昆山在区域生态环境保护方面需承担重大责任，尤其是对作为水源地的阳澄湖系列湖泊的涵养和保护，意义非常深远。

6.5.1 昆山市城市总体规划

昆山市在城市拓展过程中遇到了大多数中国城市发展初期一样的问题，利用城市拓展的"近域"特征，城市建设围绕原有城市中心周边成蔓延式发展，在空间的圈层式发展过程中，由于交通的建设以被动的适应支撑为主，造成城市交通与土地使用的矛盾越来越突出。

轨道交通时代的到来是昆山市交通转型发展的重大机遇，为适应发展需求，破解发展瓶颈，在昆山城市总体规划中引入了"交通引导发展"理念，在全市宏观层面上贯彻一种交通与土地协调发展的思路，交通已由原先的"被动式适应"转变为"主动式引导"，引导城市功能的有序组织。

（1）以轨道和BRT为主体，发展高质量公共交通

目前昆山市域范围内有沪宁铁路通行，在中心城区设客货混合站，运能已趋饱和。京沪高速铁路横贯市域，设客运专用的新昆山站；沪宁城际铁路平行于京沪高速铁路，设客运专用的花桥站、新昆山站、阳澄湖站。

从昆山市域整体空间形态来看，东西窄，南北长。北部的周市，南部的张浦、千灯将成为未来城市快速建设的重点区域，开发强度有待强化。因此，需要通过南北向的轨道交通与中部联系。规划最终形成了"十字放射形"城市轨道交通线网布局，并规划了过渡性快速公交BRT线路，在客流规模未达到城市轨道交通建设门槛之前，沿规划城市轨道交通线路设置过渡性快速公交线路，满足公交出行需求，为城市轨道交通培育客流（图6-5-2）。规划将城市轨道交通线融入区域轨道系统，在全国开启了县级城市利用轨道交通作为市域公交方式的先河。

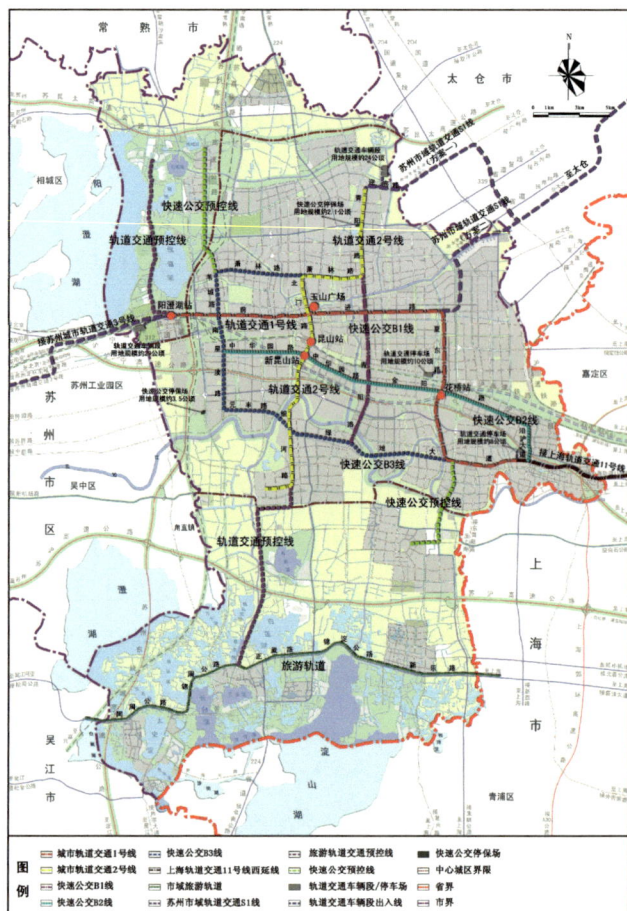

图6-5-2　昆山轨道和BRT公共交通规划图

资料来源：昆山市城市总体规划（2009–2030）

（2）以大容量公共交通引导城镇空间集聚

规划昆山的公交走廊系统与用地布局进行互动反馈，城市主要的公共服务设施均沿轨道交通走廊分布。

通过公共交通的引导，提高城市交通枢纽与城市中心体系耦合度，围绕新昆山站客运交通枢纽，并结合老城中心南拓，构建城市主中心。东西向轨道线联系东、西部副中心和花桥国际商务中心，南北向轨道线联系南、北部副中心，带动副中心快速发展。其他枢纽站点地区布置片区级中心，形成了高密度的轴向带状发展走廊。

同时规划重点优化公共交通干线两侧的用地布局和开发强度，逐步置换工业、仓储等用地，安排商业用地、混合用地、居住用地，合理提高沿线两侧用地的容积率和建筑密度，以公共交通引导功能布局优化，同时也依靠功能布局的不断优化，吸引人流聚

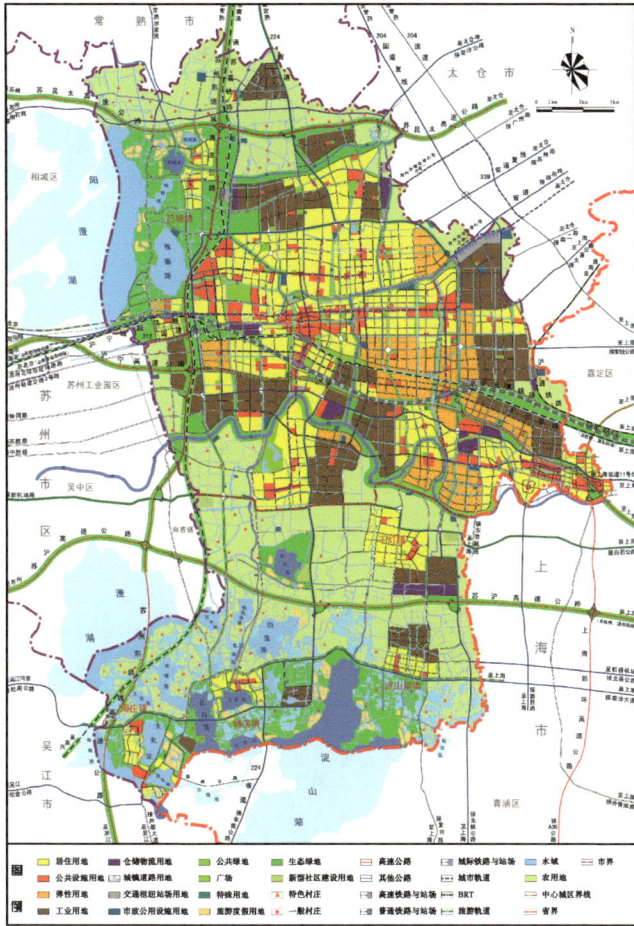

图6-5-3　昆山市用地规划图
资料来源：昆山市城市总体规划（2009-2030）

集，为公共交通培育客流（图6-5-3）（蔡超，王树盛，2011）。

（3）以分区差别化政策调控交通需求，增加机动性

在市域层面提出"交通分区"的概念，通过配置差别化的交通供应引导，调控土地使用功能，使得不同用地所产生的交通需求与交通供应之间相互匹配，从根本上缓解交通供需之间的矛盾。

根据交通特征、用地功能、发展要求、资源保护差异将市域空间划分为公共交通优先发展区、公共交通与小汽车平衡发展区、小汽车宽松发展区、机动交通限制发展区四类交通分区，在四类交通分区下又提出若干子分区（表6-5-1，图6-5-4）。差别化配置各分区的交通设施，辅以必要的政策和经济技术手段，调控交通出行结构，落实公交优先，有序引导小汽车的使用，优化交通流空间分布，增加城市机动性。

昆山交通分区表 表6-5-1

交通分区类别	分区特征	子分区代码	路网密度（km/km²）	常规公交线网密度（km/km²）	300m半径公交站点覆盖率	停车调控政策	货运管制
公交优先发展区	客运枢纽区	A1	13～14	5～6	100%	限制供应调控系数0.8	禁行
	旧城区	A2	10～12	4～5	100%	限制供应调控系数0.8	禁行
	中心城区公交走廊区	A3	9～10	4～5	90%	城市轨道交通首末站等外围客运枢纽扩大供应，调控系数取1.1，其他区域限制供应调控系数0.9	禁行
公共交通与小汽车平衡发展区	中心城区公交走廊外生活区	B1	8～10	2.5～3	70%	平衡供应	持证通行
	中心城区公交走廊外工业区	B2	6～8	2～2.5	60%	平衡供应	按组织线路通行
	新镇区	B3	6～8	2～2.5	60%	平衡供应	按组织线路通行
	南、北片区制造业集中区	B4	5～6	1～2	40%	平衡供应	按组织线路通行
小汽车宽松发展区	花桥商务城	C1	6～8	2.5～3	30%	扩大供应调控系数1.1	持证通行
	旅游度假区	C2	5～6	0.5～1	10%	扩大供应调控系数1.2	持证通行
机动车限制发展区	历史镇区	D1	5～6	1～2	30%	限制供应调控系数0.4	禁行
	生态保护区	D2	2～3	0.5～1	20%	限制供应调控系数0.4	按组织线路通行

6.5.2 昆山市中心城区核心区控制性详细规划

（1）深化落实公交体系，强化公交引导开发

落实昆山市城市总体规划提出的以轨道交通和快速公交为主的公共交通骨干网络，公交干线沿生活性道路布设形成公交走廊，站点周边进行高强度和混合开发（图6-5-5）。

结合公交走廊布局中心体系。主要公交枢纽与城市中心体系进行耦合，老城中心就近布置轨道站点，新城市中心与规划轨道站点和快速公交站点进行联合开发（图6-5-6）。

（2）营造人行尺度的街区，同时优化街区出行方式

结合支路网络优化组织人行尺度街区。对于新开发的区域，结合交通分区对支路网密度的差别化要求，采取高密度的支路网络模式，居住用地形成200m×150m左右的小街区，公共设施用地形成150m×100m左右的小街区；对于一些转变现状用地功能的区域，结合用地功能的调整，充分挖掘潜能，优化、加密支路

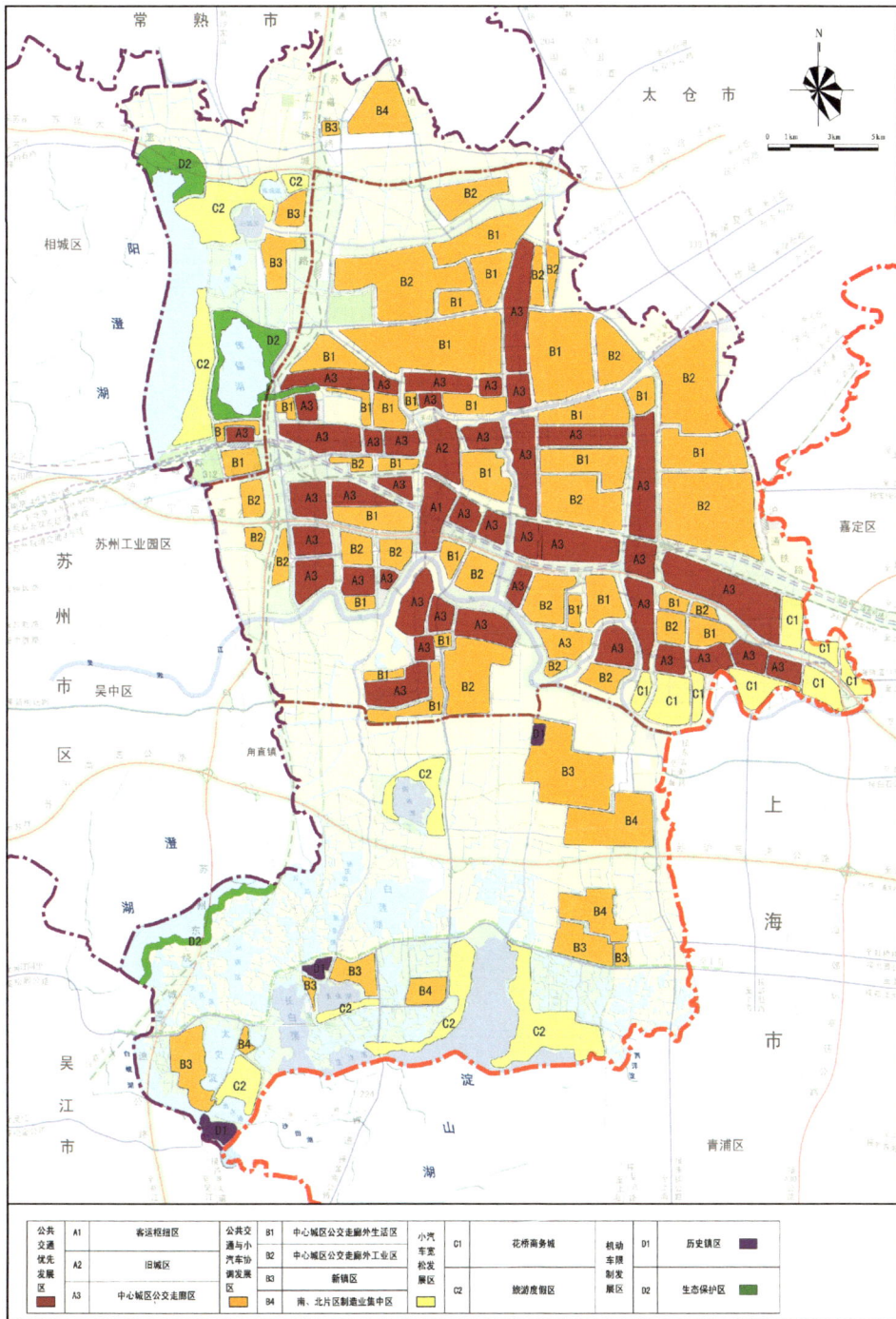

图6-5-4　昆山交通分区图

资料来源：昆山市城市总体规划（2009-2030）

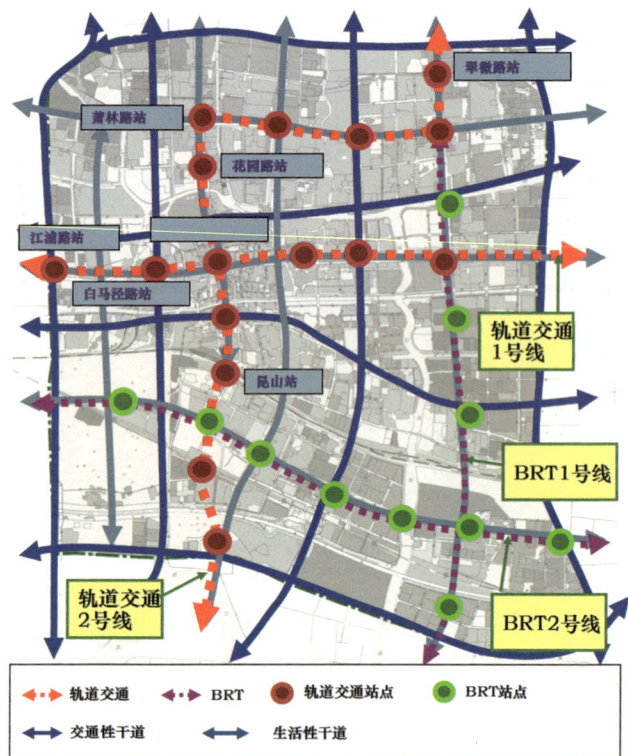

图6-5-5 中心城区核心区公交干线规划

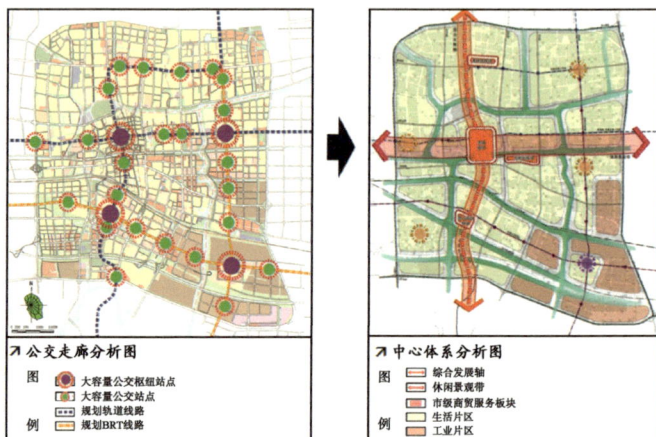

图6-5-6 结合公交走廊布局中心体系

资料来源:昆山市中心城区核心区控制性详细规划

网络(图6-5-7)。核心区内支路网总长度约233.5km,密度达到3.03km/km²,比现状提高了131%。

街区内部提供通达的稳静化道路,设置织纹路面、曲折行车道、路拱、街心花坛等措施。街区内部布局非机动车停车设施,周边布局小汽车停车设施。街区周边布局公交站,一角设置公交

图6-5-7 中心城区核心区街区图

资料来源：昆山市中心城区核心区控制性详细规划

换乘枢纽，同时优化建筑物至小汽车停车设施与公交站点距离的关系，使公交出行更便捷（图6-5-8）。

（3）设计适宜步行和自行车的慢行系统

规划形成通勤和休闲相结合的慢行系统。其中通勤性慢行在非机动车通勤流量大的道路上构建林荫道通勤廊道，从路权上保

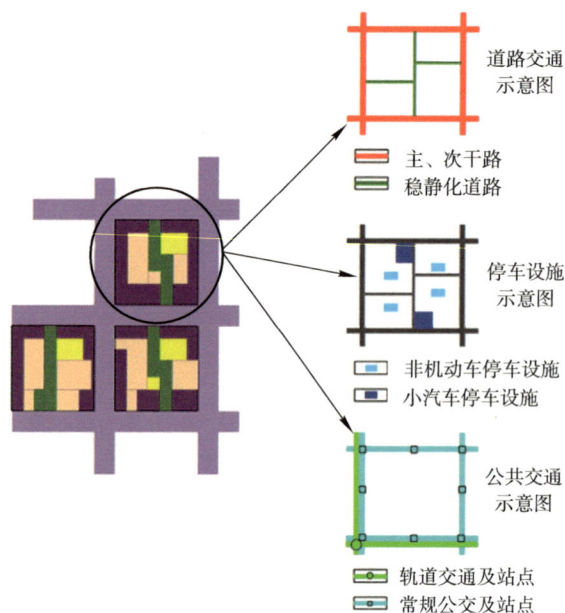

图6-5-8　慢行街区组织示意图
资料来源：昆山市中心城区核心区控制性详细规划

障非机动车通勤的连续性和舒适性，提升慢行路权到35%以上，并优化树种配置，提供连续、宜人的路侧林荫道系统；休闲性慢行沿滨水绿化带布设，包括沿娄江、青阳港、小虞河、太仓塘、张家港、景王河的沿河慢行专用道，服务于本地居民和外来游客的休闲、观光和健身活动，塑造趣味性、多样化的游憩空间（表6-5-2、图6-5-9）。

中心城区核心区慢行线路规划　　　　　　　　表6-5-2

服务对象	类型	功能	规划要求
非机动车	林荫道通勤廊	结合非机动车通勤流空间分布特征布设，服务于非机动车的通勤出行	提高道路两侧的绿地率，优化树种配置，结合断面优化，构筑连续的路侧林荫道系统
	自行车专用道	服务于滨水休闲带的自行车休闲、健身活动	结合沿线景观布设休闲设施，采取自由多变的断面形式，注重线路功能的丰富性和趣味性，路面采用生态化铺装，并采用透水环保材料
步行	步行专用道	服务于滨水休闲带的步行休闲、健身活动	
	风雨廊步行接驳道	服务于接驳公交枢纽的换乘活动	提供连续式的遮雨、遮阳设施
	步行优先街区	服务于特色街道、商业街区、公园绿地的休闲活动	注重人性化休闲设施布局和景观设计，结合稳静化措施的实施，塑造安全连续的慢行空间

（4）根据交通容量确定城市密度

针对核心区存在的铁路、高速公路、航道等区域交通分割形成的多处瓶颈，开展交通系统构建与土地开发适应性研究，采用量化方法进行交通与土地开发强度适应性的动态测算，通过循环调整的方法确定适宜的土地开发强度（图6-5-10、图6-5-11）。

（5）混合用地促进职住平衡

职住平衡为缩短通勤交通出行距离提供可能。通过对各单元的职住偏离度指数计算，分析各单元的就业岗位数与居住人口数的比值关系，以增加就业岗位或增加配套居住为措施，促进在各单元的就业居住平衡分布（图6-5-12）。

简言之，昆山市的规划体现了以下土地使用与绿色交通的设计准则：

1）发展高质量的公共交通，建立由轨道交通网和快速公交网的大运量公共交通系统，围绕站点进行高密度开发，建立公共交通支撑体系。

2）通过大运量公共交通建立紧凑的中心体系，引导土地开发和人口的集聚。

3）通过交通分区，制定差别化交通政策，加强停车的调控，

主要慢行通勤道路　　　滨水慢行休闲廊道

图6-5-9　中心城区核心区慢行系统构建
资料来源：昆山市中心城区核心区控制性详细规划

容积率
4.5以上　3.5-4.5　2.5-3.5　1.5-2.5　1.5以下

图6-5-10　中心城区核心区开发强度图示
资料来源：昆山市中心城区核心区控制性详细规划

```
┌─────────────────────────┐
│      容积率初值确定        │
└─────────────────────────┘
            │
            ▼
┌─────────────────────────┐
│   交通小区划分与交通网络建立  │
└─────────────────────────┘
            │
            ▼
┌─────────────────────────┐
│   计算出行可达性及出行生成率  │◄──────────────┐
└─────────────────────────┘                │
            │                              │
            ▼                              │
┌─────────────────────────┐                │
│        出行生成预测         │                │
└─────────────────────────┘                │
            │                              │
            ▼                              │
┌─────────────────────────┐                │
│     路径搜索及出行量加载      │                │
└─────────────────────────┘                │
            │                              │
            ▼                              │
┌─────────────────────────┐                │
│  寻找交通瓶颈集（i=1,2,…N）  │                │
└─────────────────────────┘                │
            │                              │
    否      ▼                              │
 ┌──────◄╱  交通瓶颈集不为空  ╲◄────────────┐ │
 │      ╲                    ╱            │ │
 │          │是                           │ │
 │          ▼                             │ │
 │  ┌─────────────────────┐               │ │
 │  │    选择其中一个瓶颈 j   │               │ │
 │  └─────────────────────┘               │ │
 │          │                             │ │
 │          ▼                             │ │
 │  ┌─────────────────────┐               │ │
 │  │  查找瓶颈 j 的影响小区集 │               │ │
 │  └─────────────────────┘               │ │
 │          │                  ◄──────┐   │ │
 │          ▼                         │   │ │
 │  ┌─────────────────────┐           │   │ │
 │  │    选择其中一个小区     │           │   │ │
 │  └─────────────────────┘           │   │ │
 │          │                         │   │ │
 │          ▼                         │   │ │
 │  ┌─────────────────────┐           │   │ │
 │  │ 计算该小区对瓶颈 j 的贡献率│           │   │ │
 │  └─────────────────────┘           │   │ │
 │          │                         │   │ │
 │          ▼                         │   │ │
 │  ┌─────────────────────┐           │   │ │
 │  │ 计算该小区出行在瓶颈 j 上的 │           │   │ │
 │  │        分配比例        │           │   │ │
 │  └─────────────────────┘           │   │ │
 │          │                         │   │ │
 │          ▼                         │   │ │
 │  ┌─────────────────────┐           │   │ │
 │  │ 确定该小区在瓶颈 j 约束下容 │           │   │ │
 │  │        积率变化        │           │   │ │
 │  └─────────────────────┘           │   │ │
 │          │              是          │   │ │
 │      ◄╱  影响小区集不为空  ╲──────────┘   │ │
 │      ╲                  ╱               │ │
 │          │否                            │ │
 │          ▼                             │ │
 │  ┌─────────────────────┐               │ │
 │  │ 确定瓶颈 j 约束下各小区地块开│──────────────┘ │
 │  │      发强度调整值       │                 │
 │  └─────────────────────┘                 │
 │          │                               │
 │          ▼                               │
 │  ┌─────────────────────┐                 │
 │  │ 确定本轮调整全部瓶颈约束下  │─────────────────┘
 │  │   的各小区地块开发强度    │
 │  └─────────────────────┘
 │
 └──────────►│
            ▼
┌─────────────────────────┐
│  确定交通瓶颈全部消除后的各    │
│    小区地块开发强度        │
└─────────────────────────┘
```

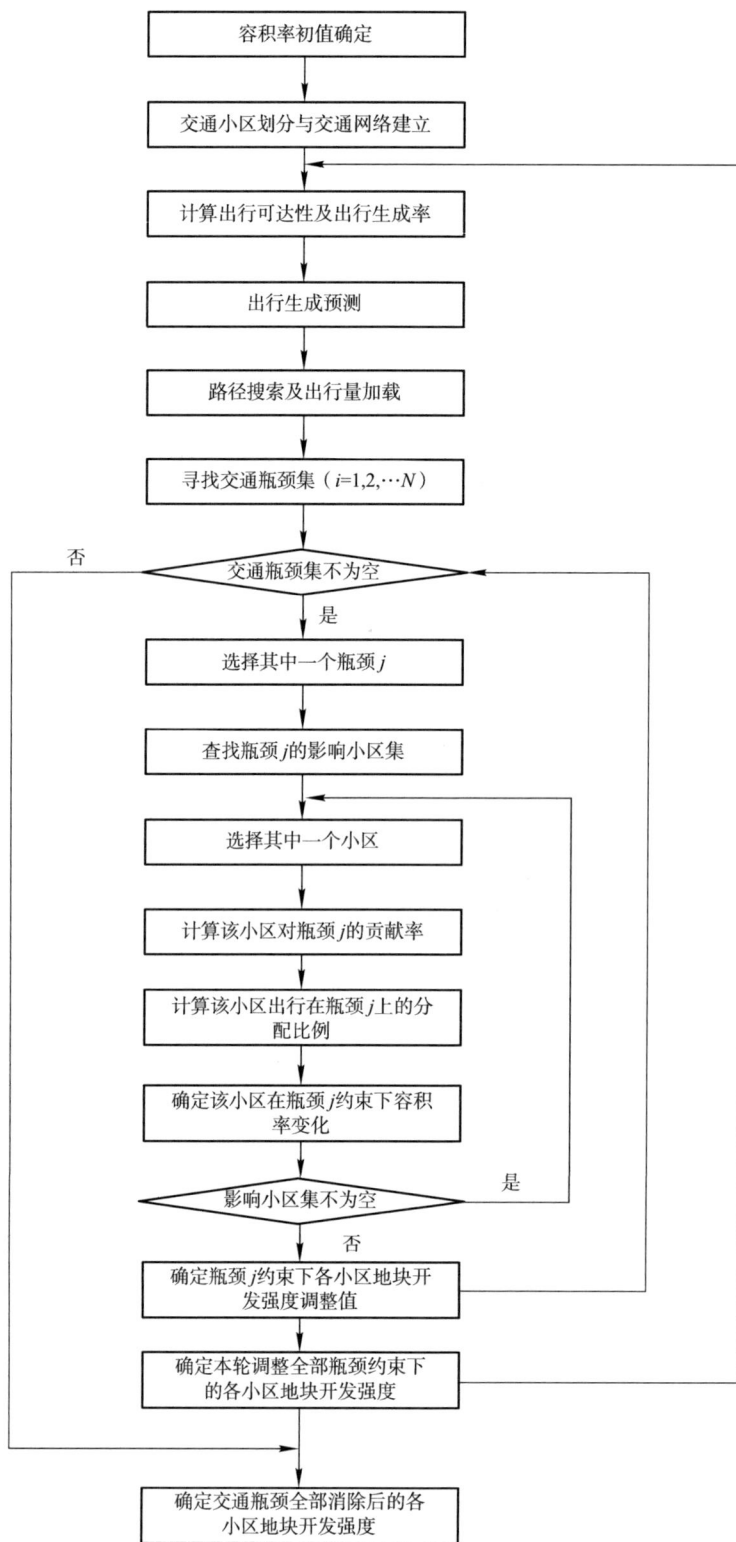

图6-5-11 交通容量引导容积率确定技术路线

资料来源：昆山市中心城区核心区控制性详细规划

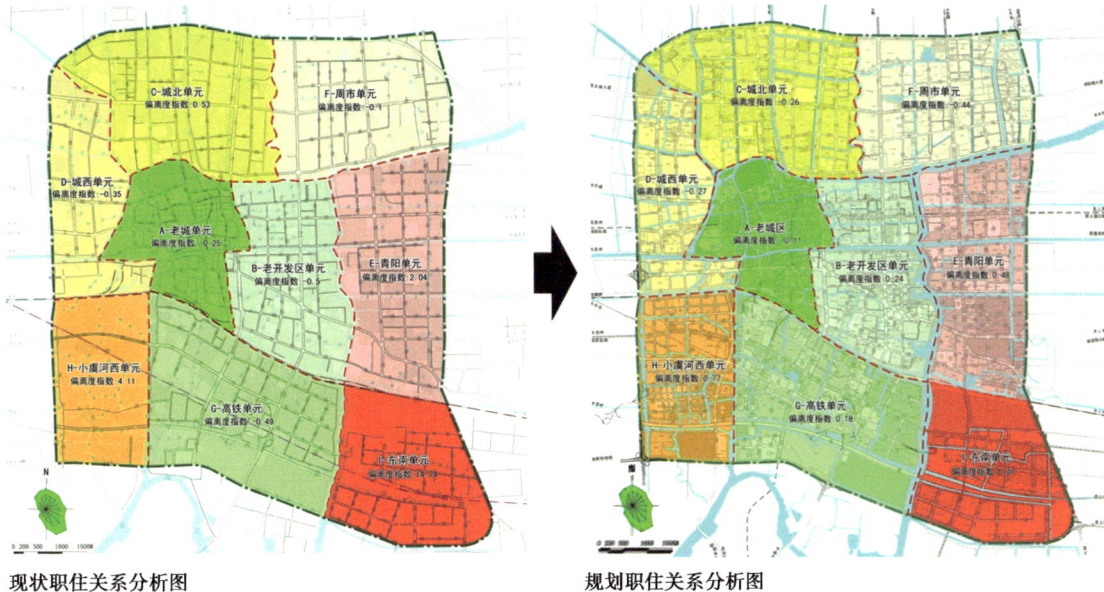

现状职住关系分析图　　　　规划职住关系分析图

图6-5-12　现状和规划职住关系图

资料来源：昆山市中心城区核心区控制性详细规划

调整出行结构，有序引导小汽车的使用。

4）提高道路网密度，通过增加支路形成人行尺度的街区，同时在街区内部对道路、停车及公交等采取措施来优化出行方式。

5）形成适宜步行和自行车的道路网络系统，通过林荫道和专用道形式提供优质慢行环境。

6）根据交通容量尤其是公共交通确定城市密度，通过循环调整的方法确定适宜的土地开发强度。

7）进行区域职住分析，加强片区用地混合，促进职住平衡。

6.6 中瑞无锡生态城示范区

中瑞无锡生态城示范区位于太湖新城中心区，与新行政中心和新城CBD隔尚贤河湿地相望。示范区周边交通条件优越，距离无锡老城中心约11.5km，距上海、南京均约1.5h车程。范围为震泽路以南，干成路以北，南湖大道以西，尚贤东路以东，面积约2.4km²（图6-6-1）。

无锡中瑞生态城示范区是由无锡市人民政府与瑞典王国环境部合作开发的中国瑞典两国政府间合作示范项目。

6.6.1 区域层面——多模式公交互补，落实公交优先

根据相关实践经验，轨道交通站点周边800m半径范围以内，人口与用地能够得到较好的轨道交通出行服务。

由于规划范围内近2/3用地在轨道交通站点800m半径服务范围以外，其中包括客流集散需求较大的体育中心用地。为充分落实"公交优先"，并增加体育中心的公共交通可达性，规划在太湖新城中心区内建设城市轨道交通接驳系统。

接驳系统突破规划范围限制，综合考虑周边协调、服务范围，以及用地需求、景观影响、能源消耗、运能大小等因素，采取跨座式小型架空单轨形式。接驳线路分别以行政中心和CBD作为线路起始端点，由北至南向西斜穿整个规划区，采取双线运营模式，联系行政中心、生态城示范区、CBD三大功能区域，衔接规划轨道交通1号线与4号线，起到良好的短距接驳功能和核心区联系功能（图6-6-2）。

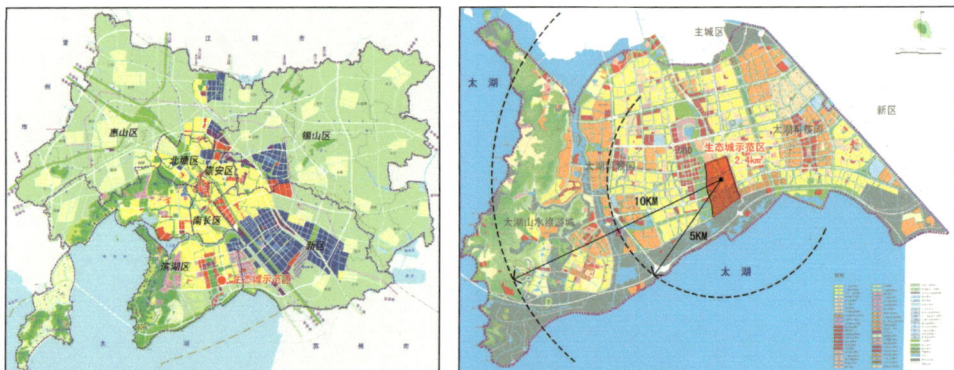

生态城示范区在无锡市区的区位   生态城示范区在太湖新城的区位

图6-6-1 中瑞无锡生态城示范区区位
资料来源：无锡生态城示范区控制性详细规划

↗ 周边轨道交通线路与站点　　　　**↗ 单轨交通接驳系统建议线位**

图6-6-2　单轨交通接驳系统建议线位
资料来源：无锡生态城示范区控制性详细规划

6.6.2 规划区层面——土地使用和绿色交通设计理念

（1）理念一：加强用地混合，促进交通减量

沿尚贤河湿地混合布局商业休闲、文化娱乐、会议会展等功能，增加街区活力，减少各功能区间的活动距离，促进交通减量；合理布局社区商业服务设施，使各居住组团均能便利地享受到社区服务（图6-6-3）。

鼓励建设商业办公综合体建筑，通过在水平和垂直方向的功能复合利用，形成业态丰富、结构清晰、功能完善的城市高效开发区域（图6-6-4）。

（2）理念二：构建网络化慢行体系，提升慢行品质

慢行线路与慢行设施设置充分结合湿地、水系、绿地等自然条件，促进慢行交通与自然环境的协调，创造舒适怡人的慢行环境，增强人与自然的和谐发展。

慢行空间规划以连续、开敞、安全为基本要求，结合公共服务、文体休闲、自行车租赁等慢行服务设施设置，形成层次分明、功能多样的慢

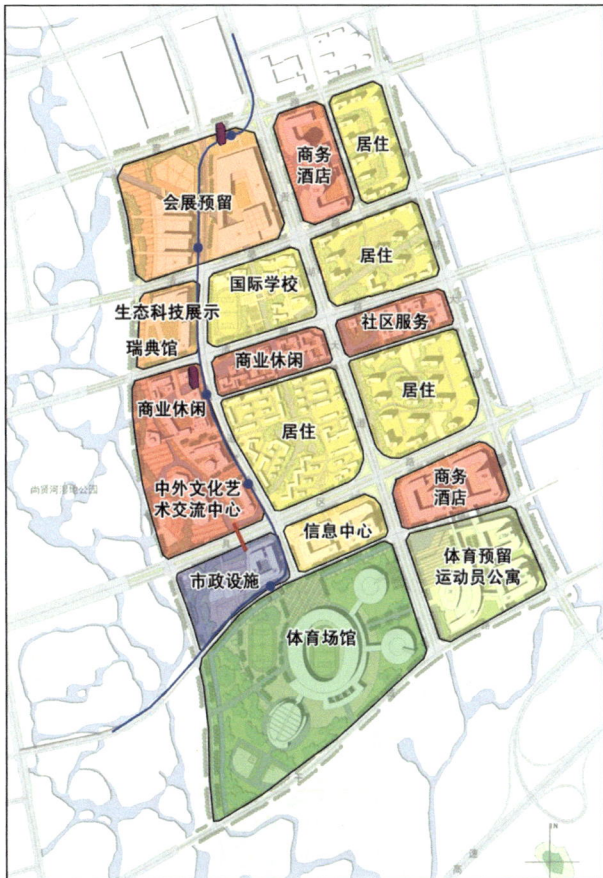

图6-6-3　生态城示范区功能混合分区图
资料来源：无锡生态城示范区控制性详细规划

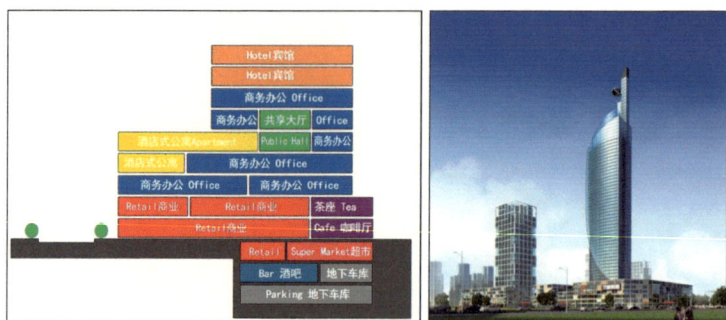

▨ 功能混合示意图

图6-6-4　生态城立体开发功能混合示意图

资料来源：无锡生态城示范区控制性详细规划

行路径与慢行流线，满足不同的慢行需求。规划慢行空间共包括4个层次：慢行廊道、慢行连接道、滨水休闲道和街坊内部游憩道（图6-6-5，表6-6-1）。

（3）理念三：建设立体换乘枢纽，方便市民换乘

建设立体换乘枢纽，方便市民换乘，实现交通减量。分层布置轨道站点、公交首末站、自行车租赁点、电动汽车充电站、机动车停车场等设施。

注重换乘中庭的设计，不仅要处理好各类交通之间的换乘流线的合理性，同时要增加人们在换乘中庭的舒适性，增加自然采光，适度将自然引入中庭内（图6-6-6、图6-6-7）。

（4）理念四：充分利用地下空间，引导空间复合高效利用

地下空间利用分为地下轨道交通设施、地下商业、公共地下通道、半地下商业广场和地下停车场5种类型，以10m以内的浅层开发为主（图6-6-8）。

不同层次慢行空间的功能定位与规划要求　　　　　　　　　　　　　　　　　　表6-6-1

类型	功能定位	规划要求
慢行廊道	联系各功能小区，提供空间连续、线路易达、使用便捷、远离机动车干扰的慢行路径，主要满足各开发地块内部多样化的慢行需求（包括通勤、休闲、娱乐、健身、游憩、交际等），提升慢行交通出行比例，增添城市魅力，提高城市生活品质	连续、开敞的慢行（包括步行与自行车）道路；创造更多捷径；与公共交通、公共服务设施良好衔接；结合绿地、水系设置慢行路线；尽量提供连续的遮阳避雨设施；远离机动车干扰、稳静设计；增加绿化、美化环境；采用透水、环保、彩色路面铺装；满足无障碍通行需求
慢行连接道	主要服务于慢行端末出行，以及慢行交通与其他交通方式的转换，延伸慢行空间，满足最基本的慢行可达性	确保所有市政道路两侧合理的慢行路权；交叉口紧凑化、人性化尺度；道路易于穿越、减少绕行；分散车流、降低车速；严格限制内停车、减少停车干扰；创造舒适的人行道和自行车道；合理配置道路绿化、构筑路侧林荫道环境；满足无障碍通行需求
滨水休闲道	主要服务于以休闲、娱乐、健身、游憩、人际交往为目的的散步、跑步、骑自行车等慢行活动，提升城市魅力和生活品质	结合绿地、湿地、水系设置连续慢行专用道路，提供必要的遮阳避雨设施，增加绿化多样性，采用透水、环保、彩色路面铺装，设置一定量的健身设施，提供必要的座椅等休憩设施，满足无障碍通行需求
街坊内部游憩道	主要服务于居住区内部日常出行、邻里交往、休闲活动，提高慢行便捷性	采用透水、环保路面铺装；绿化、美化环境，与其他三类慢行空间良好衔接，满足无障碍通行需求

图6-6-5 慢行体系构建
资料来源：无锡生态城示范区控制性详细规划

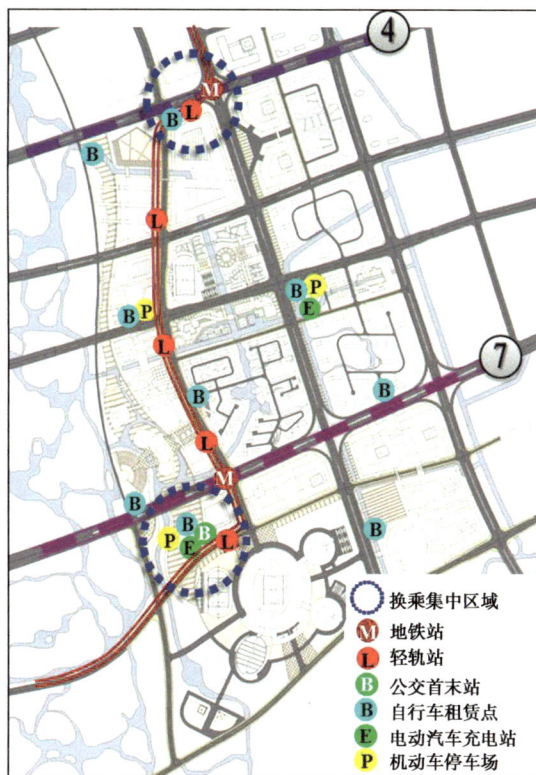

图6-6-6 交通设施及换乘示意图
资料来源：无锡生态城示范区控制性详细规划

根据功能布局和轨道站点的设置，将会展中心和商业休闲水街、轨道站点等地下空间设置为地下商业，通过公共地下通道与半地下商业广场相连接，公共地下通道和半地下商业广场均考虑步行舒适性和标识可识别性，在局部地段设置采光天窗，促进地下通风和采光，减少能源消耗。在居住区和商务酒店的地下1～2层设置地下停车设施，通过分区停车的组织，引导机动车的交通出行，改善地上交通的运营效率。

（5）理念五：交通稳静化改善，构建慢行安宁区

规划建议对现状及新增的集散道路、小区道路、重要慢行节点实施必要和合理的稳静化改善措施。考虑经济条件、驾驶员水平、道路交通状况及公众可接受等因素，稳静化改善方案应谨慎评估、择机实施、分期改造、逐步推进。近期可选择若干公众易于接受的稳静化技术，结合部分关键节点先行实施，起到良好的宣传作用和示范意义。远期视示范效果逐步推行完善，最终达到构建"慢行安宁区"的目标。

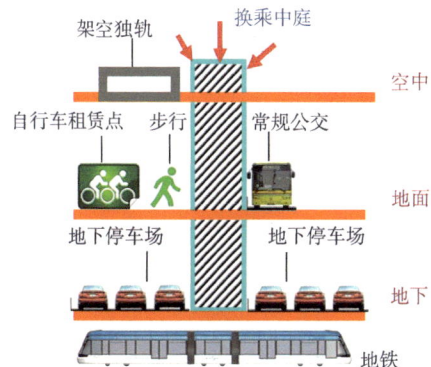

图6-6-7 立体换乘枢纽立面示意图
资料来源：无锡生态城示范区控制性详细规划

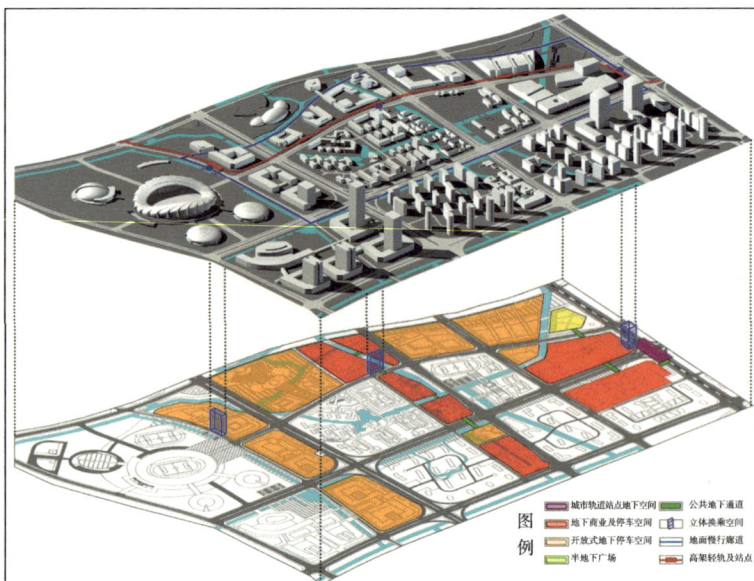

图例：城市轨道站点地下空间　公共地下通道　地下商业及停车空间　立体换乘空间　开放式地下停车空间　地面慢行廊道　半地下广场　高架轻轨及站点

图6-6-8　地下空间分布图
资料来源：无锡生态城示范区控制性详细规划

结合规划生态示范区定位及交通出行特点，建议可供规划集散道路或小区道路采用的稳静化技术有8项：减速墩、凸起横道、纹理路面、小型环岛、中央分隔岛、凸起交叉口、缘石延伸和道路窄化曲化（图6-6-9）。在确保机动车必要通行能力和安全运行的前提下，可考虑在规划区范围内重要的慢行节点予以实践。

（6）理念六：建设自行车停车租赁系统，鼓励自行车出行

为方便自行车停车与使用，鼓励自行车出行，本着适度规模、分散布局、便捷服务、有序衔接的原则，结合慢行空间、公交枢纽、轨道站点、居住社区以及公共服务设施布局，在规划范围内设置9处自行车停车租赁点，各租赁点之间车辆交互使用、自由存取、连锁运营，形成网络化服务的自行车停车租赁系统（图6-6-10）。为了体现慢行优先，促进绿色出行，规划建议自行车停车租赁系统实行免费运营，吸引更多出行者参与。

简言之，中瑞无锡生态城示范区的设计体现了以下土地使用和绿色交通原则：

1）设置混合用地，均衡布局社区服务设施，形成混合使用街区，实现布局减碳。

图 6-6-9 交通稳静化措施规划图
资料来源：无锡生态城示范区控制性详细规划

2）多方式公交互补，拓展公交模式，发展高质量公共交通，促进公交优先、实现绿色出行；同时结合用地和公共交通线网布局，集中布置立体换乘枢纽，方便公交出行。

3）构建网络化慢行体系，提升慢行空间品质，强化慢行廊道与出行产生点和吸引点的衔接，促进步行交通。

4）结合功能分区和轨道站点充分利用地下空间，通过地下通道进行空间串联，引导空间复合高效利用。

5）在道路的关键节点进行稳静化设计，设置能减缓汽车车速的设施，达到慢行安宁，在限制汽车的同时方便慢行交通。

6）设置自行车停车租赁设施，方便居民和游客自行车的安全停放，增加自行车出行。

环状自行车停车点

带状自行车停车点

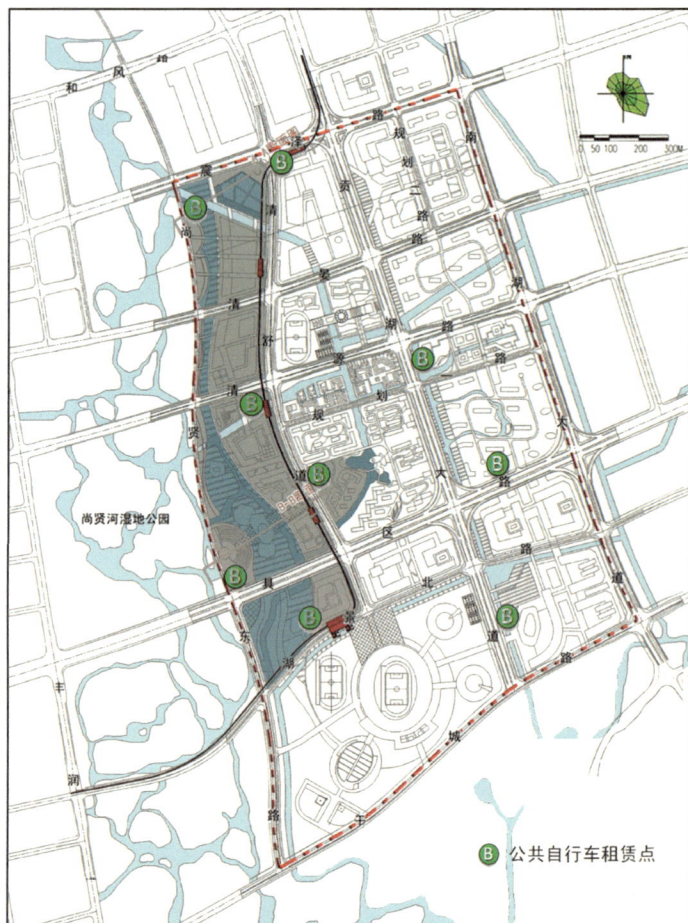

图6-6-10　自行车租赁设施分布图

资料来源：无锡生态城示范区控制性详细规划

6.7 北川新县城规划设计与实施

城市能否获得可持续发展，首先取决于是否有科学合理的城市规划指导城市开发、建设和管理。可持续发展规划的实施将引导城市走向稳定、协调的发展之路，对城市进一步优化生存环境，创造发展条件，增强城市综合实力和竞争力起到积极的推动作用。

北川县城是汶川"5·12"特大地震灾后重建项目中唯一整体异地重建的县城，也是全国唯一的羌族自治县，这两个唯一性使得北川新县城的建设备受关注。北川新县城的总体规划因其特殊的编制背景，在规划设计之初就将可持续发展的理念贯穿于规划建设的全过程，在可持续的城市发展模式方面进行了探索和实践。在重建过程中，新县城的选址和快速新建两方面的问题对新县城的规划设计提出了重大挑战，对于一个在原先的自然农地上平地而起、从无到有的新城，在新县城总体规划中，如何合理利用原有自然环境，注重经济、社会与环境的协调发展，体现既满足当代人的需求，又不对后代人满足其需求的能力构成危害的可持续发展理念，达到建设"安全、舒适、生态友好之城"的目标，是规划设计的基本出发点。

同时，新县城的重建面临着诸如规划设计时间短，建设周期短，建设量大，项目集中等许多现实问题，在新县城的规划建设过程中，需要快速、高效地应对与解决上述问题，以及考虑城市未来的发展与运行。新县城规划作为城市规划，特别是小城镇规划的示范，其规划设计中对可持续发展理念的体现和落实为中国可持续发展的城市建设提供了示范模式和实践经验。

6.7.1 区域层面——着眼区域，融入互动

北川新县城选址坚持"以人为本、安全第一"的原则。所选地址在满足地质条件的同时，也要综合考虑各方面因素：选址地用地条件能满足全县二、三产业发展与新县城建设的用地要求，并具有满足未来发展需求的空间余地；同时应临近区域性交通干路，与绵阳城区联系便捷，易于接受绵阳主城区辐射，与下辖乡镇联系便利，易于实施行政管理与提供公共服务。再者应有利于民族文化传承与发展，具有羌族文化遗存或具有较大的民族文化塑造空间。

依据选址原则，通过实地调查，在北川和安县境内筛选了安昌、擂鼓、永安、桑枣四个选址方案（图6-7-1）。通过对选址

图6-7-1　北川新县城选址方案比较

地的地质、区位、用地、基础设施、社会服务、行政区划调整等因素作综合评价，确定将安昌镇作为北川新县城选址的推荐方案。新城选址安昌镇更接近"成都—德阳—绵阳"城镇群发展带，能够更好地融入区域发展，使之获得持续的发展机会。

6.7.2 城市层面

（1）城镇形态——弃山营坝，紧凑发展

在北川新县城用地规划设计之初，进行了多方案的比较和论证，本着集约使用土地的原则，以紧凑的城市空间形态作为城市空间布局的基本要求，结合土地资源、自然环境、建设效率与微观气候等多要素统筹考虑，最终确定了用地布局方案（图6-7-2）——基于城市周边山体合理保护利用的原则，有收有放，形成适度紧凑，边界自由的城市平面形态；基于城市内部开放空间整体设计的原则连山通水，形成具有开放空间网格的城市用地组团格局；基于城市内部建设运行效率优先的原则，以双棋盘的路网格局形成相对规整的城市地块划分，有效服务于快速重建，在满足使用的前提下，有效地控制人均建设指标，实现土地的节约利用。

依据近期人口安置需求和县域城镇化水平的发展预测，确定新县城人口规模为6.8万人，综合考虑各类用地规模，新县城城市建设用地规模为7km²，人均建设用地102m²/人，北川新县城的人均建设用地并没有一味追求大，而是坚持实事求是，经济适用的原则，从城市形态和使用效率上挖掘土地潜力。

在规划实施过程中还考虑到城市未来可持续发展的需要，将城市中心区和环境优美的丘陵地带作为预留用地，预留易于商业开发的地块"优地优用"，为后援建时代的城市发展留有发展空间与商业机会。

（2）功能布局——混业布局，集约适用

新县城规划采用混合式的功能布局（图6-7-3），不再强调山区的产业和人口集聚功能，降低山区人口密度，将人口、产业的集聚重心放到新县城，保留山区乡镇旅游、农贸和区域社会公共服务功能，实现"职住平衡"。经过严格产业筛选的工业园区紧邻城市主要生活区，便于居民利用步行或自行车通勤；同时在居住社区内，鼓励底商的设置，提供更多的就近就业岗位。

在公共设施的规划建设中，强调"统建共享"混合使用。在项目建设立项时，通过规划提供技术支持，对各单位的建设要求

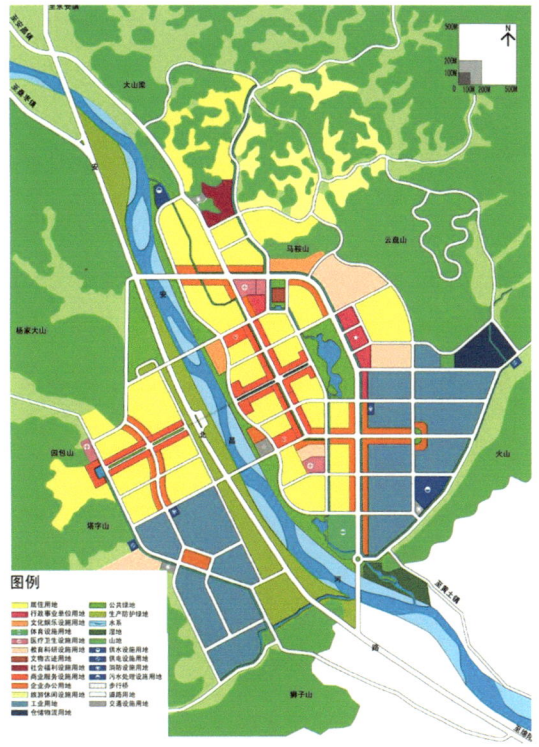

总规初步方案阶段 | 总规评审方案阶段

总规优化方案阶段 | 后总体规划方案阶段

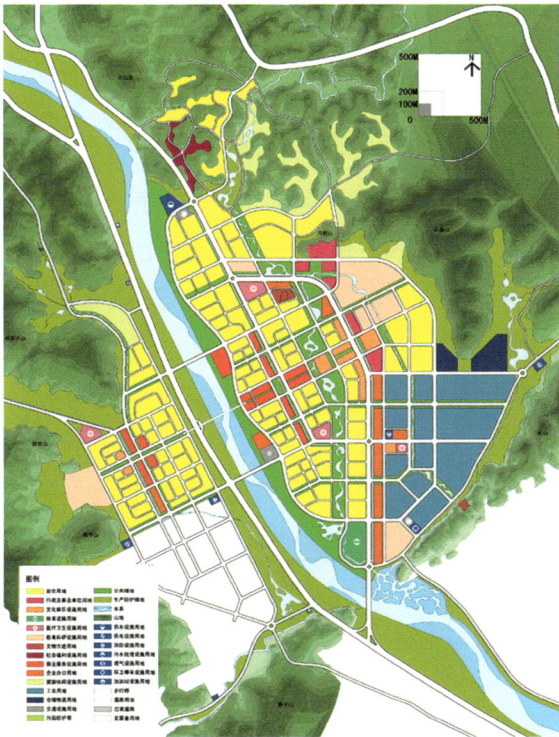

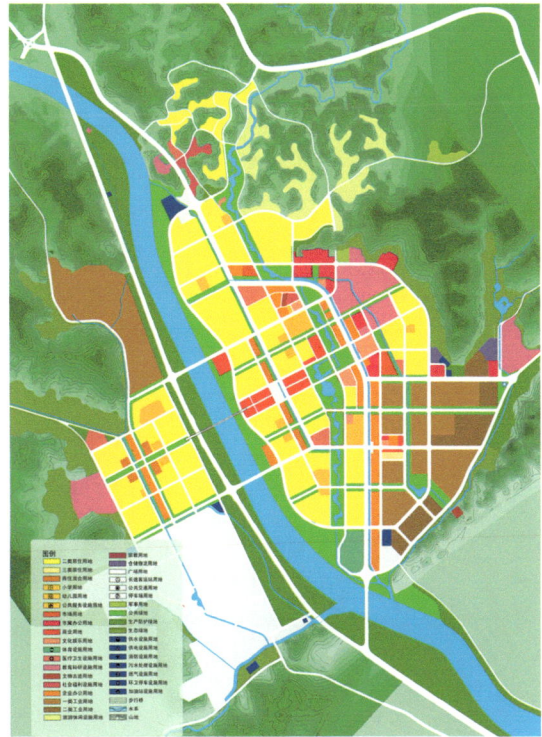

图6-7-2 北川新县城用地布局演进

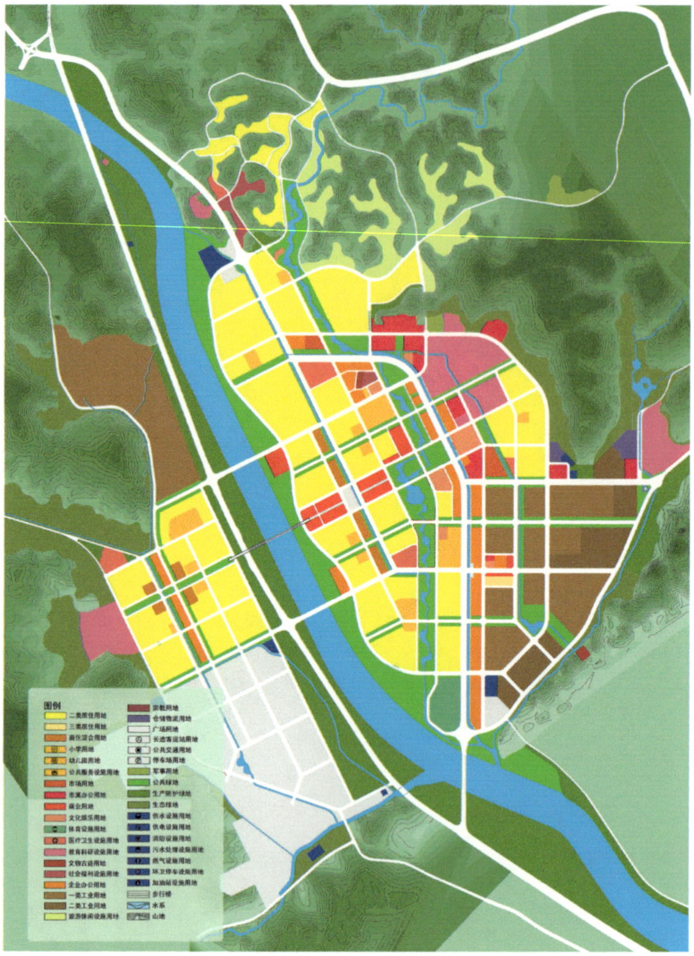

图6-7-3 北川新县城用地规划图

进行评估与分析，确定适宜的建设标准和组合方式，集中建设企事业办公设施，实现了节约土地，提高空间使用效率，为资源的高效利用提供了保证。如在项目梳理工作中，适当压缩文化馆等项目规模，扩大医疗设施规模；整合影剧院、川剧团、文化艺术学校，实现设施共享；充实完善设施功能，充实抗震纪念馆和城建展览馆的功能。项目梳理后，新县城公共设施建筑总面积24万m^2（含7万m^2商业街）。公共设施建筑总面积压缩46659m^2。初步测算，项目梳理后节省投资1.79亿元，其中取消的3个项目，投资总额1.25亿元。

（3）交通组织——突出稳静，慢行优先

重建规划贯彻"以人为本，安全第一"的原则，创建以绿色交通系统为主导的交通发展模式，以可达主导、慢行优先、分区限速、空间协调几个方面的交通发展策略，实现绿色交通、低能耗少占地、高效集约，创造良好的步行和自行车交通环境（图 6-7-4）。

在重建规划方案中，通过对居住、服务和就业功能区的合理布局，结合体系化的慢行交通系统，实现居民日常出行的非机动化，对于居住区内部的交通组织，利用路面铺装、街道设施和道路转角控制，有效降低居住区内部车速。在对道路广场进行规划控制时，强调小尺度和密路网的原则，压缩道路红线宽度，从而在保证不增加道路用地的情况下，提高道路网密度，规划新县城核心区干路间距平均为200m，外围地区300m左右，干路红线宽度以25m、20m为主，干路网密度高达7.2km/km^2，而干支路网整体密度高达14km/km^2，支路宽度均控制在9m。高密度的道路网络是对居民交通可达性的最大保证，同时也是减少机动车出行，降低能耗的重要方面。

在道路资源分配上，优先考虑慢行交通的需求，人行道和非机动车道占道路总面积的35%以上，机动车道占45%以下。同时在道路断面设计中，采用慢行交通一体化设计方法，将自行车与步行道设置在同一个平面上，采用不同的铺装进行区别，保证了慢行交通的安全与灵活。在较大的交叉口设置中央行人过街安全岛，确保交叉口行人过街安全；在交叉口慢行交通通道端部设

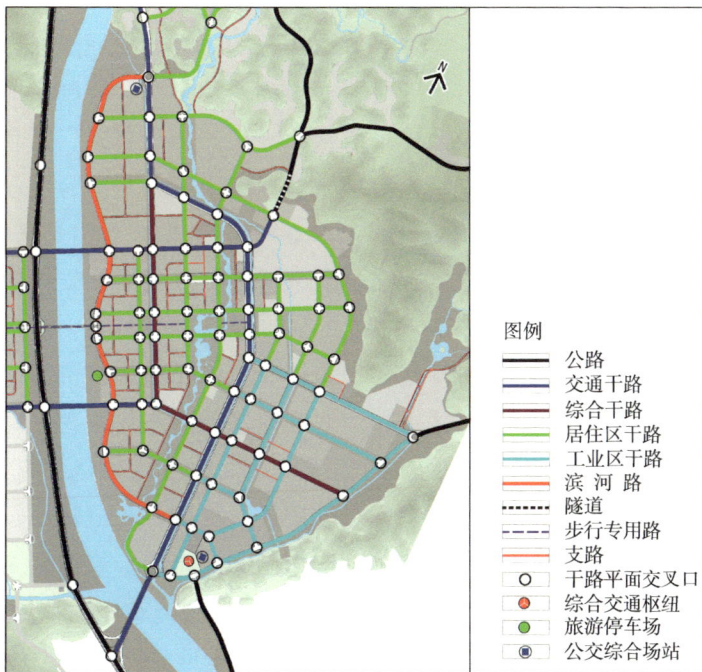

图例
公路
交通干路
综合干路
居住区干路
工业区干路
滨河路
隧道
步行专用路
支路
○ 干路平面交叉口
综合交通枢纽
旅游停车场
公交综合场站

图6-7-4 北川新县城道路功能布局图

置阻车石，严格限制机动车进入慢行交通通道，避免机动车对步行和骑行环境的干扰。

在慢行交通系统布局上，规划建设了生活性慢行交通系统和独立慢行交通系统。生活性慢行交通系统沿干路布置，满足日常居民生活和出行需求，是常规的慢行交通通道，生活性慢行交通系统与机动车交通之间采用绿化带隔离，保证生活性慢行交通系统的安全。

此外，北川规划建设了独立慢行交通系统。独立慢行交通系统严格禁止机动车进入，仅仅提供给自行车、行人、轮滑等慢行交通方式通行，是为居民提供通勤、休闲、游憩、健身的连续慢行通道，并结合地形地貌特征，绿地、公园、水系、景观进行布局，从行人和自行车骑行者的角度设计道路横断面、标高等。

（4）产业发展——工业求精，旅游求特

北川工业发展设定了两型社会四大目标簇：①资源节约、环境友好，以工业化促城镇化；②推动就业、能级提升，发展基础；③符合地方实情，地方特色；④体现人文自然资源特色等。根据目标簇提出相应指标，对拟发展产业门类进行评分。并从项目经济效益的角度，采用单位投资额作为评估指标，参照相关城市不同行业项目投资强度的经验数值，针对产业门类提出项目投资的最低门槛，以达到节约用地的目标。规划根据产业业态的不同特征，进行产业分区，推出标准厂房、定制厂房与地块出让的不同开发模式。采取最小地块的出让方式，控制最低投资额，不足额开发则被要求采取厂房租赁或是联合建设的方式。对于开发指标符合规划要求的优质企业给予优先选址、建筑分层补贴（补贴力度随建筑层数递增）以及增加发展备用地等优惠。

北川的资源特色与基础在于多层次多样化的旅游资源，老北川的十万大山、羌禹故里，加之交通基础设施的改善、老县城地震遗址的保护与新县城的地域民族文化特色都是北川县、北川新县城旅游发展的新契机。规划谋求旅游产业链的延长及旅游与生活的融合，从景点旅游向休闲旅游转变。规划拟充分挖掘北川的城镇建设品牌效应，以"水（河流与水库）、街（民族街）、丘（北部丘区）、园（主题园）、筑（重要公共建筑）"为元素，通过推动城市主题论坛组织、城市节庆活动策划，丰富城市街区生活组织，一方面积聚专业人士商务旅游，一方面吸引周边居民和就业人群集聚观光消费，由此形成多层次的消费群体，推动城市经济增长。

（5）公共空间——格局强化，步行可达

城区建设用地主体位于群山环绕的河坝之上，规划对于不同尺度的山采取不同的使用态度：严格保护大型山体，城市建设用地组团拥山而不占山，观山而不上山，合理利用浅丘地带，结合微地形，适度进行开发，城市建设用地呈分散组团布局，与丘体呈交错布局，丘融于城，城丘一体。强调山区等环境敏感度较高地区的低密度开发，注重密度与建设形态的把握，切实降低环境的承载负荷。

水体利用意在传承羌人精于水利、水寨一体的聚居传统，提升新县城城市生活的亲水性；对外以安昌河为主脉营造连接新县城与安昌镇的城市滨水风光带，以景连城；对内在保持原有山体水系排水灌溉格局的基础上，梳理现有水系，赋予不同区位的水以不同的功能，兼顾景观优化与市政安全的双重需求，引水造景，营水富景，形成亲水活动的步行范围不超过300m的"小四川"水系格局。

新县城四面环山，静风频率高达37%，容易形成污染，规划编制中根据地形环境特点，合理布局城市建设用地，在总体布局中建立以安昌河为生态廊道，以永昌河等水系与道路绿化廊道为生态网络（图6-7-5），为城市形成空气通廊，同时，城

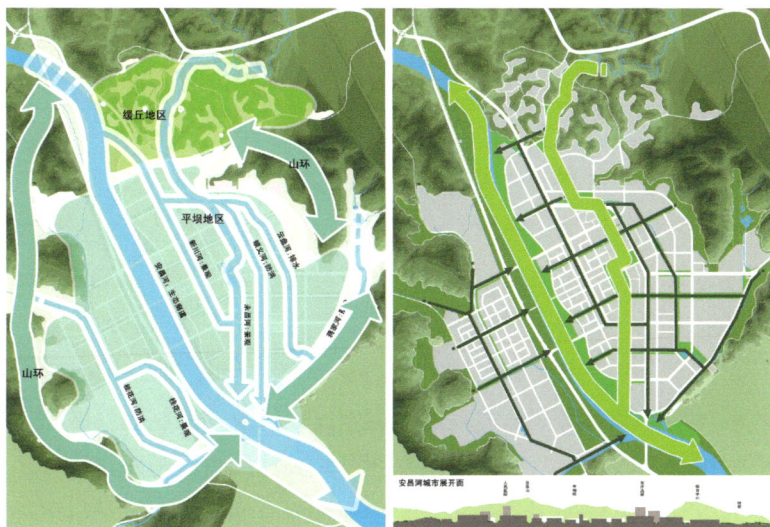

图6-7-5 北川新县城山水格局与绿化系统布局

市整体形态保持平缓舒展的态势，局部点缀高层，形成高低错落的建筑形体感，利于保持风速，加强城市内部低层空气扰动，将生态腹地清凉、洁净空气引入城市内部，稀释城市核心区域的污浊空气，并有效缓解城市内部的热岛效应。网络状城市公共绿地系统，实现绿地就近服务，保证所有城市居民在5min之内即可步行到城市公共绿地，城镇居民出行最远300m即有城市公园。新县城绿地面积163.88hm²，占城市建设用地比例22.96%，人均绿地23.41m²；其中公共绿地114.31hm²，占城市建设用地比例16.01%，人均公共绿地面积达到16.33m²。

安昌河是纵贯新县城南北的主要河流和最重要的通风廊道。在规划中保证了安昌河河道的宽度，并控制相应的滨水绿地，构建绿色通风廊道。规划在新县城南端安昌河以东、结合县城多条水系出口建设生态湿地公园，突出水质净化、科普教育、自然游憩功能。同时结合城市内部街道设计，建立衔接河道、城市与山体的绿化廊道体系。在安昌河河道内部的水利设计上，坚持生态保护与景观塑造并重，建议采用景观影响较小的堰坝保证河道蓄水，利用河道中的滩涂沙洲，形成鸟类的栖息地。

6.7.3 社区层面——亲情社区，绿色建筑

规划通过宏观尺度的城市设计对城市风貌进行总体塑造和控制，在建筑项目立项及设计任务书里按照风貌分区提出指导性的设计原则，以供建筑设计师参考和把握。建筑设计则通过羌族传统建筑符号和装饰图案与现代建筑材料和施工技术的有机融合，塑造新北川的建筑风格，结合乡土树种的栽植，民俗活动的展示，公共艺术的传承，以及羌族手工业的继承等塑造城市特色风貌（图6-7-6）。

新县城的道路、住区名称尽量沿用老曲山镇路名及拆迁村落的原有名称，以流传地域的记忆。通过地域特色塑造为城市风貌的可持续发展带来活力，同时，富有特色的城市风貌塑造也为旅游产业的发展提供了引擎。

在安居社区规划设计过程中，公众参与设计的方法与效果、社区规划体现人文关怀的理念与实施途径以及如何利用社区物质空间传承羌族文化特质一直是规划设计关注的核心与建设工作实施的重点。规划采用了在新社区中延续原有邻里关系，采取多种形式的商铺以增加就业，形成街道氛围，完善配套设施，重视公

图6-7-6 北川新县城建筑风貌指引

共空间营造，精心设计环境细节等措施，切实关心受灾群众的心理恢复，帮助居民快速适应并融入新的生活（图6-7-7）。

在城市居住区的规划设计中，不单独设置大量社区内部绿地，而将公共绿地引入城市社区，通过共享城市公共绿地资源，使居民就近利用公共绿地，既保证了居民对绿地的使用和良好的环境品质，同时减少社区的绿化物业管理成本。

设计团队通过对当地实际情况和对周边地区的调研，编制了有针对性的《北川新县城居住建筑设计导则》以及《北川新县城居住建筑统一技术措施》，以应对快速重建多头并行的工作统一与协调，重点强调了应按照建设节能省地和环保型建筑的要求，积极推广使用先进、安全可靠的新技术、新工艺、新材料与新设备。在建设过程中，积极引入《绿色建筑评价标准》，在《北川羌族自治县灾后重建城乡建筑节能设计导则——总则》之下，分类编写了办公、宾馆、居住、学校、医院等建筑节能设计导则，在满足功能要求的前提下，采取了诸如确定适宜的建筑体形，通过良好的围护结构与门窗设计，到达良好的保温隔热水平；对安居房装修标准进行了统一规定，收房后即可入住，免去装修的时间与财力浪费；通过分离式的水电计量与收费方式，以及节水卫生洁具的应用；室外地面部分采取雨水渗透技术，并通过收集部分雨水用于绿化喷灌等措施，强化绿色建筑实践。

图6-7-7　新县城安居社区实景（右上角为专为回族群众设置的清真寺）

6.7.4 设施层面——设施适用，节能减排

城镇能源建设上，北川新县城建立以地区电网、燃气管网为依托的基本能源保障体系，保证能源供给安全可靠。依托地区资源优势，发展以可再生能源为补充的能源供给方式，推广应用地热和生物质能。

供给设施规模斟酌得当，供水设施在合理确定用水定额的基础上，优选供水管材和工艺，加强施工和运营管理，降低管网漏失率。从管材水密性、耐腐蚀性、抗震性以及投资、运输、施工、维护等多方面考虑，并结合当地常用管材，规划给水管道在管径小于400mm（含）时采用HDPE管材，在管径大于400mm时采用球墨铸铁管。在使用球墨铸铁管时，采用胶圈柔性接口，保证供水系统的安全，利用管材优良的抗震性能，增强管网抵御地震灾害的能力。排水设施考虑北川新县城的区位条件，北川县污水处理厂实行北川安昌镇、新县城和安县黄土镇三个区域联合建设，区域共享。从管材防渗性、耐腐蚀性、抗震性以及投资、运输、施工、维护等多方面考虑，规划新县的污水管道在管径介于200~400mm时采用HDPE双壁波纹管，在管径大于400mm时采用钢筋混凝土管。雨水管网通过布局优化，保证雨水管渠以最短路线、较小管径排入水体。结合水系设计，把雨水作为水系的重要补充。沿永昌河设置雨水初期截流管，把水质较差的初期雨水排入下游湿地进行净化处理，中后期清洁雨水通过溢流井排入水系，补充河道景观用水。

城市照明根据国家相关标准规范，合理确定道路照明等级和标准，从根源上避免道路照明盲目求"亮"带来的能源和资源浪费。通过计算机模拟布灯方式、光源选择、功率确定，并进行平均照度（平均亮度）、照度均匀度（亮度均匀度）、眩光阈值等照明指标计算，与国家相关标准进行对比，在不降低照明质量的前提下，将单位路面的能源消耗（功率密度）降至最低。采用新型光源，如新型高压气体放电灯（Cosmopolis）、LED等。新县城规划主、次干路机动车道照明采用新型高压气体放电光源照明，支路机动车道、人行步道、人行道采用LED光源照明。新县城78%的道路照明灯具采用LED光源，与光源全采用传统高压钠灯相比，每年节约用电约31万kW·h，节约运行费用25万元，节约维护费用115万元；每年节约标准煤约102t，节约用水1240t，减少二氧化碳排放243t，减少二氧化硫排放3t。

制度层面上，国家发改委、住房和城乡建设部、环保部、科技部等国家部委整合国家有关部门的资源，联合设立北川新县城灾后重建绿色生态技术应用示范基地，搭建绿色节能产品技术应用、展示和推广的平台，切实落实绿色理念，扩大城镇建设影响。

6.7.5 总结评价

可持续是城市未来发展的核心原则之一，应作为重要的重建指导方针加以落实与贯彻。但可持续的实施却在城市的建成环境中面临种种现实难题，发展阶段的局限，城市整体的协调，工程建设的投资，技术体系的支持等往往制约了可持续策略的实施。

在北川新县城的规划建设中可持续发展策略的探索与实践，将为新北川未来发展指明道路，保证新北川在满足人民生活需求、保障城市良好运行、促进经济健康发展的基础上，实现与自然环境、历史文化的和谐共融。与此同时，作为平地而起、全新建设的城市，给城市规划带来挑战的同时也伴随着机遇，即新县城在建设初期，就可以将先进的规划理念与实施措施相结合，并且贯穿在整个城市建设的全过程，带来事半功倍的效果。重建后的城市，抵抗环境灾害的自适应能力明显提升，城镇服务功能的可靠性显著改进，捕获外部发展机遇的能动性有所改进，居住者与观光者的舒适度感受进一步改善。北川新县城重建无疑是中国可持续的城市建设的典型探索与实践（图6-7-8）。

北川在"三年重建，两年完成"的目标指引下，通过短期内集聚高额投资实现了重建任务的圆满，而"后重建时代"的投资下滑、经济转型的压力也随之而来。在既有的"硬"的物质空间架构良好的前提下，如何寻找自身持续发展的动力，识别自身城镇化、工业化和特色化路径是北川未来实现可持续的"软"发展的思考。

图6-7-8　北川新县城全景

6.8 中新天津生态城规划

2007年4月，中国国务院总理温家宝在会见新加坡国务资政吴作栋时，共同提议在中国合作建设一座资源节约型、环境友好型、社会和谐型的城市。随后，中国国家相关部委对天津等多个备选城市进行反复比选和科学论证，在征求新加坡国家发展部的意见后，于9月底初步认定生态城选址在天津滨海新区。2007年11月18日，温家宝和新加坡总理李显龙共同签署《中华人民共和国政府与新加坡共和国政府关于在中华人民共和国建设一个生态城的框架协议》。中国建设部与新加坡国家发展部签署《中华人民共和国政府与新加坡共和国政府关于在中华人民共和国建设一个生态城的框架协议的补充协议》。中新生态城作为中国新一轮发展重点地区——天津滨海新区的核心项目之一，其发展模式的创新被认为具有重要的示范效应而受到高度关注。

6.8.1 针对问题的项目选址

作为创新示范型项目，中新生态城的选址工作明确提出了选址双原则：一是体现资源与环境约束条件下，应对耕地与水资源短缺普遍挑战的环境原则；二是充分依托中心城市的交通与服务优势，节约基础设施投入的建设原则。根据选址原则，兼顾中方要求依法取得土地、不占耕地、节地节水、实现资源循环利用的要求，以及新方提出的能复制、能实行、能推广的要求，生态城最终选址在天津滨海新区，汉沽和塘沽两区之间的盐碱地带。

生态城的区域交通条件比较便捷，距天津港约10km，距天津国际机场约40km，距天津中心城区约50km，距北京约150km（图6-8-1）。现状用地盐田、荒滩和水面各占1/3，土壤盐泽化程度高，无法耕种，水质存在污染，属于水质性缺水地区。生态修复与示范意义显著。同时生态城周边基础设施条件良好，规划有津秦高铁、津塘城际铁路、京港高速、海滨大道高速等国家重大区域交通设施，为生态城融入国际、示范全国、带动区域提供强力的支撑。规划范围东至汉北公路—规划中央大道，西至蓟运河，南至永定新河入海口，北至规划的津汉快速公路，面积约34.2km^2（图6-8-2）。

图6-8-1 中新天津生态城选址示意

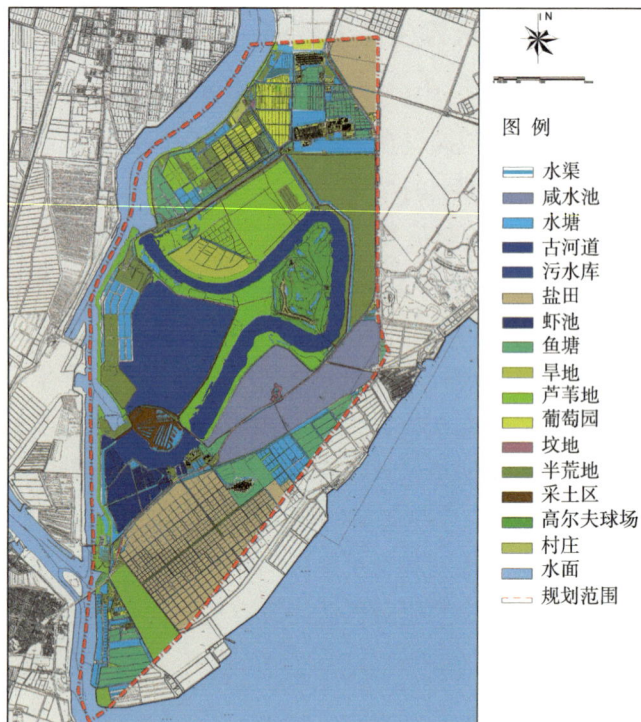

图6-8-2 中新天津生态城规划范围

6.8.2 目标导向的政策标准

按照中新两国政府签订的框架协议和补充协议要求，生态城要突出"三和、三能"目标：即人与人和谐共存、人与环境和谐共存、人与经济活动和谐共存，能实行、能复制、能推广。中新生态城一个重要的使命就是在生态、环保、绿色、节能方面积累经验和制定标准，并能推广和应用到更多的城市。

中新天津生态城建设之初即制定了其目标：中新生态城将建设一个良好的生态环境、充满活力的经济环境，富有机会的创业环境，丰富的就业环境；促进生态城市这一和谐城市的形成，提高城区居民的归属感；建设成为一个富有吸引力的宜居城市、高品质的生态文化；为了促进生态城的可持续发展，需建设良好的生态环境；有效地利用各种资源，减少废物、废气的排放；在建设的过程中不断地探索生态城市在未来建设的方向，同时为中国生态城市的建设提供管理、技术、政策等方面的参考标准。

指标体系也是因此而生，并作为工作重点，进行了深入研究。指标体系以"经济蓬勃"、"环境友好"、"资源节约"、"社会和谐"作为4个分目标，提出26项指标，其中控制性指标22项，引导性指标4项。指标突出了生态保护与修复、资源节约与重复利用、社会和谐、绿色消费和低碳排放等理念，既体现了先进性，又注重可操作性、可复制性。

规划提出了涉及经济、社会、环境等多方面的配套政策，具体涉及了产业政策、公共财税政策、住房政策、社会保障政策、公共事业政策、教育政策、文化政策、交通、环保政策、公众参与政策以及区域协调政策等方方面面，意在形成一次完整的、目标导向型的生态化城市建设的探索与实践。

6.8.3 因地制宜的城市形态格局

生态城首先通过适宜性评价，基于现状的生态和用地条件，划定禁止建设和控制建设用地范围，通过对土地资源、水资源等条件进行评估，确定生态城常住人口规模应控制在35万人，人均建设用地不超过75m²，低于国家的用地标准。

出于职住平衡的考虑，规划对各类就业岗位的分布也作了详细安排，城市主要中心提供就业岗位总数：城市中心区6.4万个，城市片区中心5万个，城市产业区提供就业岗位总数5.3万个，城市文教博览娱乐设施提供的就业岗位总数1.4万个，其他设施提供的就业岗位总数2.9万个（图6-8-3）。

空间结构主要构思是从宏观和微观两个角度入手的（图6-8-4）：宏观角度通过对区域生态、交通的分析确定生态城的总体布局结构；微观角度通过对绿色交通、邻里单元的研究，确定生态社区模式，从而确定生态城的空间肌理。

首先是区域生态分析，规划范围是大黄堡—七里海湿地连绵区的延续，是天津两大自然保护区通往渤海湾的唯一入口。因此，生态敏感性高，生态功能不可替代。

以生态格局优化为原则，规划保留生态核心区与蓟运河及河口湿地间的连通，形成"水库—漫滩湿地—河流—滩涂湿地—海水"的多级生态空间网络格局。在规划区域内通过水系统的构建，形成水系绿色廊道。在规划区外西侧以及规划区内南侧河口，保留两处滩涂湿地，划定禁止开发建设区域，作为鸟类迁徙的驿站和栖息地。

在生态格局优化的基础上，规划将生态城的总体布局结构确

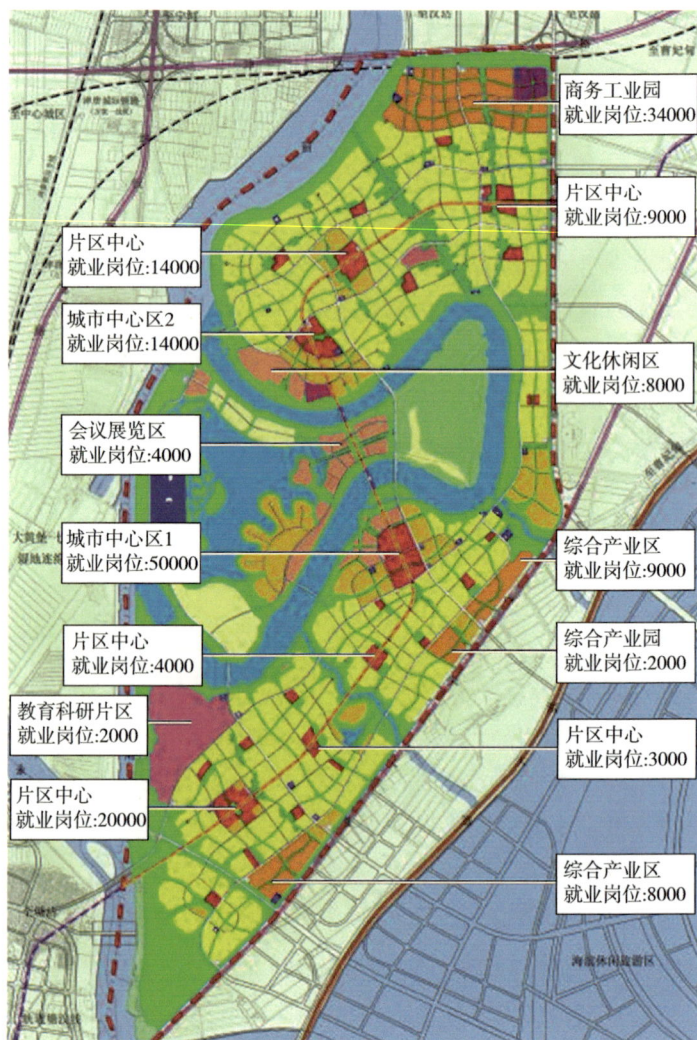

图6-8-3 规划就业岗位分布

定为"一核一链六楔、一轴三心四片"(图6-8-5)。

1)"一核":即"生态核",以清净湖、问津洲(现状高尔夫球场,规划改为中央公园)组成生态城的开敞绿色核心,发挥"绿肺"功能,为生态城提供优美、宜居的生态环境。

2)"一链":即"生态链",环绕生态核的蓟运河故道和两侧缓冲带,以及点缀其间的若干游憩娱乐、文化博览、会议展示功能点,结合健身休闲的自行车专用道形成"绿链"。

3)"六楔":即6条生态廊道,从生态链向江海连通,将建设用地划分成尺度适中的片区,连接外围生态系统,形成开放式的生态空间格局。

4)"一轴":即"生态轴",由塘汉轨道沿线50m宽的开敞空间构成，串联4个生态综合片区和生态核，与两侧公共设施紧密联系，承担交通廊道、生活服务、生态景观、休闲观光、防灾避难等综合功能，形成生态谷。

5）"三心"：即1个生态城中心和2个生态城次中心。多中心的城市结构有助于分散就业与服务压力，提供多样化选择，避免形成潮汐式的通勤交通。

6）"四片"：即4个综合片区，分别为南部片区、中部片区、北部片区和东北部片区。各综合片区依据步行和非机动车的出行距离，采用组团式布局。综合片区包括若干居住社区，片区中部布局公共服务中心，片区边缘、邻近外部道路的地区布局商务工业用地，与公共服务设施共同提供充足的第二、第三产业就业岗位，提高职住平衡比例，减轻通勤交通压力。

6.8.4 绿色主导的城市交通模式

绿色交通理念的核心是从"以车为本"到"以人为本"，创建以绿色交通系统为主导的交通发展模式；实现绿色交通系统与土地使用的紧密结合；提高公共交通和慢行交通的出行比例，减少对小汽车的依赖；创建低能耗、低污染、低占地，高效率、高

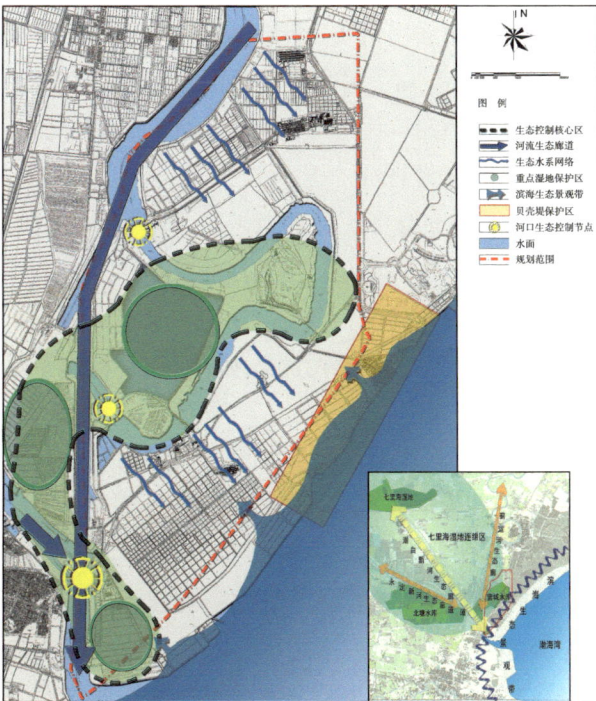

图6-8-4　生态系统空间结构

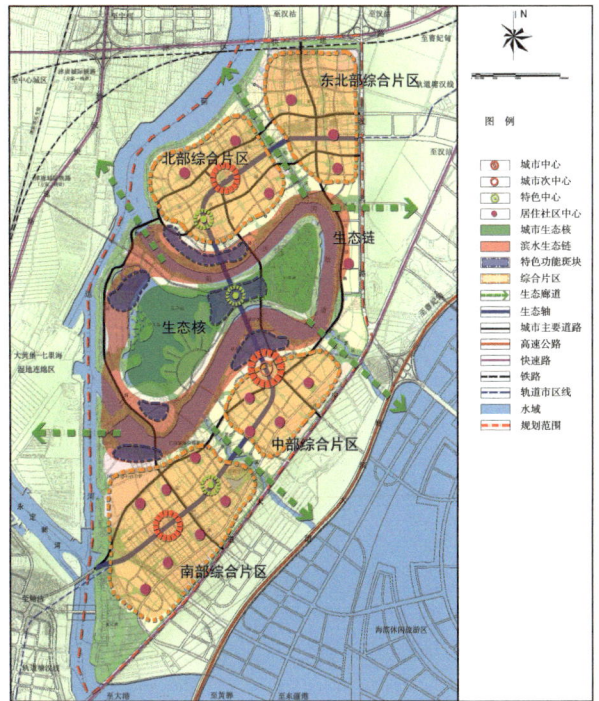

图6-8-5　生态城的总体布局结构

服务品质、有利于社会公平的城市绿色交通发展典范。绿色交通主要分为公共交通和慢行交通两个层面。

（1）公共交通（图6-8-6）

1）生态城的公交提供2个层次的服务：生态城对外以及生态城片区之间的便捷服务。

2）轨道与公交辅轴主要承担南北向对外联系，另外规划3条东向、东南向衔接海滨休闲度假区的对外联系公交。

3）规划以生态城中心为起点的环湖旅游线，串联生态城主要旅游景点。4条区内公交骨干线主要提供轨道站点接驳、片区之间快速连接的服务。

4）公交站点500m范围覆盖了生态城100%的人口与就业岗位。

5）在生态城内部预留4处公交场站，提供车辆停放、能源供给、低级保养以及配套设施等服务。

（2）慢行交通（图6-8-7）

1）采用"人车分离"的布局理念和"各成网络"的交通组织理念。

2）非机动车专用路分为两种类型。一类是休闲健身道路：滨河或环湖设置，满足城市居民散步、跑步或骑自行车等休闲健身活动，自行车路面宽度为5m；另一类是生活性道路：城市居民日常非机动方式出行的道路，线形相对顺畅，连通性和便捷性高于机动车网络，红线宽度为18m。

3）非机动车停车场应充分考虑使用者需求，遵循足量供应和就近服务原则，实现分散多点布局。生态城各类建筑及公共场所均应预留足量非机动车停车场地，各公交站点附近必须预留非机动车换乘停车场。非机动车专用路两侧必须结合实际需求预留非机动车停放场地。

4）步行空间以"非机动车专用路"两侧人行道为主，以机动车专用路两侧人行道以及步行专用道为辅。步行系统应与车行系统物理隔离或通过交通信号隔离，并注重环境设计。

与绿色交通相辅相成的重要理念是职住平衡理念。减少机动化出行需求是实现生态城节能减排的重要方式，而尽可能地实现职住平衡是减少出行需求的首要途径。规划在指标体系中要求"就业住房平衡指数≥50%"，这是本规划空间布局的重

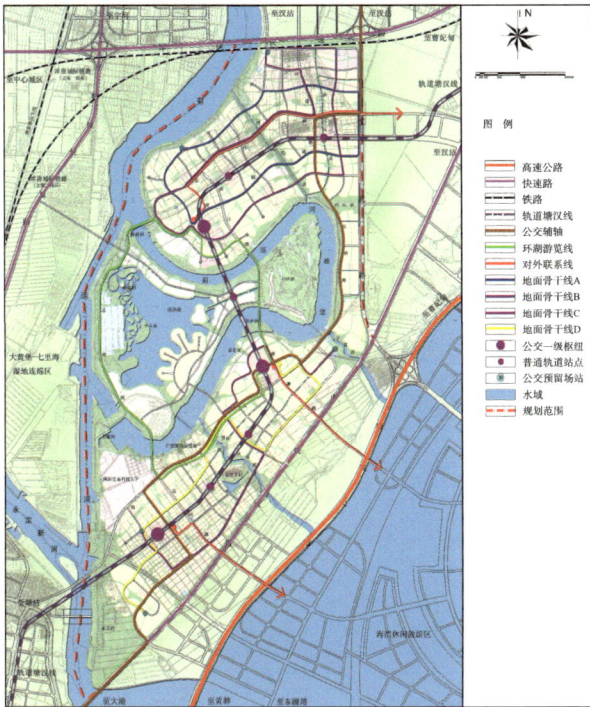

图6-8-6 公共交通系统规划

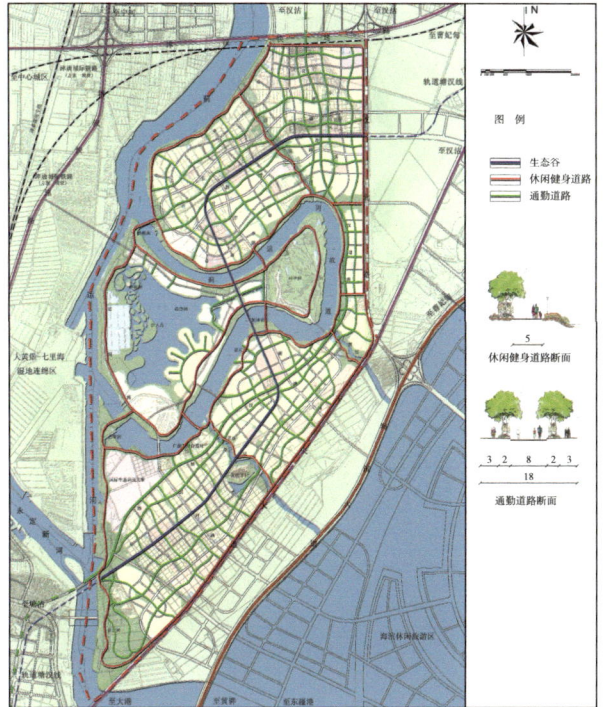

图6-8-7 慢行交通系统规划

要理论依据；另一个与绿色交通有关的理念是便捷的生活服务，规划要求步行300m内可到达基层社区中心，步行500m内可到达居住社区中心，80%的各类出行可在3km范围内完成。在职住平衡和生活服务便利的基础上，规划要求内部出行中非机动方式不低于70%，公交方式不低于25%，小汽车方式占总出行量10%以下。

规划提出了"促进土地使用与交通的协调发展，建立高品质的公共交通系统，实现慢行交通网络专用，加强机动车需求管理，执行严格的能耗与排放管理标准，推广先进交通管理技术的应用"等6大绿色交通发展策略。为了实现"以人为本"，贯彻健康环保理念，将非机动车作为最主要的交通出行方式，并将非机动车出行时的外部公共空间环境作为规划重点考虑的内容，建立了一套非机动车专用路系统，包括休闲健身道路（滨河或环湖设置，满足城市居民散步、跑步或骑自行车等休闲健身活动）和通勤道路（城市居民日常非机动方式出行的道路，线形相对顺畅，连通性和便捷性高于机动车网络）。

6.8.5 功能复合的城市脊柱系统

生态谷是生态城规划的一大亮点，是沿津滨轻轨延长线集中设置的绿化廊道与两侧绿色建筑围合而成的"谷状"开敞空间，是串联生态城各个片区，具有复合功能的城市主轴（图6-8-8）。

（1）生活功能

生态谷具有重要的公共交通功能。津滨轻轨延长线是生态城对外交通联系的主要载体，也是生态城内部南北联系的大运量公交线路。生态谷串联了城市中心、次中心和特色中心，作为主要的休闲慢行通道，将居住社区与公共设施和场所紧密联系，成为集聚生态、观光、休闲、购物等功能的生活主轴。

生态谷平面示意图

生态谷位置示意图

生态谷鸟瞰示意图

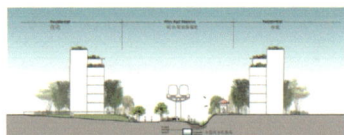

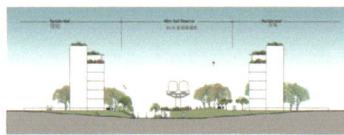

生态谷透视示意图

图6-8-8 "生态谷"设计示意

（2）生态功能

生态谷把蓟运河故道、生态廊道等自然环境与生态社区内部的绿化空间有机串联起来，形成贯穿生态城的生态廊道。加强垂直绿化，保证本地植物的多样化，结合自然地形进行多样化处理，在生态谷地势低洼处设立雨水收集系统。

（3）生命线功能

生态谷作为生态城内最大的连续开敞空间，是生态城主要的防火隔离带、紧急疏散通道和安全避难场所。

（4）景观功能

生态谷最小控制宽度为50m，结合沿线地块功能和用地布局，形成疏密有致、宽窄变化的景观廊道。在轨道站点进行高强度开发，在城市中心建设地标式建筑群，次中心建设地区级标志性建筑，生态谷东西两侧建筑高度逐步降低，创造生态城起伏有致的天际轮廓线。

6.8.6 和谐宜居生态社区系统

生态城规划借鉴了新加坡新城建设中的社区规划理念，并与生态型规划和中国社区管理要求相结合，确定了符合示范要求的生态社区模式。在融合了绿色交通和邻里单元理念的基础上，规划建立了基层社区（即"细胞"）—居住社区（即"邻里"）—综合片区三级生态社区体系（图6-8-9）。

1）基层社区由约4个200m×200m的街坊组成。

2）居住社区由4个基层社区组成，约800m×800m的街廓组成。

3）综合片区由4个居住社区组成，结合场地灵活布置。

生态细胞有完整的步行和自行车道路，靠近步道交会的中心配置基层管理、服务设施和健身活动场地。步行到达距离在200m内。生态邻里由4个生态细胞组成，将生态细胞的步行和自行车系统连成网络，中心配置更高一级的管理、服务设施和健身活动场地。步行到达距离在400m。生态片区由4个生态邻里组成，大小为1600m×1600m。步行和自行车系统同样连成网络。中心都结合轨道站点配置更高一级的管理、服务设施和公共绿地。服务半径为800m。

如图6-8-9右下图所示的中新天津生态城布局模式，它是由4个生态片区构成的。这种分形结构符合当前最科学的"生成整休

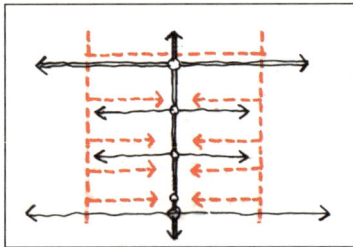

理念1：机非分离

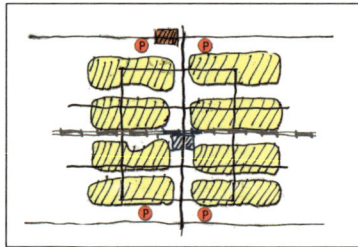

理念2：P&R模式

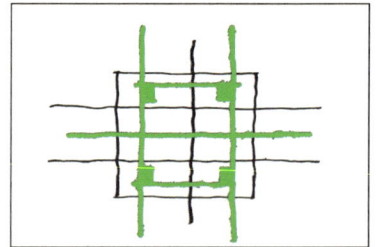

理念3：路网+绿网的双棋盘格局

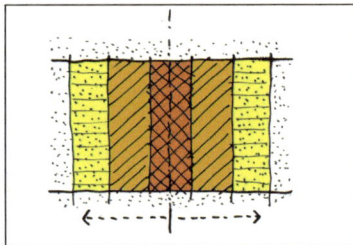

理念4：快速、中速、慢速交通的等级渐变体系

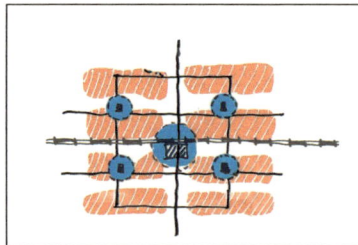

理念5：TOD模式

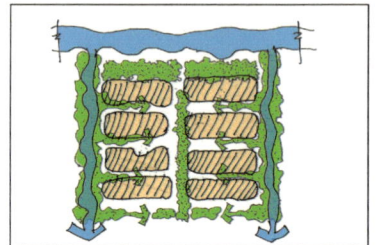

理念6：指状绿楔

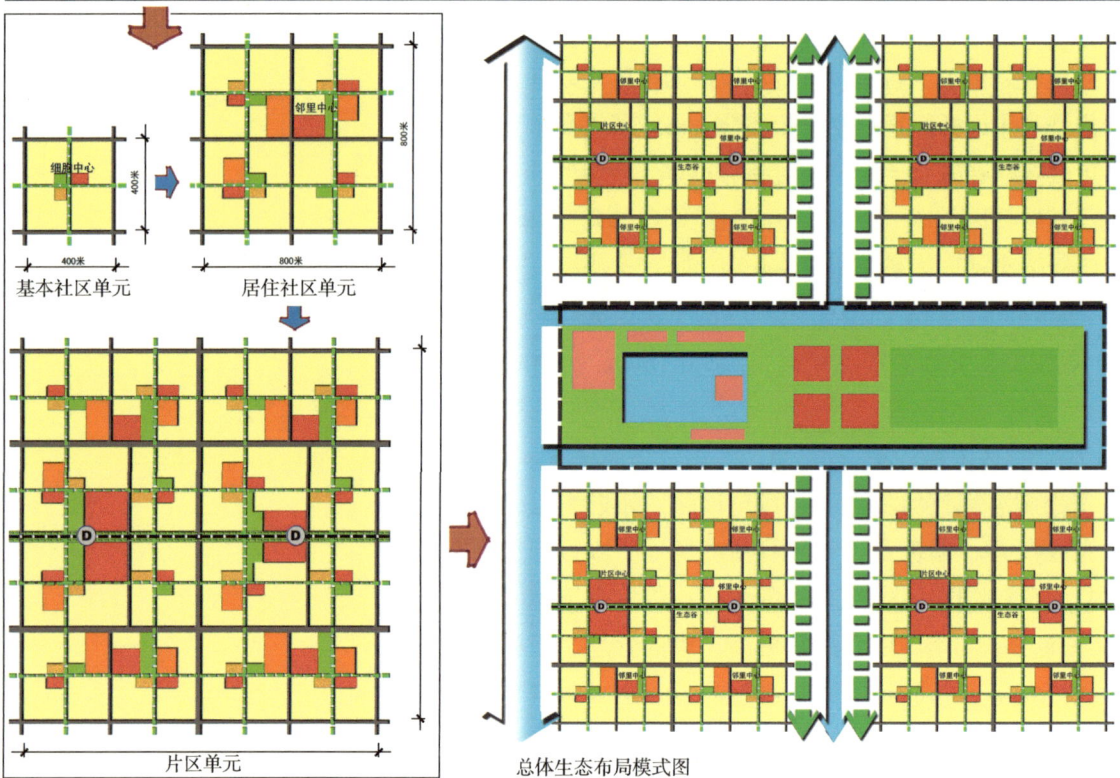

基本社区单元

居住社区单元

片区单元

总体生态布局模式图

图6-8-9　中新天津生态城布局模式

论"的哲学思想。即每一个构成系统整体的局部，都包含了整体的特性。

另外，规划还强调了对场地既有历史文化的保护与弘扬，突出体现在蓟运河文化的发掘和原有村庄的保护与更新上。例如，规划对青坨子村肌理和空间格局进行积极地保护利用，通过修缮、整治和更新，改造成为集特色旅游、民俗活动等为一体的综合文化功能区；对五七村进行适度改造，结合景观设计对原有工业构筑物等设施加以利用，保留历史记忆。

6.8.7 小结

中新天津生态城是中国第一个由两国合作开发建设的生态城市，为中国低碳生态城市的建设树立了新的标杆。在生态城规划的诸多方面都遵循了低碳生态的设计准则，具体表现为以下几点：

1）选址于自然条件恶劣地区，以生态修复和保护为目标，建设自然环境与人工环境共融共生的生态系统。

2）以低碳指标体系作为城市规划的依据，指导并检验城市开发和建设。

3）确立以生态环保科技研发转化产业、绿色建筑产业、生态型新兴服务业为主导产业的低碳产业发展方向。

4）强调城市内部生态结构与区域生态格局网络的衔接，形成以中心水域为核心的放射型、网络式生态格局。

5）采用以绿色交通为支撑的紧凑型城市布局。遵循"人车分离、各成网络"的交通组织理念，合理组织城市公交系统和慢行系统。

6）以生态谷（生态廊道）、生态细胞（生态社区）构成城市基本构架。确立了以生态细胞—生态邻里—生态片区三级生态社区体系。

7）以城市直接饮用水为标志，在水质性缺水地区建立中水回用、雨水收集、水体修复为重点的生态循环水系统。

8）优先发展可再生能源，形成与常规能源相互衔接、相互补充的能源利用模式。

6.9 苏州工业园区中央商务区

苏州工业园区位于苏州古城的东部，1994年与新加坡合作，开始规划建设，中新合作区总用地面积约70km²（图6-9-1）。其新颖的规划理念，科学的管理模式，成为各国工业园学习和效仿的典范。经过苏州市几轮总体规划，确定苏州工业园区金鸡湖西岸为园区和整个苏州的中央商务区，西起星明街，东至星港街，北接苏绣路，南临苏惠路，用地面积98.7hm²，其主要的功能是商务办公、购物中心和酒店娱乐，目前已初具规模（图6-9-2）。

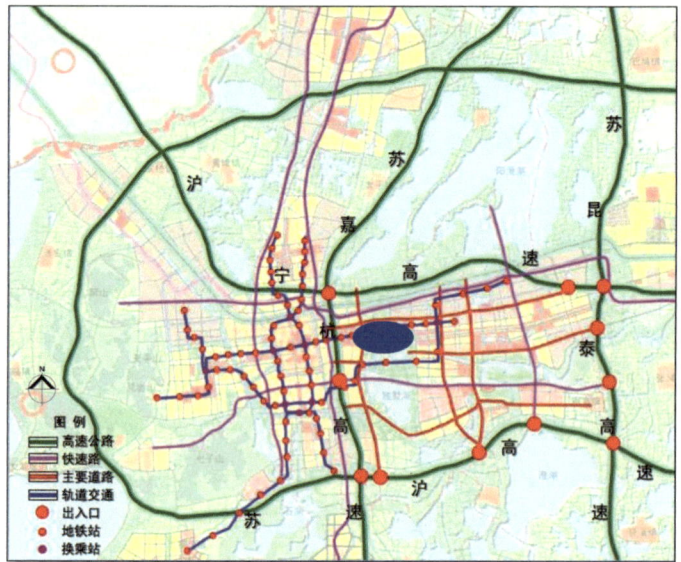

图6-9-1　苏州工业园区中央商务区区域位置

资料来源：苏州市CBD暨东部新城中央区城市设计

图6-9-2　中央商务区现状建设情况

资料来源：苏州市CBD暨东部新城中央区城市设计

6.9.1 设计适宜步行的街区

在中央商务区，实行严格的人车分流，确保行人安全和舒适的步行环境。在所有的建筑和各个交通节点（地铁站、地下停车场、公交中转站等）之间建立多层次的步行系统，如地下步行通道、风雨廊、过街天桥，以及位于第二层楼的空中通道，联系各个重要枢纽和人流密集的建筑，形成一个统一完善的步行网络（图6-9-3）。

规划对地下人行道、天桥、空中通道宽度进行控制，对于地下人行道，两侧都没有布置商店的一般为3.5m宽，一侧有商店的为6m宽，两侧都有商店的为7m宽，天桥和第二层空中通道宽度则均为6m（图6-9-4～图6-9-6）。

地面层的风雨廊与紧邻建筑的有盖走廊实现无缝连接，并在必要之处设置台阶或斜坡，以方便行人穿行于各个重要枢纽和人流密集的建筑之间，并提高穿行的舒适性，避免日晒雨淋，改善步行环境（图6-9-5）。

地上二层的空中通道与紧邻建筑的空中通道实现无缝连接，以方便行人穿行于各主要建筑物之间，实现人车分流（图6-9-6）。

6.9.2 提高道路网密度

规划遵循小街区的理念，道路间距严格控制在50～150m的范围内，在接近1km²的范围内，共设置了40个交叉口，有效提高了道路网密度（图6-9-7）。

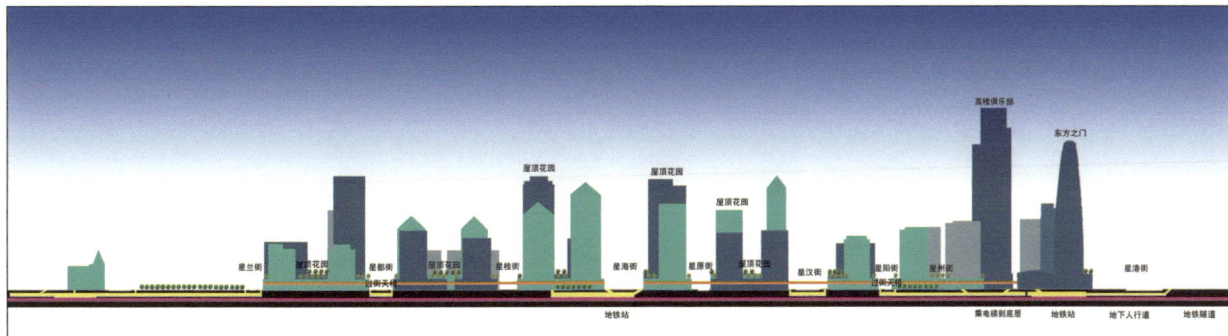

图6-9-3　步行系统剖面图

资料来源：苏州市CBD暨东部新城中央区城市设计

人行步道网络规划（地下层）

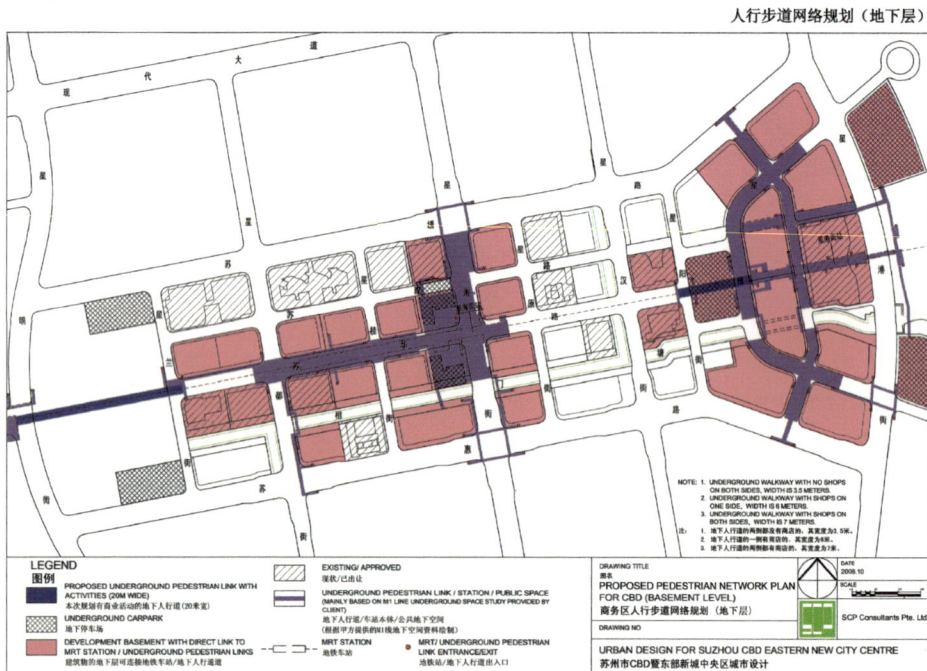

图6-9-4 地下层人行步道网络规划

资料来源：苏州市CBD暨东部新城中央区城市设计

人行步道网络规划（地面层）

图6-9-5 地面层人行网络规划

资料来源：苏州市CBD暨东部新城中央区城市设计

人行步道网络规划（空中通道）

图6-9-6　空中通道人行步道网络规划
资料来源：苏州市CBD暨东部新城中央区城市设计

图6-9-7　用地规划图
资料来源：苏州市CBD暨东部新城中央区城市设计

6.9.3 发展高质量公共交通

在中央商务区内，地铁线与星明街、星海街和星港街交叉处均建设规划地铁站，地铁站500m服务半径覆盖率达到100%，400m服务半径覆盖率达到85%以上，为商务区提供快捷的公共交通（图6-9-8）。

同时规划引入"白地"的概念，预留"白地"位于地铁站周边，其用地性质灵活，可为居住、办公或商业等用地性质，为后续结合地铁站点综合开发留有余地，可以大幅提高其开发强度，为提高地铁周边就业及居住人口覆盖率创造了条件（图6-9-9）。

图6-9-8　区内地铁站规划图
资料来源：苏州市CBD暨东部新城中央区城市设计

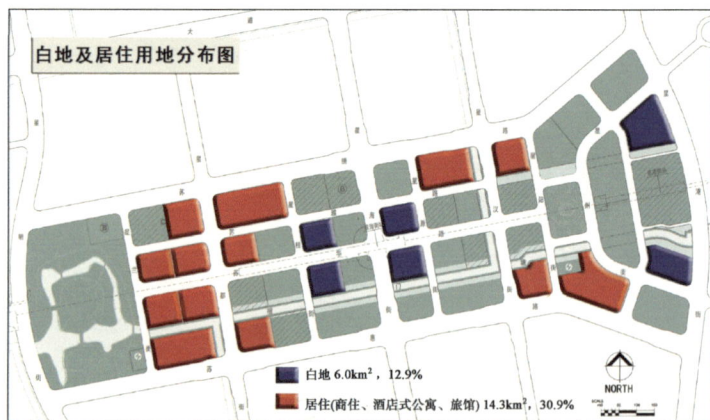

图6-9-9　区内轨道站点周边的白地预留
资料来源：苏州市CBD暨东部新城中央区城市设计

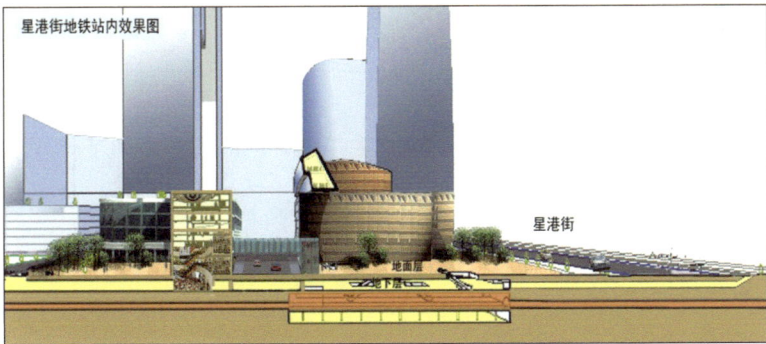

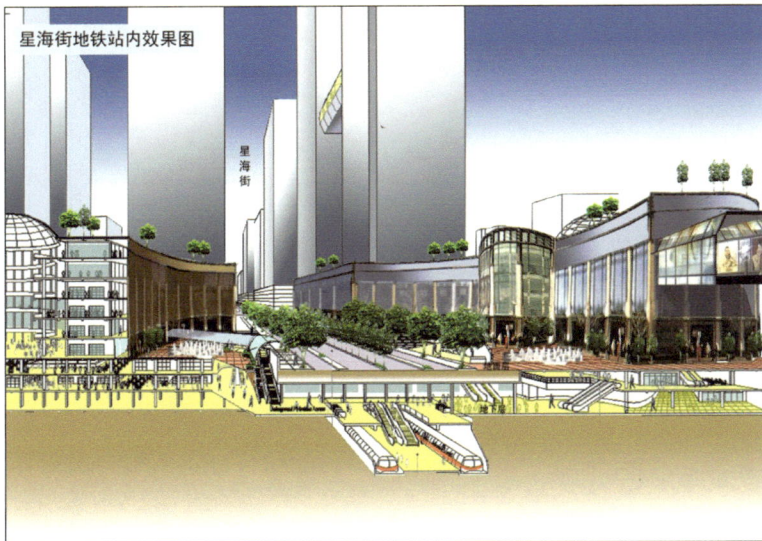

图6-9-10 星港街和星海街地铁站内效果图
资料来源：苏州市CBD暨东部新城中央区城市设计

规划将地铁站与建筑物相连，进行无缝对接（图6-9-10）。位于地下二层的星港街、星海街地铁站，与各建筑物的地下层相连，方便安全。搭乘地铁的旅客，可以从商务楼或者商场乘电梯进入地铁检票口，出站的旅客以电梯直达商务楼的地下停车场，或地下商场，再通过自动扶梯上到地面，或第二层楼的空中通道到达其他建筑。

在苏华路内限制机动车及自行车交通，设置专用公交车道，两旁地块不设置车辆出入口（图6-9-11）。

6.9.4 混合使用的街区

为了提高街区活力，鼓励部分建筑立面和功能延伸到建筑红线控制区内，为街道增加混合功能。苏华路两边建筑底层只限于聚集人气的商业用途，如购物、餐饮、娱乐和展示等。城市阳台

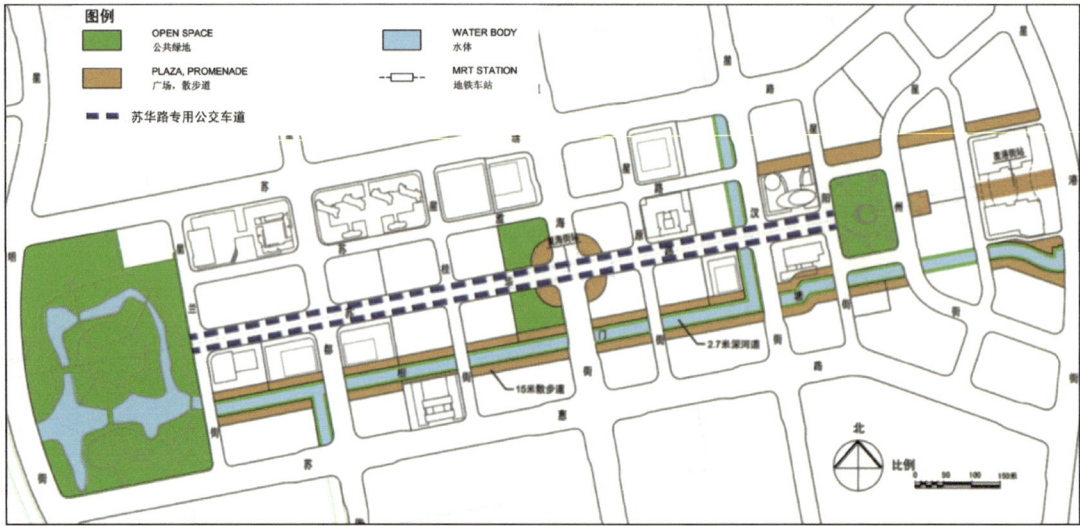

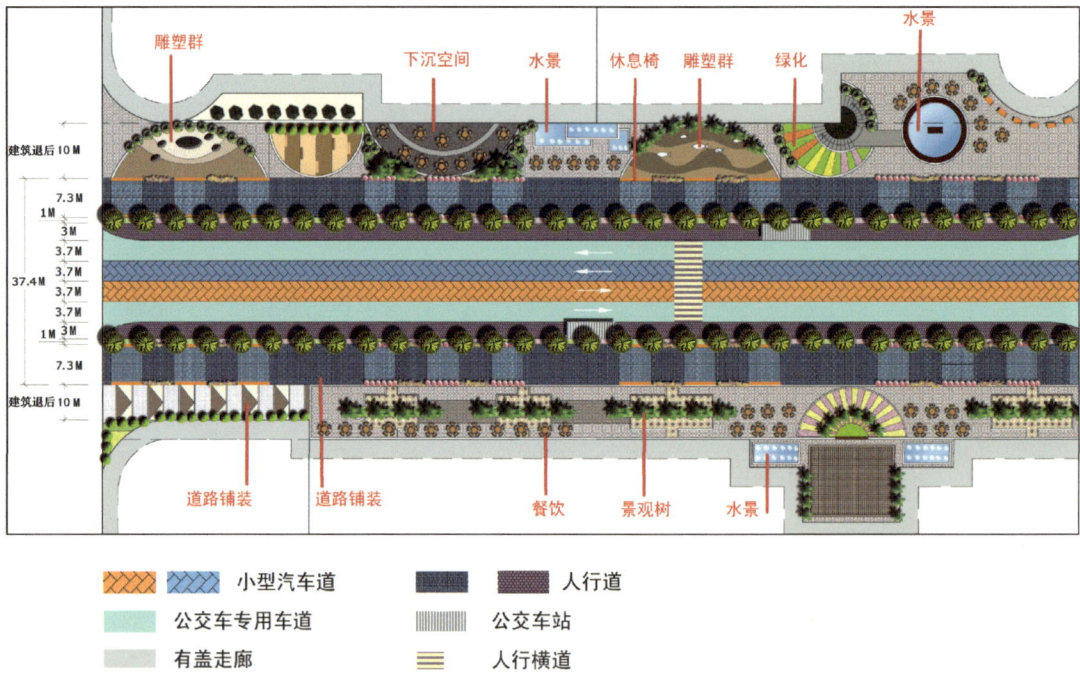

图 6-9-11　苏华路公交专用车道规划示意图

资料来源：苏州市CBD暨东部新城中央区城市设计

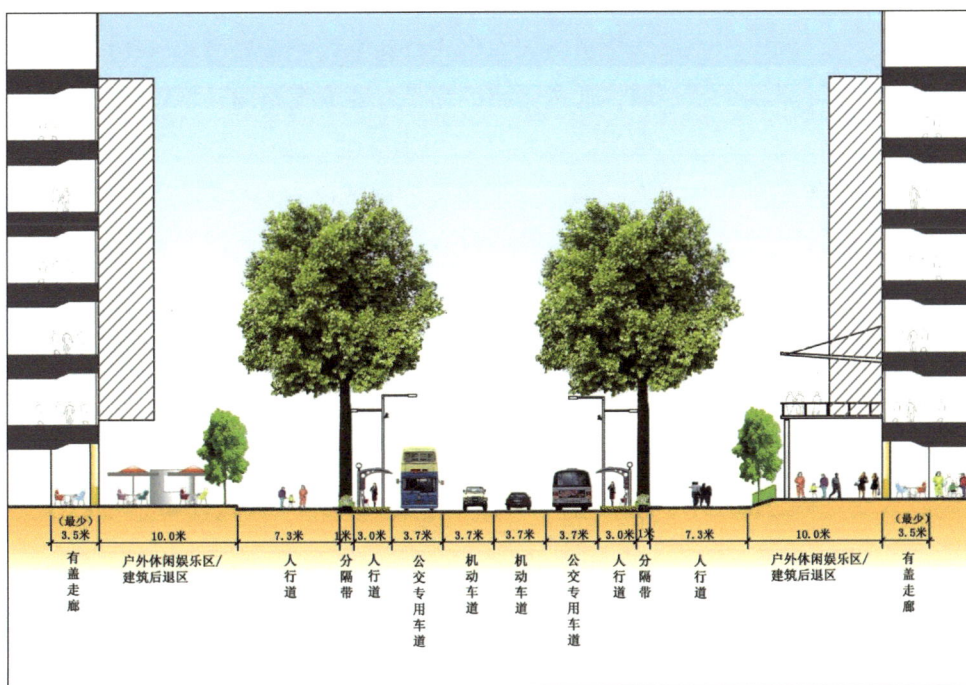

图 6-9-12　苏华路的地面层建筑用途及苏华路剖面图
资料来源：苏州市 CBD 暨东部新城中央区城市设计

挑至街道边缘，与公交车站连为一体，便于游客在各种气候下步行活动。室外餐饮、户外促销活动也在街道上进行，增加苏华路步行街的魅力和人气（图6-9-12）。苏华路将与新加坡的乌节路相类似，昼夜都充满着活力和生气。

6.9.5 通过调节停车和道路使用来增加机动性

（1）停车场

规划按地块性质分私有停车场和公共停车场两类。其中，公共停车场主要设置在公园和广场底下。另外，各地块可结合建筑，设计自己的地面停车场、裙楼停车场（为应付日益增长的停车需求，并鼓励开发商在裙楼提供足够的停车位，建议裙楼停车场不计入建筑容量/面积）或建地下停车场以满足各自的泊车要求（图6-9-13）。

（2）交叉口设计

规划改善较大交叉口的设计，加入车道和人行道线，并设置车道分隔绿化带，以改良交通状况，在增强安全性的同时，美化道路。在出入口和主要交叉口等车辆转向、车速减慢的区域，通过干路的交叉口处放宽路面，增设转弯车道，并扩大转弯半径，设计三角形绿地，为右向转弯的车辆提供单独的车道。同时，三角形的绿地配合人行道、斑马线、红绿灯设计，为穿越道路的行人提供等候和转向的安全空间（图6-9-14）。

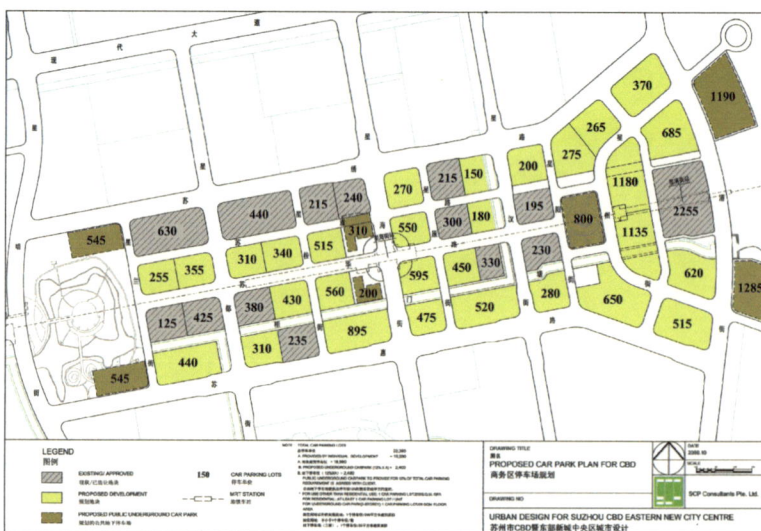

图6-9-13　停车场规划图

资料来源：苏州市CBD暨东部新城中央区城市设计

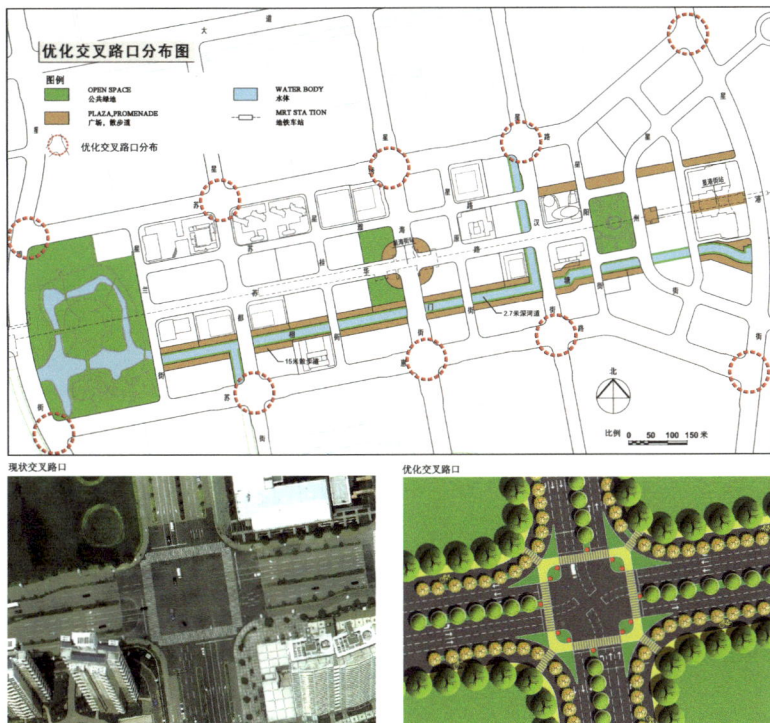

图6-9-14　交叉口优化及布点图
资料来源：苏州市CBD暨东部新城中央区城市设计

简言之，苏州工业园区中央商务区的规划体现了以下土地使用与绿色交通的设计准则：

1）设计适宜步行的街区。建立多层次的步行系统，如地下步行通道、风雨廊、过街天桥，联系各个重要枢纽和人流密集的建筑，形成一个统一完善的步行网络。

2）提高道路网密度。规划遵循小街区的理念，道路间距严格控制在50～150m的范围内。

3）发展高质量的公共交通。通过地铁建设，地铁与建筑物的联系以及公交专用道的设置来提升公共交通品质。

4）混合使用的街区。通过底层的商业用途，如购物、餐饮、娱乐和展示等，来塑造混合气氛，提升活力。

5）通过调节停车和道路使用来增加机动性。通过私有停车场和公共停车场的设置和道路的渠化设置以改良交通状况。

7 结语

当前，中国正处于城镇化和机动化的快速发展时期，伴随着大街区的土地开发模式和小汽车出行依赖，城市交通拥堵、环境污染和交通碳排放增加迅速等问题日益突出。本书倡导的公交导向开发（TOD）模式为解决上述问题提供了有效的解决办法。近年来，中外学者都在积极探讨TOD理念和规划方法，但现有的基于美国城市背景的TOD应用和操作模式难以直接套用于中国城市，关于TOD的相关研究和实践在中国还处于起步阶段。本书就是基于中国的城市发展现状，针对中国城市的规划建设管理体系，提出了一套系统的、可操作的方法，以解决TOD模式在中国的适用性问题。

本书提出的TOD发展原则和方法，对中国规划编制思路的完善和技术方法的提升有着重要引导作用。提出的TOD八条设计原则总结了中国建设低碳城市空间的核心策略，涵盖步行街区、自行车网络、路网密度、公共交通、混合用地、城市密度、紧凑空间、停车调控等方面，引入的"TOD片区"规划模式，改变了以功能分区为主的传统规划思路。基于总体规划、控制性详细规划两个层面的TOD设计方法，适应了中国不同层次规划的内容深度，并采用路网密度、城市密度等指标判断和交通容量等定量分析方法，促进了城乡规划的科学性提升。

本书提出的新的土地使用和交通设计方法，对中国城市建设思路的转变提出了方向。针对目前中国开发建设过程中普遍的"超大街区"模式，本书提出了"小型街区"设计方法，通过完善的土地使用和城市设计标准，探讨了新的开发标准在典型街区的适应情况，引导政府和开发商转变观念，形成适应以小街区为主导的土地使用模式。"城市格网"系统解决了鼓励步行、自行车和公交出行的交通网络构架问题，在高密度的格网系统中，各类出行方式的优势将发生变化。格网系统使得汽车出行优势逐渐被公交、自行车和步行取代，公交站点周边土地的商业开发使得公交出行更具吸引力，在此情况下，自行车和步行系统也将会日趋完善。在新的城市空间中，人们对交通工具的认识也会发生变化，小汽车不再是舒适出行的代名词，公交、自行车和步行将成为城市主要的出行方式。

本书提出的实施机制与适应性评估对于TOD模式与中国现行规划政策体系衔接具有重要意义。在城市规划实施管理"一书两证"中增加相关公交引导开发的内容，对于现有城乡规划管理体系将起到提高和完善作用，为国家及地方修订相关规划政策法规和规范提供了重要参考。

由于TOD理念在中国城市发展的落实还处于探讨和深化阶段，对它的认识特别是落实还有较长的路要走，无论专业工作者与全社会乃至决策者都是如此。我们寄托于走出分歧，逐渐达成共识，从共识走向落实，逐步将公交导向开发理念推向一个新的境界。我们也可以预期，随着更多城市的探索，更多的人投入其中，公交导向发展将不断拓展和提升，为中国城市的可持续发展创造一个崭新的未来。

参考文献

[1] 安.福西斯，凯文.J.克里扎克，丹尼尔.A.罗瑞格伍兹.余丹丹，关婷，王春丽，袁晓辉译.非机动交通研究和当代规划动机[M].城市与区域规划研究.北京：商务印书馆，2010：146–173.

[2] BP中国.BP世界能源统计2011.http：//www.bp.com/statisticalreview.

[3] 北京市城市规划设计研究院.北京城市总体规划（2004年–2020年）实施评估报告[R].2010.

[4] 蔡超，王树盛.交通引导发展理念在昆山市城市总体规划中的实践[J].上海城市规划，2011（2）：26–32.

[5] 陈斌.我国新增炼油能力全被新增汽车消耗.http：//news.sina.com.cn.

[6] 昆山市人民政府.昆山市城市总体规划（2009–2030）[R].2009.

[7] 江苏省城市规划设计研究院.昆山市中心城区核心区控制性详细规划[R].2011.

[8] 江苏省城市规划设计院研究院.无锡生态城市示范区控制性详细规划[R].2010.

[9] 荣博.关注城市细节、建设宜居城市——北京市城市细节调查分析[J]规划创新：2010中国城市规划年会论文集[C].重庆：重庆出版集团重庆出版社.2010.

[10] 王树盛.职住平衡：理想还是现实[J].江苏城市规划，2011（9）：44–45.

[11] 新加坡邦城规划顾问有限公司.苏州市CBD暨东部新城中央区城市设计[R].2007.

[12] 中华人民共和国国家统计局.中国统计摘要2012[M].北京：中国统计出版社，2012.

[13] 中华人民共和国国家统计局.http：//www.stats.gov.cn/tjsj/pcsj/.

[14] 中华人民共和国住房和城乡建设部.中国城市建设统计年鉴2011[M].北京：中国计划出版社，2012.

[15] 中华人民共和国国家统计局.中国统计年鉴2012[M].北京：中国统计出版社，2013.

[16] 中国城市规划设计研究院.北川羌族自治县新县城灾后重建城市总体规划[R].2009.

[17] 中新天津生态城规划联合工作组.中新天津生态城总体规划（2008年—2020年）[R].2008.

[18] 张泉，叶兴平，赵毅等.低碳生态与城乡规划[M].北京：中国建筑工业出版社，2011.

[19] 昆山市人民政府.昆山市城市总体规划（2009–2030）[R].2009.

[20] 江苏省城市规划设计研究院.昆山市中心城区核心区控制性详细规划[R].2011.

[21] 江苏省城市规划设计院研究院.无锡生态城市示范区控制性详细规划[R].2010.

[22] 姜洋.城市形态是否影响出行能耗？来自济南9个社区的实证[D].美国麻省理工学院，2010.

[23] 姜洋，何东全，ZEGRAS Christopher.城市街区形态对居民出行能耗的影响研究[J].城市交通，2011（4）：21–29.

[24] Pickrell. D Transportation and land use[M]. In W. B. T. Jose Gomez–Ibanez，CliffordWinston （Ed.), Essays in Transportation Economics and Policy. Washington D.C.：Brookings Institution Press，1999：4.3–435.

[25] Gordon. P & Richardson. H. W Gasoline consumption and cities：a reply[J]. Journal ofthe American Planning Association，1989，55（3）：342–346.

[26] McKinsey & Company. China's green revolution: Prioritizing technologies to achieveenergy and environmental sustainability[R]. Beijing：McKinsey & Company.2009.

[27] Massachusetts Institute of Technology & Tsinghua University. Making the Clean Energy City in China, Year 1 Project Report (Sponsored by Energy Foundation China) [R]. 2010.

后 记

《TOD在中国——面向低碳城市的土地使用与交通规划设计指南》一书将城市土地使用规划和交通规划这两个长期相对立的领域进行了综合系统性的思考，从规划理念到实际案例，为低碳城市提出了一种新型的城市规划和设计方法。本书的写作团队融合了中美相关规划设计专家，不仅有TOD（公共交通引导开发）理念的创始人，还包括多年从事国内城市规划与设计工作、具有丰富理论与实践经验的规划专家和学者。作为本书的主要写作团队——卡尔索普事务所、中国城市规划设计研究院、江苏省住房和城乡建设厅及江苏省城市规划设计研究院、宇恒可持续交通研究中心，大家背景不同但目标一致，通力协作使得本书得以面世。我们希望这本既具有学术前瞻性又紧密结合国内规划实践的作品能够成为可持续城市规划理论建设、实践与教学的重要工具。

本书各章节的写作分工如下：

• 卡尔索普事务所团队完成本书第2章、第3章、第4章4.1、4.3、4.4和4.5节以及第6章6.1、6.2、6.3、6.4小节，由彼得·卡尔索普、米塔里·甘谷丽、亨利·帕萨迪、彭卓见负责撰写。

• 中国城市规划设计研究院团队完成本书第1章、第5章5.1节、第6章6.7和6.8节，由杨保军、朱子瑜、张国华、李明、赵延峰负责编写。

• 江苏省住房和城乡建设厅及江苏省城市规划设计研究院团队完成本书第5章5.2节、第6章6.5、6.6和6.9节以及结语章节，由张泉、叶兴平、陈国伟和方芳负责编写。

• 宇恒可持续交通研究中心团队完成本书第4章4.2、4.6、4.7、4.8和4.9节，由姜洋、王志高和罗涛（费尔及皮尔斯交通咨询公司）负责撰写。

此外，美国能源基金会对本书的编写给予了大力支持，何东全、孟菲、林微微参与本书编写的组织和协调工作。宇恒可持续交通研究中心的王江燕、姜洋、刘洋、王志高、王悦等组织并完成对英文原稿内容的翻译、校核和整理工作。中国建筑工业出版社的陆新之主任、责任编辑施佳明女士在编辑出版过程中做了大量工作。在此，谨对提供帮助、支持本书出版工作的单位和个人表示衷心感谢。

回首书稿合作历程，可谓充满挑战。写作团队多次面对中西方思维的碰撞，甚至是对基本观念和看法的争辩，但本着追求真理的态度，经过不懈的沟通与磨合，终于取得共识，并对在中国推进TOD理念有了更深入而全面的认识。尽管如此，由于成稿时间仓促，不当之处在所难免。我们恳请广大读者多提宝贵意见，也希望本书能抛砖引玉，期待更多更好的成果出现。

图书在版编目（CIP）数据

TOD在中国——面向低碳城市的土地使用与交通规划设计指南/（美）卡尔索普等著.—北京：中国建筑工业出版社，2013.8（2024.7重印）

ISBN 978-7-112-15681-8

Ⅰ. ①T… Ⅱ. ①卡… Ⅲ. ①城市运输—公共运输—交通规划—土地规划—指南 Ⅳ. ①U491.1-62

中国版本图书馆CIP数据核字（2013）第178359号

责任编辑：施佳明　陆新之
责任校对：张　颖　刘　钰

TOD在中国——面向低碳城市的土地使用与交通规划设计指南

[美] 彼得·卡尔索普　杨保军　张　泉　等著

*

中国建筑工业出版社出版、发行（北京西郊百万庄）
各地新华书店、建筑书店经销
华鲁印联（北京）科贸有限公司制版
建工社（河北）印刷有限公司印刷

*

开本：787×1092毫米　1/16　印张：15　字数：360千字
2014年1月第一版　　2024年7月第四次印刷
定价：98.00元
ISBN 978-7-112-15681-8
（24193）